한국유아교육학 성립과 발전

Formation & Development

김영옥 정정희 양진희 조홍자 공저

YANGSEOWON
양서원

이 책의 3장과 4장은 유아교육연구 45권 4호에 게재된 〈기술통계를 활용한 한국유아교육 연구 50년 동향 분석〉, 〈한국유아교육 교과영역연구의 확장과 통합적 접근〉에 기초해 재구성 및 확장한 것임을 밝힙니다.

발간사

'학회 창립 50주년 기념 시리즈'를 출간하며

1975년 10월, 우리나라 유아교육 분야에서 최초로 창립된 사단법인 한국유아교육학회는 지난 반세기 동안 한국유아교육의 정체성을 확립하고 국내 · 외 학문 공동체와의 교류와 소통을 지속적으로 넓혀왔습니다. 창립 50주년을 맞이한 2025년 오늘, 우리는 학회의 오랜 역사와 전통을 돌아보며, 그 안에 담긴 선배 학자들의 헌신과 열정을 깊이 성찰하게 됩니다.

우리 학회는 가장 오랜 역사와 전통을 지닌 대표 학회로서 학문적 책임과 사회적 책무를 다하기 위해 1995년부터 5년마다 「유아교육 백서」를 발간하여 국가적 통계와 기초 자료가 부족하던 시기에 한국유아교육의 동향을 정리하고 국가정책 수립의 기초 자료를 제공하였습니다. 이후 2019년부터는 시대의 변화를 반영하여 「유아교육 디딤돌 시리즈」로 새롭게 전환하여 학문적 탐구와 현장 실천을 잇는 중요한 역할을 수행해 왔습니다.

2019년 5월 「유아교육 디딤돌 시리즈」 제1권을 시작으로 2021년 8월까지 총 10권을 발간하였으며, 이어 2022년 6월부터 2024년까지는 「유아교육 디딤돌 시리즈 II」로 5권을 추가 출간하였습니다. 2024년 제24대 회장단 출범 이후에는 그 형식과 내용을 학회 창립 50주년을 기념하는 책자로 구성하는 것이 필요하다는 의견을 모아, 「학회 창립 50주년 기념 시리즈」로 4권의 책을 기획, 출간하게 되었습니다.

1권 「한국유아교육학회 50년 기억과 기록」은 학회 창립 이전의 역사부터 학회가 걸어온 발전의 여정, 그리고 미래 비전을 담고 있습니다. 제1부는 '한국유아교육학회 창립 전, 한국유아교육학의 역사', 제2부는 '한국유아교육학회, 창립과 발전의 여정', 제3부는 '한국유아교육학회, 걸어온 길과 나아갈 길'로 구성되었습니다. 이 저서는 지난 50여 년의 학회 여정을 성찰하고, 새로운 50년을 준비하는 소중한 기록물이 될 것입니다. 이와 함께 우리 학회가 걸어온 길이 곧 한국유아교육의 성장과 발전의 역사였음을 깊이 새기게 될 것입니다.

2권 「한국유아교육학 성립과 발전」은 한국유아교육학의 근원으로부터 학문의 성립과 발전 과정을 탐구하고, 더 나아가 미래 과제를 조명하고 있습니다. 제1장은 '학문의 시작과 유아교육학의 태동', 제2장은 '유아교육학의 발전과 인접학문', 제3장은 '한국유아교육 교과영역 연구의 확장과 통합적 접근', 제4장은 '기술 통계를 활용하여 살펴본 유아교육 연구 동향', 제5장은 '토픽 모델링 분석을 통해 살펴본 유아교육 연구 동향'으로 구성하였습니다. 이 저서는 한국유아교육학의 정체성과 학문적 기반을 체계적으로 정리할 뿐 아니라, 변화하는 연구 패러다임과 주제를 성찰하는 귀중한 자료가 될 것입니다. 또한 한국유아교육학이 한층 도약하고 발전해 가는 계기를 마련할 것으로 기대됩니다.

3권 「유아교육의 본질: 교육과 보육, 돌봄 그리고 학교」는 유아교육에서 교육과 돌봄, 그리고 학교의 근본적 의미와 본질을 심층적으로 탐구하고 추구해 가야 할 방향을 제시하고 있습니다. 제1장은 '사회적 변화에 따른 유아교육의 개념 이해', 제2장은 '사회적 변화에 따른 보육과 돌봄의 개념

이해', 제3장은 '유보통합과 생애초기 학교의 정체성'으로 구성하였습니다. 이 저서는 유보통합 논의가 활발히 전개되는 시대적 맥락에서 유아교육의 본질을 다시금 성찰하게 함으로써, 학문적 · 정책적 논의의 중요한 기초 자료가 될 것입니다. 나아가 유아교육이 지향해야 할 가치와 목표를 명확히 함으로써, 교육 · 보육 · 돌봄의 긴밀한 연계 속에서 놀이 중심의 학교 체제를 정립해 가는 이정표를 제시할 것으로 기대됩니다.

4권 「다학문적 접근으로 본 유아교육」은 사회학, 사회복지학, 행정학, 심리학, 신경과학, 교육공학 등 인접 학문과의 통섭적 관점을 통해 유아교육의 확장 가능성을 모색하고 있습니다. 제1부는 '사회 문제 및 제도', 제2부는 '인간 발달 및 교육'으로 구성하였습니다. 이 저서는 유아교육을 다학문적 융합 속에서 총체적으로 조망함으로써 한국유아교육의 학문적 토대를 더욱 풍부하게 할 것입니다. 나아가 유아교육이 사회적 의미와 미래적 가치를 확장하는 데 기여할 것으로 기대됩니다.

무엇보다 이번에 출간된 4권의 「학회 창립 50주년 기념 시리즈」가 우리 학회가 걸어온 50년의 발자취 위에서, 새로운 50년의 도약을 향해 힘차게 나아가는 여정의 마중물이 되기를 바랍니다. 끝으로, 이번 책자의 기획에서 발간까지 헌신을 아끼지 않으신 임수진 50주년 준비 TF 위원장과 기획이사님들께 깊은 감사의 말씀을 드립니다. 또한 각 권의 책임 집필을 맡아 사명감으로 열정을 다해주신 김영옥, 김낙흥, 권정윤 교수님, 그리고 함께 집필에 참여해주신 모든 공동 저자분들께도 진심 어린 감사의 인사를 드립니다.

한국유아교육학회가 'NEXT 50년'을 향해 더 큰 성취와 발전을 이루어 나가기를 기대합니다. 감사합니다.

2025년 8월
24대 사단법인 한국유아교육학회
회장 **고 영 미**

「한국유아교육학의 성립, 발전과 미래」는 한국유아교육학의 근원으로부터 학문의 성립과 발전과정을 탐구하고 미래과제를 조명하는 데 목적을 두고 총 5개 장으로 구성되어 있다. 각 장의 개요 및 의의를 살펴보면 다음과 같다.

제1장 〈학문의 시작과 유아교육학의 태동〉에서는 최초에 학문은 어떻게 태동하였는가? 또한 어린이에 대한 교육은 어떤 흐름을 타고 시대를 지나며 전파되었는가?에 관심을 두고 인류 문명의 진화와 지식 추구의 역사 속에 서양과 동양의 대표적 발자취를 살펴보고자 하였으며 주로 문헌이나 사전 등에 근거하여 추적하였다. 최초의 학문으로는 천문학, 수학, 철학이 가장 오래된 학문이라는 데 동의하고 있다. 특히 천문학은 별의 위치와 움직임을 관찰하고 농사 시기, 계절의 변화를 예측하는 데 필수적이었다. 수학은 건축의 계획, 토지분할 측량, 거래와 같은 실생활을 위한 필요에서 생겨났으며 묶음과 단위가 생겨 계산법이 발달하였으며 인간 존재와 세계에 대한 보편적이고 본질적인 질문에 대한 탐구로 인해 철학이라는 학문이 생겨났다. 그리스 교육 파이데이아(Paideia)가 어린이(pais)라는 뜻에서 나온 것임

이 주목되며 고대 학자들도 어린이교육과 인격 형성에 대하여 설파하였다. 그리스시대에는 인문과 기술이 크게 구분되지 않았고 고대의 철학자들이 음악에 조예가 깊었음이 시사하는 바가 크다. 근대 15~17세기경 루터, 코메니우스, 로크, 18세기 루소, 페스탈로치, 프뢰벨 같은 학자들을 중심으로 유아에 대한 탐구와 사상들이 발전되었으며 몬테소리, 듀이에 이르기까지 아동에 대한 관심과 교육방법이 전개되었다. 동양의 유아교육은 서양의 문화나 사고방식과 다르고 다양한 종교와 연계되어 있기 때문에 제한점이 따르지만 전통적으로 우리나라 아동용 교과서라고 볼 수 있는 『소학』, 『동몽선습』, 『격몽요결』, 『사소절』과 여성용 교훈서라고 볼 수 있는 『여사서』, 『내훈』, 『계녀서』, 『규합총서』, 『동의보감』, 『산림경제 가정편』, 『태교신기』의 내용을 간략히 살펴보았다. 태동의 역사를 보는 관점도 다양할 수 있겠으나 인류가 생존하기 시작할 때부터 어린이교육에 대하여 유형 · 무형의 잠재적 개념을 형성해 온 것을 살펴본 점에 의의가 있다.

제2장 〈유아교육학의 발전과 인접학문〉에서는 '학문의 생성과 발전'은 어떻게 이루어지는지, 그리고 이와 관련하여 '유아교육학과 교육학의 관계' 및 '유아교육과 유아교육학'에 대하여 살펴보고자 하였다. 학문의 생성과 발전에는 여러 요소들이 결합되어 있다. 학문의 태동 이후 18~19세기 교육학이 독립된 학문 분야로 발전하고, 프뢰벨의 유치원 창립 및 놀이의 강조 이후 유아교육학 역시 인접학문과의 관계 속에서 현대의 독립된 학문 분야로 발전하는 맥락을 살펴보았다. 유아교육학이 체계적인 이론과 연구 방법론의 확보, 독자적 연구 분야 및 학문적 공동체를 형성해 감에 따라 학문의 발전 여건이 구비되고 누적되었음을 의미하고 있다. 학술세미나와 연구자들의 소통 및 협력이 이루어지는 학문적 커뮤니티의 창립과 발전도 이루어졌다. 학문은 호기심, 이론의 정리 및 개발, 탁월한 학자 및 연구자, 비

판적 사고와 기술의 발전, 교육과 정책방향, 세계적 이슈와 교류에 의하여 발전하지만 무엇보다도 기록이 중요하다. 학문은 인류가 지식을 추구하고 이해하면서 노력해 온 활동의 집합체인데 기록으로 남기지 않으면 축적해 갈 수 없다. 고대 그리스의 학문도 기록에 의해서 유추할 수 있고 연속선상에서 누적적으로 발전해 왔다. 유아교육학의 생성과 발전, 교육학과의 관계 속에서 유아교육과 유아교육학을 살펴봄으로써 유아교육학이 교육학의 이론과 원리를 적용하는 학문인가? 유아교육, 초등교육, 중등교육, 고등교육의 분류에 의한 교육의 단계로 볼 때 교육학의 이론과 원리를 바탕으로 유아의 발달과 학습에 적합한 교육내용과 방법을 연구하는 학문인가? 19세기 이후 교육학과 다양한 인접학문과의 관계 속에서 실천적 성격과 이론적 탐구를 통해 양적 · 질적으로 크게 성장해 온 유아교육학의 담론을 확장하기 위한 고민과 심도 있는 논의의 필요성을 동기화한 점에 의의가 있다.

제3장 〈한국유아교육 교과영역 연구의 확장과 통합적 접근〉에서는 교과란 무엇이며, 시대적이고 역사적인 변화에 따라 유아교육의 교과영역이 어떻게 나뉘고 통합되었는지를 살펴보았다. 이를 위해 첫째, 1차 유치원 교육과정부터 2019 개정 누리과정까지 영역의 변화 흐름을 살펴보았다. 1차에서 건강, 사회, 자연, 언어, 예능영역 순으로 고시되었으며, 2차에서는 사회와 정서가 중요도가 높은 첫 번째 영역으로 배치되고 인지, 언어, 신체영역 순으로, 3차에서는 신체영역, 언어영역, 사회성영역 순으로 고시되었다. 4차부터 2007 개정 유치원 교육과정까지는 건강생활, 사회생활, 표현생활, 언어생활, 탐구생활 순으로 고시되었으며, 만 5세 공통과정과 2019 개정 누리과정 때는 신체운동 · 건강을 첫 번째 영역으로 두고 의사소통, 사회관계, 예술경험, 자연탐구 영역 순으로 고시되었다. 시대에 따라 교과영역의 중요도가 변화하며 국가교육과정에 반영되고 있음을 확인할 수 있

었다. 둘째, 대학에서 운영되는 유아교육학과 학부교육과정 내 교과영역에 속하는 과목을 국가교육과정을 중심으로 9개 교과영역 즉, 사회, 언어, 과학, 건강, 음악, 미술, 수학, 체육, 멀티미디어를 분석대상으로 선정하여 살펴보았다. 각 교과영역의 역사적이고 시대적인 변화와 개괄적인 흐름을 살펴보고자 하였으며, 이를 위해 대체로 국내 초기 연구들과 각 교과에 대한 용어를 기술하고, 역사적인 흐름과 교과목의 목표 및 내용을 서술하면서 각 교과영역을 개괄적으로 살펴보았다. 이러한 과정을 통해 교과영역 연구의 확장과 통합적 과제의 현주소를 확인하였으며, 교과영역 연구의 흐름이 어떻게 그리고 어떠한 미래로 이어져야 하는가를 제안하였다는 점에서 의의가 있다.

제4장 〈기술 통계를 활용하여 살펴본 유아교육 연구 동향〉에서는 한국유아교육 분야에서 이루어진 연구동향을 분석하고 한국유아교육의 시대적 관심과 변화과정을 살펴보았다. 이를 위해 1970년대부터 2024년 8월 말까지 발간된 국내 학술지와 국내 석·박사 학위논문을 대상으로 연구시기에 따른 동향을 분석하고, 1970년부터 2020년까지 10년 단위로 연구유형, 연구방법, 그리고 연구대상에 따른 유아교육 연구 동향을 체계적으로 분석하였다. 특히, 1990년대 이후 급격히 증가한 연구 양상은 한국유아교육의 지속적인 성장과 발전을 반영한다. 본 장에서 제시된 연구 동향 분석은 50년 동안의 연구의 변화를 되돌아보는 데 그치지 않고, 향후 유아교육의 연구 방향을 설정하는 데 중요한 자료를 제공한다는 점에서 의의가 높다. 연구 영역과 방법의 변화는 유아교육 이론의 발전뿐만 아니라, 정책적·제도적 개선에도 기여할 것이며, 유아교육의 질적 향상을 위한 실천적 방안을 제시할 것이다. 이러한 점에서 본 장은 미래 유아교육 연구의 방향성을 제시하는 중요한 나침반 역할을 할 뿐만 아니라, 한국유아교육의 이론적 기반

을 확장하는 데 있어 중요한 자료가 될 것이다.

제5장 〈토픽 모델링 분석을 통해 살펴본 유아교육 연구 동향〉에서는 지금까지 이루어진 우리나라 유아교육 연구주제의 동향을 살펴보고자 하였다. 이를 위해 한국학술지인용색인(KCI) 유아교육 분야 학술지에 1992년부터 2024년 8월 말까지 발행된 6,385건의 논문을 분석하였다. Excel과 NetMiner 4.5.1.b를 사용하여 키워드와 중심성 분석 및 LDA 토픽 모델링 분석을 하였다. 분석의 결과 첫째, 주요 키워드로서 교육, 영유아, 유아교사, 프로그램, 유아교육과정, 탐색, 놀이, 수업, 창의성, 수업 등이 나타났으며 이들 키워드 간의 연결중심성도 높게 나타났다. 둘째, LDA 토픽 모델링 분석에서 '부모', '유아교사', '교육과정', '정책', '철학이론', '연구 동향', '발달 및 프로그램' 7개의 대분류 하에 총 14개의 토픽이 도출되었다. '부모'와 관련된 토픽은 부모인식, 양육태도와 부모교육, 다문화가정 부모교육, '유아교사' 관련은 유아교사의 교육실습과 수업경험, 교사전문성 및 역량, 유아교육기관 조직문화의 토픽이 선정되었으며, '교육과정'에서는 아동중심, 놀이중심 교육과정이, '정책'은 유아교육 정책 및 유보통합 토픽이, 철학이론에는 유아교육의 철학적 기초와 현대적 적용이, '연구 동향'에는 유아교육 연구 동향 분석토픽이, '발달 및 프로그램'에서는 그림책 및 언어교육, 사회정서 및 인성교육, 디지털 교육, SDG 환경 영양교육, 장애, 특수, 장애통합교육 등으로 토픽이 선정되었다. 본 장에서 그동안 이루어진 우리나라 유아교육연구의 주요 키워드와 주요 토픽을 살펴봄으로써 유아교육 연구 동향의 역사적 흐름을 알아보고 이를 통해 향후 유아교육 분야 연구를 위한 방향 제시와 함께 미래 연구 주제를 제안하고자 하였다는 점에서 의의가 있다.

2025년 8월

저자 일동

차례

CHAPTER 4

기술 통계를 활용하여 살펴본 유아교육 연구 동향

CHAPTER 5

토픽 모델링 분석을 통해 살펴본 유아교육 연구 동향

CHAPTER 1

학문의 시작과 유아교육학의 태동

학문은 어떻게 시작되었으며 어린이에 대한 관심과 교육은 어떤 줄기를 타고 시대를 관통하며 어떤 학자들과 저서를 통하여 전파되었는가? 근대를 지나며 19세기에 이르기까지 인류 문명의 진화와 지식 추구의 역사 속에서 서양과 동양의 대표적인 학문적 발자취를 살펴보고 유아교육학이 독립된 학문 분야를 구축하기 위한 과정을 살펴보기로 한다.

1. 학문의 태동과 어린이 교육

학문이란 무엇인가? 사전적 의미로는 '지식을 배워서 익힘' 또는 '어떤 분야를 체계적으로 배워서 익힘'이다. 인류가 생존하면서 문명의 발달과 함께 알고자 하는 욕구와 탐구, 지식에 대한 필요는 자연발생적인 일이었다. 최초의 학문은 자연 세계와 자신의 위치 및 관계를 알고자 하는 기본적 욕구로부터 출발하였고 천문학, 수학, 철학이 가장 오래된 학문이라는 데 많은 이들이 동의하고 있다. 특히 천문학은 별의 위치와 움직임을 관찰하여 농사 시기나 계절의 변화를 예측하는 데 필수적이었다. 천체의 움직임을 기록하고 탐구하게 되었고 자연스럽게 관측도구를 개발하고 또 이를 이용해 탐구를 확장하면서 법칙을 발견하게 되었다. 수학은 건축의 계획, 토지분할 측량, 거래와 같은 실생활을 위한 필요에서 생겨났다. 물건을 주고받은 수를 여러 방법으로 세다가 묶음으로 세고 단위가 생기면서 계산법이 발달하였으며, 이는 피타고라스(Pythagoras, B.C. 582경~B.C. 497경)와 같은 학자들에 의해 이론적으로 정리되고 확장되었다.

피타고라스는 철학의 아버지라는 스승 탈레스(Tales, B.C. 640경~B.C. 546경)의 권유로 이집트로 건너가 기하학과 천문학을 배웠고 페르시아의 침공으로 인해 바빌론으로 끌려가 발달된 문명을 접하였다. 피타고라스학파는 만물의 근원이 수(數)라고 여겼으며 모든 것은 수학으로 설명된다고 하였다. 또한 피타고라스는 수에서 분리될 수 없는 것이 음악이라고 생각하여 음악에 내재된 수의 법칙을 우주에 적용한 인류 최초의 음향학자로도 알려져 있다. 우주는 마치 거대한 현악기와 같아 별들이 위치한 거리의 비율에 따라 각기 다른 소리를 낸다고 하여 현악기의 소리를 분석하고 현의 길이에 따른 음정 차이를 발견함으로써 서양 음악이론의 출발점이 되었다. 음악이 우주와 천체의 움직임과 질서를 반영하고 있다는 피타고라스의 관점은 수학자뿐만 아니라 천문학자와 철학자에게로 이어져 우주론과 음악이론의 발전에 영향을 미쳤다.

수학에서 규칙적 음계를 만나고 음악에서 음의 논리를 발견한다는 『피타고라스와 음계(이성길, 2020)』에서는 수학은 이성의 음악이요, 음악은 감각의 수학이라고 한다. 수학이 단순한 계산을 넘어 헤아리고 생각하는 의미가 있음을 알기까지, 또한 생활을 윤택하게 하는 수단을 넘어 정신적인 풍요를 위한 철학적 의미까지 더함으로써 깊이와 넓이가 확장되듯이 학문의 시작도 인간의 기본적 요구와 삶의 필요에서부터 자연과 우주, 수학, 음악, 신앙, 정치, 의술 등의 영역으로 확장되고 연계되었다.

한편, 인간 존재와 세계에 대한 보편적이고 본질적인 질문, 그리고 근본원리와 삶의 본질 등에 대한 탐구로 인해 철학이라는 학문이 생겨났다. 오랜 역사를 통해 발달해 온 철학이라는 학문은 관념, 경험, 실존과 같이 철학의 행위와 개념을 규정해 옴으로써 매우 다양하고 광범위하다. 철학하는 사람들은 현자라고 불렸으며, 처음으로 자신을 철학자(philosophus)라고 소개한 사람은 피타고라스라고 한다. 「한국민족문화대백과사전」에는 철학과 교육의 관계를 다음과 같이 설명하고 있다.

> 철학이라는 용어는 원래 그리스어 필로소피아(philosophia)로, 필로소피아는 필로스(philos, 사랑함)와 소피아(sophia, 지혜)의 합성어이며 '지혜에 대

한 사랑' 또는 '애지(愛智)'를 뜻한다. (중략) **초기의 철학이라는 용어는 폴리스 시민의 '교육'과 관련을 맺고 있었다**. 기원전 5세기 중반 아테네의 폴리스 공동체에서는 시민의 '정치적 덕'을 수행하기 위해 필요한 지적인 활동 및 지적인 교육에 종사하는 것을 '지혜 혹은 지식을 사랑하다(philosophieren)'라는 뜻의 '철학하다'라는 동사형 및 '지식을 사랑하는' 뜻의 '철학적'이라는 형용사가 통용되고 있었다. 이후 명사형으로서의 철학은 소피스트들과 소크라테스 등에 의해 사용되었으며 소크라테스의 제자들인 크세노폰, 이소크라테스, 플라톤 등의 글에서도 이러한 용례가 발견된다.

초기 학문의 역사와 발전을 보면 그리스 문화유산으로부터 엄청난 혜택과 영향을 받고 접할 수 있었던 학자들의 탐구와 이들의 기록이 중요했던 것을 알 수 있다. 법률의 이론과 적용에 대하여 연구하는 법학이라는 학문 또한 인류의 역사와 함께 발전해 왔다. 그리스와 로마에서는 정치, 철학, 윤리 등을 연관시켜 사회적 맥락과 국가 문화에 따라 동양에서는 유가와 법가가 대립하면서 논쟁이 발전되었다. 인체의 구조나 기능, 질병, 치료, 예방, 건강 유지의 방법이나 기술 따위를 연구하는 의학 역시 그리스로부터 로마시대로 확장되었다.

그리스 교육 파이데이아(Paideia)가 어린이(pais)라는 뜻에서 나온 것은 매우 주목된다. 결국 철학이라는 용어는 초기에는 지식과 지혜에 대한 추구와 사랑으로부터 시작되어 소크라테스 이후에는 자기 성찰과 비판을 통한 참다운 앎의 추구와 그 앎에 따른 실천적 행위로 발전되었다. '지식의 과시'보다는 '참다운 지식'을 얻기 위해서 대화를 통한 검토와 반론의 과정을 중요시했다. 『국가론』에 등장하는 소크라테스(Socrates, B.C. 470~B.C. 399)와 제자 플라톤(Platon, B.C. 427~B.C. 347)의 잘 알려진 대화를 보면 알 수 있다. 플라톤은

0~3세까지를 요람기, 4~6세까지를 유희기라고 하여 출생부터 6세까지의 영유아를 위한 기초교육을 주장하였고 좋은 습관과 건전한 성격 형성을 강조하였다.

소크라테스는 대화를 통한 검토와 반박의 과정에 의해서 참다운 앎을 획득해 가는 자기 비판적 탐구과정의 태도와 답을 찾아가는 여정을 중요시하였다. 기존의 지식과 경험을 대화를 통한 자기 비판적 검토와 판단에 의한 참다운 앎에 따른 행위가 바로 자율적이고 이성에 근거한 윤리라고 여겼던 것이다. 또한 덕의 함양을 강조했으며 문답법(반어법, 산파법)을 설파하여 교육에 대한 목적과 방법을 제시하였다.

'철학'이라는 용어는 앎에 대한 사랑이라는 뜻을 가지고 출발하여 아리스토텔레스(Aristoteles, B.C. 384~B.C. 322)에 이르러 인간과 교육의 관점으로 더욱 이동해 왔다고 볼 수 있다. 특히 지식의 구성방법으로 사물에 대한 관찰과 자연법칙을 발견하는 이성의 계발을 주장하였고, 0~5세는 놀이를 통해 신체를 튼튼히 하고 발육에 지장을 주지 않도록 공부나 노동을 요구하지 말아야 하며 좋은 습관 기르기, 섭생과 건강에 유의해야 하는 시기임을 강조하였다.

아리스토텔레스는 인간 바깥의 자연세계와 우주에 대한 이론적 앎과 인간의 올바른 행위를 다루는 실천적 앎으로 지식을 분류하였으며 최고의 선, 교육의 궁극적 목적이 행복(Eudaimonia, 에우다이모니아)이라고 한 것으로도 유명하다. 어원 eudaimon은 본래 '다이몬의 은총을 입었다', '좋은 팔자를 타고났다'는 뜻으로 라틴어 beatitudo로 번역되었고 이것이 다시 영어 happiness로 옮겨져 '행복'을 의미하게 되었다.

과거의 이상주의적 흐름이 실재론적 특성을 띄게 되었으며 무엇보다도 고대에 습관형성과 놀이를 강조했던 점 역시 주목된다. 당시는 행복의 목적이 성공적인 삶을 사는 사람으로 여겼으며 객관적 성공을 의미하였으나 쾌락주의(hedonism)와 대비되면서 후에 삶의 만족도, 주관적 안녕감 등과 연계되어 심리학 연구에 하나의 줄기를 제공하였다.

참다운 지식과 바람직한 행위 및 사람됨, 인간의 행복에 대한 관심은 궁극적으로 학문탐구와 연계된다. 학문(學文), 학(學)의 목적이 문(文)이다. 학의 목적어가 인문학의 문(文)이며 바로 '사람됨'이라고 한다. 사람됨을 통찰할 때 학(學)이 의미 있어진다는 것이다. 인문학은 인간의 사상과 문화에 관해 탐구하는 학문이므로 인간의 언어, 문학, 예술, 철학, 역사 등 인간의 근원 문제와 가치를 연구한다. 학문의 목적이 사람됨이었다고 할 때 사람은 어떻게 살아야 하는가? 사람의 처신, 사람과 사람과의 관계를 논하는 일은 인간이 생존해 온 이래로 고대 그리스시대부터 있어 왔던 일이다. 원시시대에도 나름의 질서와 규칙을 만들고 행하며 규율과 집단에 반하는 일에 대한 대응 역시 이러한 그들만의 사람됨에 근거하였을 것이다.

보통 Art라고 하면 '예술'만을 뜻하는 것이라 오해하기 쉬우나, 문학사를 'Bachelor of Arts(B.A.)', 문학석사를 'Master of Arts(M.A.)'라고 표기하는 것은 예술과 인문이 명확히 구별되지 않았던 고대의 학제 배경이 있기 때문이다. 『손자병법』의 영문명이 'The Art of War(전쟁의 기술)'임도 기술과 예술이 구분되지 않았음을 설명하고 있다. 오늘날 인문학 범주에 속하는 학문들은 중세 대학 교육의 태동기에 'Ars Liberalis'로 표기되었다고 한다. 'Arts'는 기술, 학문, 지식을 뜻하며 그리스어 technē를 번역하기 위해 사용한 단어로, 원래는 Scientia(Science)의 어원이다. 근대 이후 자연과학이 발달함에 따라 Arts와 Sciences로 구분이 보다 엄밀해졌으나 역사적으로 예술은 기술의 의미였고 과학과도 유사한 개념으로 쓰였다는 것이다. 과학과 예술이 구분되지 않았던 배경과 관련하여 고대의 철학자들이 음악에 조예가 깊었음은 여러모로 시사하는 바가 크다.

학문과 기술은 목적과 적용 범위에서 차이가 있으나 서로 관련이 있다.

학문은 지식과 이해를 위해 이론적인 연구와 분석을 수행하는 것을 의미하며 주로 지식의 탐구와 이론적인 발전을 목적으로 하는 반면에, 기술은 실용적인 문제를 해결하거나 생산적인 목적을 달성하기 위해 사용되는 지식 또는 기술이라고 할 수 있다. 기술은 주로 도구, 기계, 시스템 등을 개발하고 활용하여 현실적인 문제를 해결하는 데 중점을 둔다. 학문은 이론과 이해를 중심으로 하고, 기술은 실제 응용과 문제 해결에 중점을 둔다는 특징이 있으나 상호 유기적인 관계에 있다. 소위, 순수학문이라는 학문 분야에 비해 사회과학, 유아교육학과 같은 실용적 특성이 강한 학문은 특히 그러하다. 유아교육학은 이론과 실제의 유기적인 관계성이 그 어떤 학문 분야보다도 깊다고 볼 수 있다.

피타고라스와 동시대를 살았던 공자(公子, B.C. 551~B.C. 479)는 중국 주나라의 예(禮)와 악(樂)을 정리한 유학(儒學)의 창시자이다. 예와 악을 바탕으로 하는 정치 실현을 목표로 수많은 제자들을 양성하였으며 『논어』 〈위정편 17〉에서 '안다는 것이 무엇인가? 아는 것을 안다고 하고, 모르는 것을 모른다고 하는 것이 진정한 앎'이라고 한 바 있다.

일찍이 현자들이 앎이라는 것에 대한 학문의 본질을 간파했다는 점이 경이롭게 여겨진다. 특히 공자의 인(仁)은 인본주의적, 인문주의적인 의미의 '사람다움'이다. 즉, 남을 아끼는 것이며 배려하고 걱정하는 마음이다. 인(仁)은 신(信)으로 이어져 지도자가 되고 상하관계에서의 올바름을 의(義)라 하였으며 인(仁)과 의(義)의 적절한 순서 또는 질서가 예(禮)라고 하여 동양의 인본사상에 지대한 영향을 미쳤다.

소크라테스, 플라톤, 아리스토텔레스를 고대의 대표적 학자로 본다면, 중세는 소위 암흑기로 유아나 아동을 성인의 축소판으로 여기고 유아에 대한 존엄성 및 놀이 인식이 매우 부족한 시기로 평가되며 기록도 거의 남아 있지 않다. 이후 근대로 오면서 15~17세기경 루터, 코메니우스, 로크 같은 학자들이 있었으며 18세기로 오면서 루소, 페스탈로치, 프뢰벨 같은 학자들을 중심으로 유아에 대한 탐구와 사상들이 발전하였다.

루터(Martin Luther, 1483~1546)는 종교개혁으로 만민평등교육과 공교육을 주장함으로써 학교교육과 가정교육을 강조하였으며, 코메니우스(Johann Amos Comenius, 1562~1670)는 실물을 통한 감각적 경험을 중시하였다. 최초의 그림책이라고 불리는 『세계도해(Orbis Sensualism Pictus, 1658)』를 비롯하여 저서 『대교수학(Didactica magna, 1632)』에서 유아기를 상징하는 1기 어머니 무릎학교(1~6세, School Materna), 2기 모국어학교(7~12세, School Vernacular), 3기 라틴어학교(13~18세, School Latina), 4기 대학(19~24세, Academia)으로 인간발달을 4단계로 구분하여 유아교육, 모국어교육, 외국어교육, 대학교육 및 여행의 시기와 교구를 통한 실물교육을 강조하였다. 백지설(tabula Rasa)을 주장한 계몽주의 학자 로크(John Locke, 1632~1704)는 인식이나 관념은 외적 경험으로서의 감각과 내적 경험으로서의 내성으로 얻어지므로 경험을 통해 구성해 나간다는 인간오성론을 강조하였다.

18세기 프랑스의 철학자이며 음악가인 루소(Jean Jacques Rousseau, 1712~1778)는 저서 『에밀(Émile, ou De l'éducation, 1762)』을 통하여 감각 훈련 및 경험, 활동에 의한 학습을 강조하고, 아동의 자연성 발견을 주장함으로써 아동중심 교육사상을 강조하여 이후의 유아교육 발전에 큰 영향을 미쳤다. 페스탈로치(Johann Heinrich Pestalozzi, 1746~1827)는 3H(Head, Heart, Hand)를 통한 인간도야와 여러 저서 중 『은자의 황혼(Die Abenstundeeines Einsiendlers, 1780)』에서 자연에 따르는 인간의 교육과 가정의 행복을, 『린하르트와 게르트루트(Linhard und Gertrud, 1781)』에서 가정의 조건을, 그리고 『게르트루트는 어떻게 자녀를 가르치는가?(Wie Gertrud ihre kinder lehrt, 1801)』를 통해 자녀교육의 사상과 방법을 피력하였다. 가난의 악순환으로부터 탈피하여 조기에 심성을 도야하고 교육받아야 하는 페스탈로치의 꿈과 사회개조의 이상이 잘 나타나 있다. 조기에 심성을 도야하는 교육으로 사회적 악순환을 개혁하려는 페스탈로치의 사상은 미국의 헤드 스타트(Head Start) 정책에 영향을 미쳤다. 유치원을 창설한 프뢰벨(Friedrich Fröbel, 1782~1852)은 유아는 신의 선물인 동시에 태어나는 순간부터 활동하고자 하는 충동이 있으며 이러한 활동 충동을 지닌 유아에게 신성(神性)을 발현시키도록 이끌어 내는 것이 놀이와 노작이라고 보았다. 유아는 놀이와 노작을 통해 행복감을 느끼고 전인적 조화를 이루며 발달하게 된다는 것이다. 프뢰벨 이후 유아의 요구와 필요를 강조한 홀(Granville Stanley Hall, 1844~1924), 게젤(Arnold Lucius Gesell, 1880~1961)은 성숙주의(Maturation Theory)이론을 발전시켰다. 홀은 아동연구운동의 아버지라 불리울 만큼 발생적 방법, 질문지법 등 아동연구의 체계적 도입에 관심을 가졌고, 게젤은 표준행동목록(Normative Data)을 만들어 행동발달의 규준을 제시하고 학습준비도 개념을 강조하였다.

19세기에는 성숙주의이론 외에 손다이크(Edward Lee Thorndike, 1874~1949), 왓슨(John Broadus Watson, 1878~1968), 스키너(Burrhus Frederic Skinner, 1904~1990)를 중심으로 하는 행동주의 학파, 프로이트(Sigmund Freud, 1856~1939), 에릭슨(Erik Homburger Erikson, 1902~1994)으로 이어지는 정신분석학파, 그리고 듀이(John Dewey, 1859~1952)의 아동중심주의, 피아제(Jean William Fritz Piaget, 1896~1980), 브루너(Jerome Seymour Bruner, 1915~2016), 비고츠키(Lev Semenovich Vygotsky, 1896~1934)를 중심으로 한 인지발달이론 등이 활발히 일어나기 시작하였다. 후에 반두라(Albert Bandura, 1925~2021)의 사회학습이론(Social learning Theory)으로 이어져 행동수정, 행동주의와 인지주의를 결합한 형태로 다루어졌으며 인간행동과 사회환경에 주목함으로써 모델링, 자기강화, 자기효능감 등의 개념으로 발전하여 심리학과 연계된다.

특히 아동중심 교육의 대표적 학자로 불리는 듀이의 진보주의에 의해 흥미중심 교육과정, 활동중심 교육과정으로 발전되었고 저서와 연구활동이 활발해지기 시작하였다. 미국에서 듀이를 중심으로 아동중심 · 문제 해결 교육과정을 강조하는 동안, 동시대 학자로 이탈리아에서 활동한 의사 몬테소리(Maria Montessori, 1870~1952)는 유아기의 민감기와 준비된 환경을 강조하고 16가지 감각교구를 창안함으로써 체계적인 교육방법을 제안하였으며, 후에 미국으로 전파되어 우리나라에도 몬테소리협회 설립 등 많은 영향을 미쳤다.

듀이의 실용주의, 도구주의 철학과 맞물려 유아의 흥미와 요구를 수용하여 진정한 의미의 아동중심주의 교육과정이 유아교육현장 속으로 파급되었다. 혹자는 이를 교육학의 혁명적 전환점이라 간주하고 코페르니쿠스적 대변혁이라 비유하기도 한다. 물론 '아동중심'은 항상 유아교육학 연구자들에게 회자되어 온 핵심 용어들 중 하나이며, 사상과 관점 및 실천의 차이로 인해 아직도 많은 연구과제가 남아있다.

2. 동양 및 우리나라의 전통 유아교육

동양의 유아교육은 주로 여러 가지 예의범절과 의식중심의 양육사상에 기반하고 있다. 동양은 서양의 사상과 문화나 사고방식이 다르고, 이슬람교, 불교, 힌두교, 유교 등의 배경과 연계되어 있기 때문에 양육사상을 간단히 정리하는 것은 많은 제한점이 따른다. 그러나 여러 고전에 수록된 내용을 통해 아동 양육에 대한 인식을 살펴볼 수 있다. 대표적 중국의 시대별 문헌으로는 기원전에는 『예기(禮記)』가 있고, 한나라~송나라 이전에는 『대대례(大戴禮)』, 『열녀전(烈女傳)』, 『안씨가훈(顔氏家訓)』이 있다. 또한 송나라~청나라 시기에는 『소학(小學)』, 『명심보감(明心寶鑑)』, 『여사서(女四書)』와 같은 문헌들이 있다. 각기 태교 또는 정직과 같이 아동에게 가르쳐야 할 덕목, 모범적 사례, 몸을 공경하고 법도를 세우며 인륜을 밝히는 내용들이 비교적 소상히 기록되어 있다.

조선시대에는 한 가정의 자식을 양육하는 일이 개인 차원뿐만 아니라 가문 차원에서 중요한 일이었으므로 아동 양육에 대한 지침들은 여성용 교훈서나 아동용 교과서 및 성인 남성용 교과서에도 포함되어 있었다. 학문의 실용성을 지향하는 실학이 발생한 이후에는 보다 구체적인 지침들이 많이 제시되었다. 조선시대의 대표적인 아동용 교과서와 여성용 교훈서는 다음과 같다. 이 중 『소학』과 『여사서』는 중국에서 수입된 문헌이다(김영옥, 2016, p.209; 백혜리, 1997).

아동용 교과서

- 소학(주희, 1187): 대표적 아동용 교과서
- 동몽선습(박세무, 1541): 천자문 이후 맨 처음 읽는 교과서
- 격몽요결(율곡 이이, 1577): 처음 글을 배우는 아동이 소학을 읽기 전 읽음
- 사소절(이덕무, 1775): 성인 남녀와 아동을 위한 생활예절 교육서

여성용 교훈서

- 여사서(옹상, 편작연대 미상): 여성을 위한 4권의 책을 합본함
- 내훈(소혜왕후 한씨, 1475): 우리나라 최초의 여성 교훈서
- 계녀서(송시열, 저술연대 미상): 시집가는 딸을 위해 저술한 책
- 규합총서(빙허각 이씨, 1809년): 백과사전류
- 동의보감(허준, 1613): 의학서적
- 산림경제 가정편(유중임, 증보, 1767): 백과사전류
- 태교신기(사주당 이씨, 1800): 유일한 태교서

우리나라 양육에 관한 문헌들은 중국의 영향을 받았으며 조선인이 저술한 책에 대하여 간단히 살펴보면 다음과 같다. 관점에 따라 동양, 중국, 조선시대로 연계되는 양육문화와 교육은 종교적·문화적·사상들의 영향을 극동지역에 국한하여 논의할 수밖에 없는 제한점이 있지만 우리나라 유아교육과 유아교육학의 형성에 간과할 수 없는 부분이기도 하다.

① **『동몽선습(童蒙先習)』**은 1541년(중종 36년)에 박세무(朴世茂, 1487~1564)가 쓴 어린이 교재로, 조선시대에 어린이들이 『천자문』을 배운 후에 가장 먼저 읽는 책이며 어린이들을 위한 교재 중 가장 대표적인 책이다. 이후 현종 때부터 왕세자의 교육도 이 책에서부터 시작하도록 하였으며 영조 때에 이르러서는 어제서문(御製序文: 왕의 추천문)이 붙어 간행되기에 이르렀다. 이 책은 경(經)과 사(史) 두 부분으로 구성되어 있으며, '경' 부분에서는 오륜을 설명하고, '사' 부분에서는 중국의 역사와 한국의 역사를 비교하고 있다. 또한, 여성 교육용인 『열녀전』과 『소학』, 『논어』 등에서 중요한 문구를 선별하여 제시하고 있으며 유일하게 한국의 역사를 수록하여 민족의식을 고취시키는 데 큰 역할을 하였다.

② **『격몽요결(擊蒙要訣)』**은 율곡 이이(栗谷 李珥, 1536~1584)가 42세에 부제학을 사퇴한 후 해주 석담에서 제자들을 가르치며 지은 책으로, 조선시대의 학자와 사림(士林)이 읽어야 할 책이다. 학문을 처음 시작하는 사람은 『천자문』과 『동몽선습』을 읽도록 되어 있었으므로 이 책은 개인의 인격 완성부터 가정교육, 사회교육 및 국민교육까지 총망라하고 있다. 당시 교육의 목적이 관리 양성 위주만이 아니라 사람이 일상생활에서 사리에 맞게 행동하고 대처하는 데에도 있었음을 나타낸다는 점, 그리고 체제가 정연하여 질서가 있고 조리가 있어 배우고 익혀 실천하기에 적절한 덕목을 수록하였다는 데 가치가 있다. 이에 따라 입지(立志), 혁구습(革舊習), 지신(持身), 독서(讀書), 사친(事親), 상제(喪制), 제례(祭禮), 거가(居家), 접인(接人), 처세(處世) 등 총 10장으로 구성되어 있다.

③ **『사소절(士小節)』**은 조선 후기 이덕무(李德懋, 1741~1793)가 저술한 책이며, 일상생활에서 무시해 버리기 쉬운 예법을 다룬 초기 아동교육을 위한 교양서이다. 『사소절』은 그의 교육론을 가장 잘 표현하고 있는 책으로 교육개혁의 중요성과 아동교육의 중요성이 잘 나타나 있다. 남자

예법으로서 사전(士典)편, 부녀자의 예절로서 부의(婦義)편, 그리고 아동 예절로서 동규(童規)편 등 세 장으로 구성되어 있다. 아동교육과 양육에 관련된 내용이 포함되어 있으며 특히 부의에서는 남녀 모두에게 있어서의 교육의 중요성, 가르침의 중요성, 어머니의 교육적 역할 등이 강조되고 있다. 동규에서는 아동의 능력 개발과 문자교육의 중요성이 강조되며, 생활습관을 강조하는 내용이 담겨 있다.

④ **『내훈(內訓)』**은 성종의 어머니인 소혜왕후(昭惠王后, 1437~1504)가 성종 6년에 저술한 교양서적이다. 내훈은 여성들이 취해야 할 최선의 행실과 실제에 대한 내용을 담고 있으며, 내용은 언행장(言行章), 효친장(孝親章), 혼례장(婚禮章), 부부장(夫婦章), 모의장(母義章), 돈목장(敦睦章), 염검장(廉儉章) 등 총 7장으로 구성되어 있다. 앞쪽에 자신의 서문을 얹고 뒤에는 상의(尙儀) 조씨(曺氏)의 발문(跋文)을 붙여 세 권으로 엮여 있다. 이 중 아동교육에 관한 것은 제5장 모의(母義)편으로서 어머니의 자질, 자녀교육의 원리 등을 제시하고 있다. 당시 여성들은 한문교육을 받지 못하여 한문서적에는 거의 문맹상태였기에 한글로 저술되어 여성들에게 교육적인 가치를 제공한 점에서 의의가 크다.

⑤ **『계녀서(戒女書)』**는 조선 중기 학자인 우암(尤庵) 송시열(宋時烈, 1607~1689)이 시집가는 딸을 훈계하기 위하여 지은 책으로, 여성으로서 꼭 갖추어야 할 아름다운 덕행을 바탕으로 마음가짐과 몸가짐을 잘 닦고 가정을 잘 다스리는 데에 관한 올바른 도리를 순수한 국문으로 간곡하게 훈계한 것이 특색이다. 20가지 항목으로 구분되어 부모와 시부모에게 효도하고, 남편을 위하고, 형제와 친척 간에 화목하고, 자녀를 잘 기르고, 조상을 잘 받들고, 손님을 잘 대접하고, 질투하지 말고, 말을 삼가고, 재물을 절약하고, 부지런하고, 병을 치료하고, 의복과 음식을 잘 마련하고, 하인들을 잘 부리고, 물건을 주고받고 팔며 사고,

미신을 믿지 말고, 모든 일을 잘 경계하고, 옛사람들의 착한 행실을 본받으라는 것을 다정다감하게 훈계하고 있다.

⑥ **『규합총서(閨閤叢書)』**는 빙허각 이씨(憑虛閣 李氏, 1759~1824)가 지은 것으로, 가정생활에 대한 백과사전류에 속하며 네 부분으로 이루어져 있다. 제1권에서 제3권까지의 내용은 인간생활에 있어서 근본적으로 필요한 의·식·주 중심의 내용을 담고 있으며 그와 관련 있는 사항들이 광범위하게 설명되어 있다. 마지막 제4권은 청양결(靑襄訣)이라고 칭하며 태교(胎敎)와 양아(養兒), 구급(救急), 잡저(雜著) 등의 항목의 내용이 포함되어 있다. 이 밖에 부록으로 세시기, 전가, 점후 등 우리나라 고유의 풍속, 습관 등과 기후에 관한 내용이 수록되어 있어 당시 가정에서 부녀자들이 알아야 하고 지켜야 하는 생활의 지혜들이 구비되어 있는 책이다. 또한 이 책은 부녀자들을 위해 한글로 저술되었다.

⑦ **『동의보감(東醫寶鑑)』**은 서기 1613년(광해군 5년) 허준(許浚, 1539~1615)에 의해 편찬된 의학서이다. 이는 왕명으로 내의원(內醫院)에서 처음 발행된 것으로 광범위한 임상경험의 총서이다. 따라서 이 책은 우리나라뿐 아니라 중국, 일본 등에서도 공통된 평가를 받아 1714년 일본에서 그리고 1766년 중국에서 각기 간행하기 시작한 책이다. 그 내용은 크게 내경(內景), 외형(外形) 그리고 잡병(雜病)편으로 나누어 볼 수 있으며, 특히 잡병편 부인과 소아를 위한 내용에서는 구사(求嗣: 후사를 구하는 방법)와 양아십요(養兒十要: 아이를 기르는 10가지 법)의 내용이 포함되어 있다.

⑧ **『산림경제 가정편(增補 山林經濟 家庭編)』**은 사회·경제사상을 압축하고 농촌 생활에 필요한 지식과 정보를 제공하는 조선시대의 대표적인 과학서이다. 원래 저자는 홍만선(洪萬選, 1643~1715)으로, 당시의 유일한 생활지도서이자 과학서이며 백과사전이라 할 수 있다. 이 책은 후대에 유중임(柳重臨, 1705~1771), 박세당(朴世堂, 1629~1703), 서유구(徐有榘, 1764~1845) 등

에 의해 증보되었는데, 이때 가정생활에 대한 부분이 새로이 첨가되었다. 산림경제는 총 12편으로 이루어져 있으며, 이 중 가정생활과 관련된 증보된 가정편은 상·하권으로 나누어져 있다. 아동과 관련된 내용으로는 가정 상편에서는 훈자손(訓子孫), 교여아(教女兒), 가정 하편에서는 양아(養兒)가 해당된다. 자손 교육과 딸 교육에 중점을 둔 것으로, 당시 사회와 경제상을 잘 알 수 있다는 특징이 있다.

⑨ **『태교신기(胎教新記)』**는 사주당 이씨(師朱堂 李氏, 1739~1821)가 1800년에 지은 책으로(아들 유희가 1801년 한글 해석을 붙임), 임산부의 태교에 관한 저서이다. 저자인 사주당 이씨는 당대 여성 문장가이며 『언문지(諺文志)』의 저자인 유희(柳僖)의 어머니이다. 부군 유한규(柳漢奎)도 이름 높은 석학이다. 저자는 태교에 대한 교본이 없음을 안타까이 여겨 『경서』와 『백가서』를 참조하고 1남 3녀를 키운 경험을 살려서 저술하였다고 밝히고 있다. 총 10개의 장으로 이루어져 명확한 저술 동기와 목적의식이 뚜렷하게 서술되어 있고 그 기술에 있어서 정밀함과 풍부한 상식, 정연한 논리, 인용의 해박함, 실학적인 고증, 경험의 원숙함 등이 잘 드러나 있다. 당초 원서는 한문으로 저술하여 그의 아들인 유희를 시켜 국역하게 하였다.

이와 같은 아동용 교과서, 여성용 교훈서는 교육과 양육 측면에서 많은 시사를 주었다. 태내기, 7세 이전, 7세 이후 등으로 연령에 따른 양육과 교육방법을 제시하였고 구체화되었으며 3세에는 기본적인 생활교육을 강조하였거나 원칙이 정해지기도 하였다. 또한 남성과 여성의 교육을 구분하기 시작하였고, 남아의 교육 책임이 어머니에게서 아버지로 서서히 옮겨 가며 여아의 경우는 어머니가 전적으로 책임을 지게 되는 양상도 알 수 있다. 체벌 등에 대하여도 『계녀서』나 『사소절』에서는 너무 때리지 말도록 이르고 있으며 체벌의 목적이 잘못을 뉘우치게 하기 위함이라고 설명하고 있다. 7세 이후 구체적 교육방법을 담고 있는 율곡의 『소아수지(小兒須知)』는 특히 많은 시사를 주고 있다. 다음은 『소아수지(小兒須知)』에서 금하는 내용을 요약한 것이다(이율곡, 1749).

① 교훈을 따르지 않고 다른 일에 마음을 쏟는 것
② 부모가 명령하신 것을 곧 시행하지 않는 것
③ 형과 어른을 공경하지 않고 말을 함부로 하는 것
④ 형제간에 우애하지 않고 서로 싸우는 것
⑤ 음식을 가지고 다투며 서로 사양하지 않는 것
⑥ 다른 아이를 마구 건드려 서로 싸우는 것
⑦ 충고를 받아들일 줄 모르고 번번이 원망하거나 성내는 것
⑧ 손을 단정하게 마주 잡지 않고 팔을 휘젓거나 비스듬히 기대는 것
⑨ 걸음을 경솔하게 걸으며 뜀박질하고 뛰어넘고 하는 것
⑩ 실없는 말로 농지거리 하기를 좋아하며 말과 웃음소리가 떠들썩한 것
⑪ 유익하지 않고 상관되지 않는 일 하기를 좋아하는 것
⑫ 일찍 자고 늦게 일어나 게으름을 피우며 독서하지 않는 것
⑬ 독서하는 시간에 서로 쳐다보며 잡담하는 것
⑭ 방심하고 혼매하여 낮에도 앉아서 졸고 있는 것
⑮ 단점을 감추고 잘못을 숨기며 언어가 성실하지 않은 것
⑯ 한가한 사람과 마주앉아 잡담이나 하며 공부는 내팽개치기를 좋아하는 것
⑰ 초서로 글씨를 어지럽게 써서 종이 버리기를 좋아하는 것

이제까지 언급한 조선 사회의 아동 양육과 교육은 아동의 연령에 따라 달라졌다. 특히 교육은 태내기부터 강조된 반면, 양육은 어린 시절에 집중

되고 한정적으로 강조되었다. 아동기의 시작을 태내기부터 보았으며 태아 역시 하나의 인격체로 보고 태교를 통해 교육하였다. 또한 아동의 연령이 7세가 되기 이전에는 좀 더 양육에 관심을 기울였으며, 특히 3세 이전의 아동은 아무런 규제 없이 아동이 원하는 대로 행동하도록 두었다. 그리고 7세 이후에는 사리분별을 가르치기 시작하였고 남녀 성별에 따라 각각 다르게 교육하였을 뿐만 아니라 양육과 교육의 책임도 서서히 달라지기 시작하였다.

또한 조선시대 아동교육의 특징은 한마디로 '애(愛)'라고 표현할 수 있다. 애(愛)란 사랑과 가르침을 의미하는 것으로 아동에 대한 사랑과 가르침 간의 균형을 중시한 것이다. 따라서 아동의 양육에 있어서 사랑과 함께 아동에 대한 체벌을 경계하고 원칙 있는 훈육을 강조하였다고 볼 수 있다.

3. 논의 및 결론

우리는 서양의 그리스 교육부터 어린이에 대한 개념이 있었다는 것 외에 철학자들을 중심으로 한 사상이나 저서를 통하여 유아교육의 사상이나 역사를 이해할 뿐이다. 역사적으로 관심의 대상이었던 아동중심의 의미, 놀이의 의미에 이르기까지 어린이를 기르는 시대적 · 문화적 배경을 포함하여 유아교육사에 대한 탐구가 보다 밀도있게 다루어져야 할 것이다. 중세는 암흑시대라고 불리며 특별한 기록을 찾아보기 어려우나 이 시대에도 어린이를 양육하였을 것이므로 의복 및 생활사, 서양사, 인류학 등의 인접학문과의 협업을 통하여 그러한 자취를 찾아 깊이 있게 분석하고 정리하는 연구가 이루어질 필요가 있다.

동양의 유아교육 발달 과정을 논의하는 데는 광범위한 종교적 · 문화적 배경으로 인해 한계가 있다. 동양의 문헌으로 그것도 극동지역에 국한하여 우리나라에 직·간접적으로 영향을 준 문헌들을 통하여, 그리고 조선시대의 여러 서적을 통하여 추측할 수 있을 뿐이다. 또한 유아교육이나 유치원 역사를 기록한 문헌들, 당시의 여성잡지나 신문기사 등을 통하여 유추할 수 있을 뿐이다. 그러므로 양육에 있어서 사랑(愛)의 개념, 다양한 양육지침과 방법들에 대한 의미 해석과 담론이 이루어져야 할 것이다.

태동이 생겨날 기운이 싹트는 것이고, 시작이 어떤 일이나 행위를 처음으로 행하거나 쉬었다가 다시 행함을 의미할 때, 인류가 생존하여 삶을 영위하기 시작하면서 자연스럽게 생계를 유지하고 종족 보존에 힘쓰는 과정에서 어린이를 기르는 일에 대해서도 무형의 잠재적 개념을 형성해 왔다. 그것이 국가를 위한 투철한 무사를 기르는 것이든 또는 한 인간으로서 존엄을 발휘하도록 하든 간에, 후손 세대를 기르는 일에 대한 물줄기는 인류의 역사와 함께 시작되었다고 볼 수 있다. 다만 이 물줄기가 어느 정도의 세기, 강도, 지속성을 유지하고 형태를 갖추고 영향을 미쳤는가에 대한 시각 즉, 개념과 범위와 기준에 따라 역사를 보는 관점도 다양할 수 있을 것이다.

20세기 이후는 유아교육학 분야 연구가 양적·질적으로 크게 성장하였다. 이와 같은 성장과 발전을 조망하기 위하여, 서문에서는 5개 장에 대한 전체적 개요 및 의의를, 제1장에서는 〈학문의 시작과 유아교육학의 태동〉에 대하여 살펴보았다. 제2장에서는 〈유아교육학의 발전과 인접학문〉을, 제3장 〈한국유아교육 교과영역 연구의 확장과 통합적 접근〉에서는 교과란 무엇인지, 그리고 시대적·역사적인 변화에 따라 유아교육학 영역의 구분과 통합을 살펴보았다. 제4장 〈기술통계를 활용하여 살펴본 유아교육 연구동향〉에서는 1970년대부터 2024년까지 이루어진 유아교육의 연구영역과 연구 방법을 중심으로 변화의 과정을 살펴보고자 그 시기, 내용, 방법, 대상을 중심으로 13,898편의 논문을 분석하였다. 조건을 제한하여 분석하였으며 연구의 양이 매우 방대하여 50여 년의 한국유아교육연구의 내용과 방법을 알 수 있다. 제5장 〈토픽 모델링 분석을 통해 살펴본 유아교육 연구 동향〉에서는 우리나라 유아교육 연구주제의 동향을 살펴보고자 하였으며 한국학술지인용색인(KCI) 유아교육 분야 학술지에 1992년부터 2024년 8월까지 발행된 6,385건의 논문을 분석하였다. 그리고 〈미래과제〉에서는 이러한 조망과 분석을 기초로 각 장에서 도출된 미래의 연구과제를 제언하였다.

참고문헌

김영옥 (2016). **부모교육**. 경기: 공동체.

백혜리 (1997). 조선시대 성리학, 실학, 동학의 아동관 연구. 이화여자대학교 대학원 박사학위논문.

이성길 (2020). **피타고라스와 음계**. 서울: 문학공원.

이율곡 (1749). 소아가 필수적으로 알아야 할 사항, **율곡전서 습유(拾遺) 권4**, 잡저(雜著). 국립국어원 표준국어대사전, 한국민족문화대백과사전, 철학대사전 참고.

CHAPTER

2

유아교육학의 발전과 인접학문

학문의 성장과 발전에는 다양한 요소들이 결합되어 있다. 고대 학문의 태동 이후 19세기를 전후로 교육학이 독립된 학문 분야로 발전하고, 프뢰벨의 유치원 창립과 놀이의 강조 이후 유아교육학이 인접학문과의 관계 속에서 현대의 독립된 학문 분야로 발전하는 맥락을 살펴보고자 한다. 이에 유아교육학의 규범적이고 실천적인 성격을 조명하고 유아교육학 발전에 필요한 조건을 탐색하고 논의할 필요가 있다.

1. 학문의 생성과 발전

철학은 인간 존재와 우주에 대한 근본적인 질문을 탐구하는 학문이다. 철학이라는 용어는 폴리스 시민의 '교육'과 관련을 맺고 있었으며 그리스 교육 파이데이아(Paideia)가 어린이(pais)라는 뜻이었음에서도 알 수 있듯이 인간, 교육, 어린이는 고대 철학자들로부터 관심의 대상이었다. 인간교육의 강조와 주장들, 지식의 구성 방법으로 유아기의 건전한 성장과 기본 생활 습관을 강조한 사상 등에서 교육의 역사적 기원은 고대 그리스와 로마시대로 거슬러 올라갈 수 있다. 그러나 현대적인 교육학의 시작은 18세기와 19세기의 개혁 운동과 관련이 있다. 과학적인 학문으로서의 유아교육학 역시 19세기경으로 보기 때문에 현대의 유아교육학을 논하기 전에 학문이 어떻게 생성하고 발전하는지 생각해 볼 필요가 있다.

학문은 우주, 자연과 사물과 같은 세상에 대한 지식과 이해를 추구하는 사람들의 체계적인 노력과 활동의 집합체이다. 동시에 사람들은 학문을 통해 세상을 조금 더 이해하고 발전시키는 데 기여한다. 학문은 역사적 · 사회문화적 맥락 속에서 물꼬를 트고 발전하며, 다양한 요소들에 의해 영향을 받는다. 인간의 호기심과 탐구 정신은 학문의 원동력이다. 새로운 지식을 찾고, 문제를 해결하며, 이론을 검증하는 과정이 동반되며 과거의 지식과 성과를 기반으로 지식이 축적된다. 연구자들의 발견과 이론을 토대로 어떤 종류의 연구가 주된 관심사가 되기도 하고 새로운 방법들이 첨가되면서 또 다른 연구가 생겨나 연구의 흐름과 물줄기가 형성된다. 이른바 동향이다. 또한 학문은 특정 이론과 방법론을 기반으로 관련 분야의 구성원에게 공유되고 수차례 반복, 검증되며 새로운 증거와 연구결과에 따라 차차 수정되거나 발전될 수 있다. 이를 통해 연구결과와 이론에 대한 해석과 검증, 다양한 방법론 등을 학습하고 지속적으로 업데이트하게 된다. 연구자들은 서로의 연구를 검토하고 비판하며 결과를 공유하고 협력하게 되는데, 학회의 학술대회나 학술지 게재, 연구발표회, 세미나, 집담회 등이 좋은 예이다. 이러한 과정에서 비판적 사고와 분석, 논리적인 추론을 통해 토론하며 새로운 지식과 이해를 확장한다.

학문의 시작은 호기심에서 비롯된다. 호기심은 새로운 것을 찾고 발견하거나 이해하고자 하는 욕구가 생김으로 인해 유발되기도 하여 상호작용적이다. 단순한 호기심의 지속과 자연현상이나 사회현상에 대한 궁금증은 학문적 탐구로 이어진다. 에디슨, 갈릴레이와 같은 학자들은 일상생활과 관습에 의문을 제기한 사람들이며 모든 것은 형편없는 질문에서 시작된다고(이한음 역, 2014; 리처드 도킨스 외 25인, 2024)하였다. 별의 위치에 따른 농사의 영향을 궁금해하고 우주의 생성을 정리하기 시작한 경우나 신앙공동체, 생활공동체에서 가족, 법규, 정치, 의술, 음악, 춤 등 다양한 분야에 대해 연구하게 되었던 역사도 마찬가지이다. 이러한 호기심은 의문을 제기하고 새로운 것을 배우고자 하는 동기를 부여하며 탐구하고 발견하는 과정으로 확장된다. 이와 같은 학문의 발전적 요소들은 다음과 같다.

① **관찰과 기록**: 과학적인 연구와 탐구에서 중요한 것이 관찰과 기록이며 자연이나 인간 행동을 관찰하고 기록하는 일은 후대에게 중요한 자료와 근거가 된다. 몬테소리가 특수아를, 피아제가 아이들의 노는

모습을, 프로이트가 자신과 제자들의 자녀를 지속적으로 관찰하면서 질문하고 기록했다는 것은 잘 알려져 있다. 육아일기나 자녀성장기록도 마찬가지이다. 자연이나 현상을 직접 관찰하는 일이 지속, 반복되면 데이터를 수집하게 된다. 마찬가지로 사회현상에서도 데이터 수집의 의미는 오감각을 활용하여 대상의 특성을 파악하고 관찰한 데이터를 수집, 정교화하고 보관하는 기록과정이 수반된다. 관찰한 내용을 정리하고 필요한 정보를 기록하여 분석하고 해석, 평가할 수 있도록 하는 것이므로 기록은 관찰한 데이터를 보존하고, 정확성과 신뢰성을 보장함으로써 연구 결과를 재현할 수 있도록 한다. 보존된 데이터는 공유가 가능하며 결국 현상에 대한 이해를 높이고 새로운 지식을 발견하고 확장하도록 한다.

② **이론의 정리 및 개발**: 관찰과 기록을 바탕으로 다양한 이론들이 개발되며, 이러한 이론들이 실제로 맞는지를 검증하기 위해 실험과 분석이 필요하다. 이론 개발은 과학적인 과정에서 중요한 단계이며, 이론은 관찰된 데이터와 실험 결과를 기반으로 현상을 설명하고 예측하며 기술을 개발하는 데 필요하다. 나아가 자연법칙을 이해하고, 새로운 지식을 발견하는 데 도움을 준다. 이론 개발은 대체로 문제 제기(관찰된 데이터나 실험 결과를 통해 새로운 문제를 제기), 가설 설정(문제를 해결하기 위해 예측 가능한 형태로 가설을 설정), 검증(가설을 검증하기 위해 실험이나 관찰을 수행), 수정 및 보완(검증 결과를 바탕으로 가설을 수정하거나 보완), 이론 완성(여러 실험과 관찰을 통해 가설이 검증되고 이론이 완성)의 단계를 거친다. 물론 반복되는 원리는 공식이 되고 이론으로 정리되며 검증되고 확고한 이론으로 자리 잡게 된다. 또한 이론의 정리와 개발은 학자와 연구자에 의해 가능해진다.

③ **탁월한 학자 및 연구자**: 이론의 정리 및 개발과 연계되어 있으며 탁월한 학자 및 연구자와 연구집단에 의해서도 이론 개발의 획기적 전기

를 마련하기도 한다. 역사적으로 유명한 학자들에게서 많이 찾아볼 수 있다. 심리학의 경우는 인간 행동과 정신 과정에 관심이 많았던 고대 그리스 철학자 플라톤이나 아리스토텔레스가 있다. 그 후 17세기에는 데카르트(Rene Descartes, 1596~1650)가 '나는 생각한다. 고로 나는 존재한다.'는 명제를 통해 상식과 기억은 왜곡될 수 있으나 내가 존재한다는 사실과 그 순간 내가 사고한다는 사실은 반박할 수 없음을 주장하였다. 이를 통해 인간의 마음을 신체와 분리된 독립적 실체로 주장하기도 하였다. 윤리학 역시 고대에서 출발하였지만 18세기 계몽주의 시대의 임마뉴엘 칸트(Jahre Immanuel Kant, 1724~1804), 스튜어트 밀(John Stuart Mill, 1806~1873) 등에 의해 큰 줄기를 이루었다. 19세기에는 윌리엄 제임스(William James, 1842~1910)가 의식의 흐름이라는 용어를 사용하여 근대 심리학의 창시로 알려져 있으며, 20세기에는 프로이트(Sigmund Freud, 1856~1939), 융(Carl Gustav Jung, 1875~1961), 스키너(Burrhus Frederic Skinner, 1904~1990) 등이 인간행동과 정신과정을 설명하는 데 크게 기여한 것 등에서도 알 수 있다. EQ는 1990년 피터 살로베이(Peter Salovery, 1958~, 前 예일대 총장)와 존 메이어(John D. Mayer, 1953~)의 공동 연구를 통해 처음 소개된 후 다니엘 골먼(Daniel Goleman, 1946~)에 의해 대중화되었다.

④ **비판적 사고**: 기존 또는 새로운 이론을 비판적으로 검토하고, 더 나은 설명을 찾는 과정이 요구된다. 비판적 사고는 어떤 주장이나 논증, 또는 판단에 대해 그 타당성을 검토하고 평가하는 사고 과정이므로 단순히 수용하기보다는 주장의 근거와 논리적 일관성을 살피고 검토, 분석하여 편견이나 오류를 찾아내는 것이다. 비판적 사고 역시 대체로 문제 제기, 분석, 평가, 대안 제시 및 결론 도출의 단계를 거친다. 문제 제기는 어떤 주장이나 논증, 또는 판단에 대해 의문을 제기하는 것이며, 분석은 주장을 분석하여 구성 요소와 논리적 구조를 파악하

는 것이다. 평가는 주장의 근거와 논리적 일관성이 있는지에 주목하고 대안을 제시하여 더 나은 결정과 판단을 하도록 돕는다. 비판적 사고는 주장의 타당성을 검토하고 평가하는 것을 목적으로 하기 때문에 과학적인 사고를 동반한다. 과학적인 사고와 함께 합리적이고 객관적인 판단을 내리고 설명력을 높이게 된다. 그러므로 비판적 사고는 이론을 탄탄하고 정교화하는 힘이 되며 분석은 이를 명료화하는 과정이다.

⑤ **기술의 발전**: 과학기술의 발전은 학문 발전에도 큰 영향을 미친다. 현미경의 발명은 생물학의 발전을, 컴퓨터의 발명은 데이터 축적과 빅데이터 분석 등의 발전을 이끌었다. 마찬가지로, 드론의 발전이 농사, 소방, 방제, 물류의 발전을 가져왔으며 AI의 발달이 맞춤형 도구나 다양한 시뮬레이션을, 해부학과 로봇을 포함한 R-러닝분야의 발전이 의학, 경영학, 교육학 등 무수히 많은 분야와 접목하게 되었다. 첨단기술 또는 과학의 발전은 농업, 식품업 등의 발전을 가속화하고 농 · 수산물을 인터넷이나 웹으로 주문하는 편리성이나 속도 이외에도 농업학, 식품학 및 바이오 관련 등 여러 분야의 학문과 관련된다. 이러한 기술은 다양한 방식으로 발전해 왔으며 연구개발, 혁신, 상용화, 정부정책, 세계적 네트워크 등 여러 요소의 결합으로 이루어진다. 수많은 요소들이 상호작용하면서 기술의 발전이 이루어지고, 경제, 사회 등 다양한 분야에 영향을 미치며 확산됨으로써 생활문화를 바꾸기도 한다.

⑥ **교육 및 정책방향**: 학문은 교육을 통해 전파되고 새로운 세대의 연구자와 학자들이 배출되므로 후속 세대를 통하여 이어지고 지속발전이 가능하게 된다. 또한 학문은 다양한 경로와 방법으로 전파되고 확장된다. 전통적인 방법인 학교와 교육 기관을 통해서, 인터넷과 온라인 강의와 교육, 다양한 학습 콘텐츠와 교육 플랫폼, 교육매체와 TV, 미

디어, 도서 및 출판물 등을 통해 전달되고 확산된다. 이러한 교육이나 연수의 기회 역시 정부나 기관의 정책과 방향에 따라 탄력을 받는다. 국내외 동향이나 이슈에 따른 정책이나 기업의 방향도 큰 영향을 미친다. 정부는 기술 개발을 지원하기 위해 자금지원, 규제 강화 또는 완화 등의 정책을 시행하며 기업이나 연구기관도 이러한 기저에 따라 비용이나 인력, 체제를 지원하게 된다. 우리나라의 우주항공 정책, 원자력 정책, 철강기술지원 정책 등과 같이 정책에 따라 연구 인력이 이동하거나 타 분야로 흡수 또는 결집하는 등 제반 거버넌스에 따라 영향을 받는다.

⑦ **세계적 이슈와 교류**: 산업혁명, 프랑스대혁명, 세계대전 같은 역사적 사건, COVID-19와 같은 팬데믹 현상, 전염병, 이상기후와 같은 범인류적 이슈들은 이에 대한 방어와 대비를 위한 노력을 촉진해 왔다. 치료약을 개발하고 대체식품을 연구하는 등 다양한 노력이 진행되며 심층적인 분석과 분야별 협력이 이루어짐으로써 의학, 생물학, 조류학뿐만 아니라 심리상담, 정서적 분야에 이르기까지 광범위한 학문적 성과가 축적되고 있다. 노년기가 길어지고 노년의 건강한 삶과 사회문제 등에 대한 관심과 필요에 의해 치매연구와 치료약이 개발되는 예와 같이 기술의 발전은 전 세계를 통하여 교류되고 확장된다. 선진사례를 배우고 도입하기도 하며 세계 여러 나라의 혁신적 인재들, 다양한 기업, 연구기관들과 협력 또는 경쟁하면서 이론과 기술의 발전이 이루어진다. 이 또한 독자적이기보다는 세계적 이슈나 정부정책, 기업의 자원과 목표에 영향받을 때가 많다.

AI의 경우에는 앨런 튜링(Alan Mathison Turing, 1912~1954)의 철학적 · 이론적 기반을 토대로 존 매카시(John M. McCarty, 1927~2011)가 AI라는 용어를 처음 사용

하였고, 제프리 힌튼(Geoffrey Everest Hinton, 1947~)의 딥러닝, 얀 르쿤(Yann André LeCun, 1960~)의 CNN(합성곱 신경망: Convolutional Neural Networks)연구로 발전되었으며 요슈아 벤지오(Yoshua Bengio, 1964~)는 딥러닝을 학문적으로 체계화하였고 AI의 윤리적 문제를 해결하기 위한 연구를 수행하고 있다.

두뇌 관련 연구의 경우 언어를 담당하는 특정 뇌 영역의 존재를 입증한 폴 브로카(Paul Pierre Broca, 1824~1880), 뉴런이 뇌 기본 단위임을 입증한 산티아고 라몬 이 카할(Santiago Ramón y Cajal, 1852~1934) 등에 의해 뇌의 구조와 기능이 밀접하게 연결되어 있음이 밝혀졌고, 로저 스페리(Roger Wolcott Sperry, 1913~1994)는 좌뇌와 우뇌가 독립적으로 기능할 수 있음을 입증하였으며 1969년 신경과학학회(Society for Neuroscience, SfN)의 창립은 신경과학이 독립적인 학문으로 인정받는 중요한 계기가 되었다. 1970년대 이후 MRI, PET 등 뇌 영상 기술이 발전하면서 뇌기능에 대한 실시간 연구도 가능해졌다.

이렇듯 학문은 여러 요소들이 복합적으로 상호작용하며 발전하는 과정이므로 학자 또는 연구자들은 호기심과 탐구 정신을 바탕으로 새로운 지식을 발견, 공유, 협력하여 학문의 발전을 이끌어 낼 뿐만 아니라 독자적인 학문체계를 구성하기도 한다. 그러므로 학문의 발전에는 다른 학문에 대한 종속성과 독립성이 함께 존재할 수밖에 없다. 외국 이론을 뒤쫓는 학문 태도와 탐구행위의 종속성이 지적되어왔으나(김영옥, 1989), 학문 탐구에 필요한 부분이며 차츰 그 독자성을 구축해 나가게 된다. 이는 천체에 대한 호기심에서 천문학, 수학과 철학이 발전하였고 다양한 사회과학이나 응용학문이 태동한 것에서도 알 수 있다. 한 학문을 중심으로 여러 학문이 파생되고 확장, 발전하는 과정에 인접학문을 근원 삼아 차용하기도 하면서 상호 영향을 받는다. 그리하여 인접학문과 융합, 통합, 통섭의 관계 속에서 성장하며 영역을 넓혀가면서도 한편으로는 줄기를 찾고 공고히 하려는 학문적 정체성에 대하여 늘 고민하게 되는 것이다.

2. 유아교육학의 성장과 교육학

유아교육학은 19세기 중반부터 특히, 프뢰벨의 최초의 유치원(Kindergarten) 설립(1837) 이래 아동의 발달과 놀이의 중요성을 강조한 이후 여러 학자들의 연구와 이론이 더해지면서 연구와 실천의 독립된 학문 분야로 성장하게 되었다. 19세기 이전에는 유아교육은 대부분 가정에서 이루어지거나 종교단체에서 실시되었다. 19세기 후반부터 교육과 유아교육에 대한 관심이 높아지면서 교육학의 넓은 범위에서 부분적으로 또는 독자적으로 교육 프로그램을 연구하고 유아교육 방법들을 개발하기 시작하였다. 조선시대 후기부터 일제 강점기에 이르는 1900년대 초는 미국 선교사들의 영향으로 아동중심 교육과 육아법이 전파되었다. 1914년 미국 선교사 브라운 리(C. G. Brownlee, 부래운富來雲)는 이화학당에 한국 최초의 유치원인 이화유치원을 설립하고, 이화여대에 유치원사범과를 설치하여 유아교사 양성에 힘쓰며 한국 유아교육의 기틀을 마련하였다. 1923년 소파 방정환(小波 方定煥, 1899~1931) 선생에 의해 어린이날이 제정되는 등 어린이에 대한 인식과 관점의 변화, 유아교육의 제도화 및 아동 인권운동과 더불어 가정 내 양육방식에도 변화가 이루어졌다. 스포크 박사(Benjamin McLane Spock, 1903~1998)의 저서 『아기와 육아(The Common Sense Book of Baby and Child Care, (1946)』 (우리나라에는 『스포크 박사의 육아전서』로 번역됨)는 미국의 1950~1960년대 전후 베이비 붐 시대의 육아 혁명이라 할 만큼 당시 신양육법 소개로 유명하였다.

유아교육학의 초기에는 유아교육의 목적과 방법에 대한 논의가 이루어졌으며 이후 서양의 영향으로 유아의 발달과 학습에 대한 연구와 이론이 소개되었다. 이를 바탕으로 유아교육의 효과를 검증하고, 유아교육 프로그램과 교육 방법을 개발하는 등 다양한 분야로 발전하였다. 특히 미국의 헤드 스타트(Head Start, 1965~)정책 이후 각 주마다 개발된 다양한 프로그램이 유입되었다. 앞서 언급된 학자들의 정신분석이론, 행동주의이론, 인지발달이론 등이 도입되고 여러 이론들이 체계화되기 시작하면서 연구방법론이 점점 갖추어지게 되었다. 문헌분석에 국한되던 연구가 조사와 여러 다양한 통계분석기법들이 적용되었으며 양적연구에서 실행연구, 문화기술지, 현상학적 연구 등의 질적연구로 다양화되었다.

최근에는 현상 자체를 밀도 있게 기술하고 의미와 울림을 생생하게 드러내기보다는 인과적 관계(causal process)의 규명과 이를 통한 이론 내지는 일반화를 추구하려는 한국근거이론학회가 2024년 2월 창립(구 한국근거이론연구회, 2020년 2월 발족)되면서 양적 · 질적연구의 간극을 보완하려는 시도가 일어났다. 연구방법은 도구이므로 그 도구를 사용하면서 장단점을 파악하고 보완하며 또 다른 연구방법이 계속해서 등장하게 된다. 연구방법의 신뢰도와 타당도 및 다양화로 더욱 많은 연구물이 축적되고 연구자들 간의 소통과 공유를 통해 연구 의욕을 고취, 촉진하며 커뮤니티가 형성됨에 따라 연구진의 층도 형성되고 다양화되기 시작하였다.

유아교육학이 체계적인 이론과 연구방법론의 확보, 독자적 연구분야 및 학문적 공동체를 형성해 감에 따라 점차 독자적 학문 분야로 인정받고 발전하게 되었다. 학문공동체 구성원이 스스로 학문 분야를 인지하게 되는 것도 유아교육학이라는 학문으로서의 암묵적 합의를 느끼게 한다. 우리나라에서 유아교육개론이라는 과목을 『유아교육학』이라는 제목으로 저서를 처음 발간한 것이 1985년(고후순, 『유아교육학개론』 학문사)이다. 그 후 1987년(한임순, 『유아교육학개론』 동문사)과 1989년(이영석, 권대도, 최민수, 『유아교육학개론』 양서원)으로 이어졌다. 유아교육개론에서 『유아교육학개론』의 출간이 신선함과 어색함으로 그리고 당연하고 자연스럽게 수용되는 과정은 그만큼 앞서 언급된바, 학문의 발전 여건이 구비되고 누적되었음을 의미하는 것이라고 할 수 있다.

학문적 커뮤니티는 일반적으로 학회의 형성과 연관되어 있다. 한국유아교육학회는 1975년 10월 창립되었으며, 그 후 한국교육학회의 분과로 가입하여 그 영역을 넓혀나갔고 현재 7개 지회가 학술세미나와 연구자들의 소통 및 협력을 도모하고 있다. 지회는 광주 · 전남지회(1993.5.26.), 부산 · 울산 · 경남지회(1993.5.31.), 대구 · 경북지회(1993.6.11.), 전북지회(1993.6.24.), 충청지회(1993.7.16.)가 창립되었고 10년 후 제주지회(2003.12.20.), 강원지회(2004.11.27.)가 창립되어 지역사회를 중심으로 학문 활성화에 기여하고 있다.

교육학은 어떻게 탄생하였는가? 근대국가가 성립되면서 17세기경까지 철학의 한 분야로 간주되었던 교육학은 교육과 학습에 대하여 논의하기 시작하면서 18세기에는 독립적인 학문 분야로 발전하기 시작하였다. 근대의 시작을 17~18세기로 보기도 하지만 자본주의 형성과 시민사회의 성립을 중심으로 17~18세기 이후로 보기도 한다. 또한 미국의 독립이나 시민이 주체가 되는 프랑스대혁명(1789)을 기준으로 보는 관점에 이르기까지 다양하다. 산업혁명 전후로는 사회적 · 경제적 변화는 물론 과학기술, 국제적 · 정치적 변화 및 문화적 혁신들이 복합적으로 진행되었으므로 이러한 시대적 흐름을 배경으로 교육학을 독자적인 학문 분야로 정립한 학자는 독일 튜빙겐(Tubingen) 대학의 헤르바르트(J. F. Herbart, 1766~1841)로 알려져 있다. 그러나 '사실적 근거를 학문적 토대로 삼는 학자의 일부는 헤르바르트의 교육학이 규범적이라는 이유로 트랍(E. Ch. Trapp, 1745~1818)을 교육학의 창시자로 보기도 한다(정기섭, 2021: 5)'는 것을 볼 때, 교육학이 규범적(normative) 성격인가 서술적(descriptive) 성격인가라는 논쟁과 관점을 반영하고 있다. 진술의 근거를 규범에 둘 것인가 사실에 둘 것인가? 이에 대하여 교육에 관한 다양한 관점이 실천적 차원과 관계한다면, 교육학의 학문적 성격에 관한 다양한 관점은 이론적 차원과 관계한다고 보고 있다(정기섭, 2021). 실천적 차원에서 존재하는 다양한 교육 이해가 옳은 것인지 여부를 판단하기 위해서는 기준이 필요하고 교육 실천이 좀 더 교육답게 되도록 돕는 과제의 필요성에서 학문으로서의 교육학이 탄생하였다는 것이다.

유아교육학은 교육학의 이론과 원리를 적용하는 하위 영역인가? 교육학 이론을 유아교육 현장에 적용하는 실제인가? 아니면 유아교육학은 유아교육의 고유하고 독특한 특성을 규명하는 독자적 영역인가? 이에 대한 물음에 답하려면 유아교육의 정체성과 관련하여 밀도 있는 탐구가 요구된다. 유아교육학이 대상으로 하고 있는 현상과 이론의 체계 및 연구방법들이 타 학문 분야와 구분되는 고유한 특성을 가지고 있어야 한다. 그 학문의 특유하고 고유한 색을 가지고 있지 않으면 희석되기 쉽거나 본래의 색을 찾기 어려워질 수 있기 때문이다.

학문체계 정립의 필요성과 중요성은 세계화 논의를 차용하면 쉽게 이해할 수 있다(박남기, 1996; 2023). 각 국가 혹은 지역이 자신의 고유한 문화와 자산을 가지고 있을 때 세계화 과정에 기여할 수 있으며 그러한 기반이 부족한 상황에서 참여하게 되면 타 문화 체제에 종속되는 '신식민지화'가 일어난다. 독자적인 체계화 이론을 확립하고 있을 때 다양한 인접학문과의 접목도 의미 있다는 것이다.

한국유아교육학회는 창립 이후 학술대회와 토론회를 통해서 다양한 논의를 도출하고 이끌어왔다. 시대의 변화에 맞추어 유아교육, 보육, 유보통합, 놀이, 전문성, 빅데이터 등 필요하고 당면한 주제들을 다루었으며, 유아교육학에 대한 본질이나 과제 및 정체성에 대하여도 여러 차례 논의되어 왔다. 유아교육의 본질과 방향(1989년 3월 제4회 학술대회), 한국유아교육의 과제와 전망(1995년 10월 연차학술대회), 한국유아교육의 발전방향(1999년 10월 연차학술대회), 한국유아교육의 과제(2001년 3월 정기학술대회), 유아교육의 정체성 확립을 위한 대화의 토대(2003년 10월 정기학술대회), 한국유아교육 현장의 정체성 확립을 위한 노력(2004년 3월 정기학술대회), 유아교육의 본질과 가치: 학문, 정책, 실천

간 협력의 지향점(2009년 3월 정기학술대회), 미래 지향적인 유아교육 정책의 방향(2013년 3월 정기학술대회), 한국유아교육연구와 정책의 변화와 향후 전망(2015년 11월 정기학술대회), 통합의 시대를 향한 한국유아교육의 비전과 전망(2016년 4월 정기학술대회), 디지털 전환시대 유아교육의 방향과 과제: 유아 미래 역량과 유보통합(2022년 9월 정기학술대회), 디지털 전환 시대 유아교육의 방향과 과제: 교사 미래 역량(2023년 3월 정기학술대회), 유아교육의 본질 탐색 및 실천 Ⅰ: 교육, 돌봄, 그리고 학교(2024년 4월 정기학술대회, 유아교육의 본질 탐색 및 실천 Ⅱ: 영유아교육과정 및 역량(2024년 9월 정기학술대회) 등이 다루어졌다. 또한 1976년 유아교육연구 제1권이 발행된 이후 1989년부터 연 2회, 2000년부터 연 4회, 2004년부터 연 6회를 발행하고 1996년 8월부터 국제학술지를 발간하고 있다. 수십 년 동안의 학술대회와 학술지를 통해 수많은 연구자들의 학문적 노력들이 이루어졌으나 학문적 특성이나 정체성, 유아교육학의 성장과 발전 관련 연구들은 부족한 상황이다. 유아교육학의 독자적인 이론체계를 위하여 적극적으로 논의하며 지평을 넓혀야 할 필요성이 있다.

교육의 단계로 볼 때, 유아교육, 초등교육, 중등교육, 고등교육(대학교육)의 분류에 의하면 교육학의 이론과 원리를 바탕으로 유아의 발달과 학습에 적합한 교육내용과 방법을 연구한다고 볼 수 있다. 현재 한국유아교육학회는 1977년 4월부터 한국교육학회 분과학회로 가입하여 활동하고 있다.

한국교육학회는 1953년 4월 창립되었으며, 현재 27개 분과학회가 있다. 분과학회는 한국평생교육학회, 한국교육심리학회, 한국교육과정학회, 한국교육행정학회, 한국교육사회학회, 한국교육철학학회, 한국교육사학회, 한국비교교육학회, 한국유아교육학회, 한국도덕교육학회, 한국교육평가학회, 한국교육공학회, 한국초등교육학회, 한국교육상담학회, 한국통일교육학회, 한국통합교육학회, 한국교육원리학회, 한국교원교육학회, 한국영재교육학회, 한국열린교육학회, 한국교육방법학회, 한국교육재정경제학회,

한국인력개발학회, 한국교육정치학회, 한국인구교육학회, 한국지방교육경영학회가 있다(한국교육학회 홈페이지 목록화 순).

교육학 분야 분과학회명만 보더라도 연구영역과 범위를 가늠할 수 있다. 유아교육학은 교육학에 뿌리를 둔 분과학회이면서도 그 기원은 고대 그리스 시민교육과 어린이교육을 생각하게 된 때부터 태동하였고, 여성교육, 자녀양육이나 가정교육의 오랜 역사적 맥락 속에서 19세기에 이르러 교육학의 한 영역으로 발전하였다. 유아교육학은 교육학 외에도 다양한 분과학회와의 연계는 물론 철학, 윤리학, 심리학, 사회학, 인류학, 소아의학, 음악학, 미술학, 체육학 등 넓은 의미에서 다양한 인접학문과 연계되어 있다.

교육학과 유아교육의 관계성은 다음에서도 알 수 있다(서울대학교 교육학과 홈페이지).

교육학은 '교육'과 '학습'이 무엇인지에 대해 탐구하는 학문이다.

교육학은 가르치는 사람은 어떤 사람이어야 하는지, 가르치는 일에 무엇이 필요한지, 교육내용은 어떻게 구성되는지에 대해서 고민한다. 더불어 교육을 둘러싼 여러 환경들을 어떻게 조성하며, 제도와 행정은 어떻게 연계되어야 하는지 모색한다. 학습에 대해서는, 학습자의 학습에 영향을 끼치는 요소들은 무엇인지, 인류는 어떻게 학습해왔는지 검토한다. 나아가 학교를 포함한 삶의 현장 곳곳에서의 학습과, 공동체와 사회가 학습한다는 것이 무엇인지 살펴본다. 교육학은 결국 "최선의 교육과 학습이란 무엇인가? 그리고 그것은 우리와 어떻게 관계를 맺고 있는가?"에 대해 질문하는 학문이다. 교육학은 이러한 질문에 답하기 위해 여러 학문의 방법을 차용하면서도 또한 스스로의 동력을 가지고 연구하는 사회과학 분야이다. 교육학과는 이런 소양을 갖춘 교육전문가를 양성한다. (후략)

유아교육학과 교육학은 최선의 교육과 학습에 대한 공통의 목적을 가지고 있으면서 유아교육학은 영유아의 고유한 특성에 초점이 있다. UNESCO(2012)는 국제표준교육분류(International Standard Classification of Education; ISCED, 2011)를 통해 교육의 수준을 구분하고 뒤이어 교육 및 훈련 분야 분류(2013), 교원 교육 프로그램 및 관련 자격 분류(2021)를 발표하였다. 유아교육부터 중등교육을 Level 0부터 Level 4까지 구분하고 그 이후부터 박사과정까지를 Level 5부터 Level 8까지로 구분하였다. 유아교육은 level 0으로, 이는 다시 두 수준으로 구분된다. Level 01은 영아에 해당하며 유아교육적 발달(Early childhood educational development)을, Level 02는 3~5세 유아로 초등학교 이전교육(pre-primary education)이라고 하여 유아기의 특성을 구분하고 있다. 이정욱(2024)도 유아교육은 출생에서부터 초등학교 입학 전까지의 유아에게 해당하는 교육을 의미한다고 하였으며 이러한 연령 구분은 영아와 유아의 발달적 차이가 고려된 것이라고 보았다. 또한 너무나 당연시되어 과소평가 되어 온 돌봄의 중요성을 강조하였다. 돌봄과 배움, 발달은 분리할 수 없고 총체적으로 함께 이루어지므로 이에 대한 재개념화가 필요하다는 담론을 확장하고 있다.

유아교육학은 영유아의 성장과 발달, 돌봄과 교육에 대하여 탐구하는 학문이다. 유아교육학은 유아에게 기대하는 인간상은 무엇이며 유아는 어떤 모습으로 자라나야 하는가, 어떻게 성장하고 발전하며 돌봄과 교육을 위해 필요한 환경과 조건은 무엇인가에 대하여 탐구한다. 또한 그러한 환경에 필요한 최적의 지원, 도구, 환경, 제도 및 정책에 대하여 질문하며 유아의 지식, 경험, 학습은 어떻게 관계되고 작용하는지에 대하여 연구한다. 따라서 유아교육학은 영유아의 바람직한 성장을 위한 질 높은 경험 및 배움의 조건에 관심을 가지고 탐구하는 학문이다.

학문은 여러 요소들에 의하여 발전하며 수많은 이슈와 동향이 개입되어 있다. 이러한 배경을 이해하기 위하여 일일이 기술하기 어려운 국내외 전반적인 변화와 발전의 흐름을 〈표 2-1〉 한국유아교육의 변화와 발전에 정리하였다. 시기별 정부, 법 제정 및 정책 변화, 국가교육과정, 국내 동향 및 주요 이슈 그리고 세계 동향 및 주요 이슈와 관련한 유아교육학의 전체 맥락을 간략히 파악할 수 있다.

3. 유아교육과 유아교육학

유아교육학은 다학문적 특성으로 인하여 광범위한 인접학문과 연관되어 있으며 복합적 특징이 있을 뿐만 아니라 실천적 성격으로 인하여 유아교육과 혼용되는 경우가 많다. 유아교육과 유아교육학은 어떻게 같고 다른가? 이에 대한 개념을 생각해 볼 필요가 있다.

유아교육은 유아의 발달과 교육을 지원하는 교육적 활동이며 유아를 대상으로 한 교육활동과 관련된 모든 영역을 광범위하게 지칭한다. 엄밀히 말하면, 유아교육은 유아를 대상으로 한 교육활동을 의미하는 반면에 유아교육학은 유아교육에 대한 이론과 연구를 중심으로 한 학문 분야라고 할 수 있다. 심리학이 인간의 행동과 사고, 감정, 인지 과정 등을 보다 폭넓게 연구하여 인간의 이해와 설명에 초점을 두는 데 비해 교육심리학은 학습과 교육에 관련된 심리학적 원리를 연구하여 교육 현장에서의 학습 효과를 향상시키는 데 중점을 두는 것과 같은 맥락에서 이해될 수 있다. 한편, 유아교육은 양육과도 유사하게 사용되며 밀접한 관련이 있으나 목적과 접근 방식에서 다소 차이가 있다. 유아교육은 유아의 인지, 사회, 정서, 신체적 발달을 촉진하기 위해 이루어지는 교육활동으로 유아의 경험과 성장을 위해 교육과정을 제공한다. 반면에 양육은 유아를 보호하고 돌보는 가족이나 보호자의 역할에 초점이 있다. 유아의 기본적인 욕구를 충족시키고, 안전하고 정서적인 환경을 제공하여 유아의 건강한 성장과 발달을 돕는 것을 목표로 하므로 일상적인 돌봄, 식사, 위생, 수면 등을 포함한다.

유아교육, 유아교육학, 아동학, 보육학은 모두 어린이와 관련된 분야로 유사하게 사용하고 있으나 각각의 학문적 초점과 범위에 차이가 있다. 유아교육은 주로 유아기(일반적으로 모리슨의 정의를 채택하여 0세부터 8세)의 유아들을 대상으로 하는 교육에 초점을 두고 유아의 신체적 · 정서적 · 사회적 · 인지적 발달을 촉진하기 위한 학습환경과 교육방법을 개발하고 구현하는 것을 목표로 한다. 유아교육학은 유아교육에 대한 연구와 이론을 다루는 학문 분야이므로 유아교육의 원리, 방법, 평가, 정책 등을 연구하고 유아교육의 효과와 질을 향상시키기 위한 방안을 모색한다. 따라서, 유아교육학은 유아교육 현장에서의 적용과 이론적인 기반을 구축하는 데 중점을 둔다.

아동학은 '아동의 건강한 성장과 발달을 위한 학문적 논의 및 연구를 목적(한국아동학회 홈페이지)'으로 유아기부터 청소년기까지의 아동을 대상으로 연구하는 학문 분야이다. 그러므로 한국아동학회 정관에는 '어린이의 신체적 · 정서적 · 사회적 · 인지적 발달을 이해하고, 복지와 발달을 촉진하기 위한 방법을 연구하며 어린이들의 삶과 발달에 대한 이해를 넓히고, 정책 및 실천에 기여한다'고 되어 있다. 보육은 '어린이를 돌보아 기름, 어린이를 보호하고 기름(국립국어원 표준국어대사전)'이라 하며 보육학은 보육의 본질, 목적, 내용, 방법, 제도, 행정 따위에 관한 이론을 연구하는 학문이라고 정의하고 있다. 「영유아보육법」에 의하면 보육은 궁극적으로 영유아와 그 가족을 위한 공적인 서비스라고 할 수 있으며, 영유아가 적절한 보호와 교육을 통해 미래 사회의 건강한 구성원으로 성장할 수 있도록 지원하는 것이 핵심인 개념이다. 이에 보육학은 공적 서비스를 제공하기 위한 학문적 고찰 및 연구를 위한 학문으로 단지 영유아만을 대상으로 하는 것이 아니라 그 가족의 복지까지도 포함하는 포괄적인 관점에서 접근하는 학문이다(네이버 지식백과). 서술형식이 조금 다르지만 보호와 교육, 돌봄의 개념이 강조되어 있다.

한편, 유아교육은 다양한 교과영역과 연결되어 유아의 전인적 발달을 지원한다. 유아교육이 다루는 교과영역 중 수학, 과학, 예술 분야의 예를 살펴볼 수 있다. 수학은 수, 양, 구조, 공간, 변화 등의 개념을 연구하는 학문이다. 숫자, 기호, 논리, 추론 등을 이용하여 수학적 개념들을 이해하고 표현하는 방법을 제공하며 문제 해결에 활용된다. 수학은 수학적 원리와 이론을 연구하는 학문이며, 수학교육은 이러한 수학적 지식을 다른 사람들에게 가르치고 배우는 과정에 초점을 둔다. 따라서 수학적 지식을 효과적으로 전달하고 학생들이 수학적 사고력을 발전시킬 수 있도록 돕는 역할을 한다. 수학교육은 수학의 개념과 원리를 이해하고, 논리적 추론을 수행하는 능력을 키우며 문제 해결 전략을 습득하도록 한다.

과학은 자연현상과 우주에 대한 이해를 다루는 학문으로, 물리학, 화학, 생물학, 지구과학 등 다양한 분야로 구성되어 있다. 과학은 관찰, 실험, 데이터 수집, 분석 등을 통해 자연의 법칙과 원리를 발견하고 설명하는 것을 목표로 한다. 과학교육은 이러한 과학적 지식을 다른 사람들에게 전달하고 학습시키는 과정을 다룬다. 수학교육과 마찬가지로 과학교육 역시 과학적 개념, 이론, 실험 방법 등을 전달하고, 과학적 사고력과 탐구 능력을 키우는 것을 목표로 하므로 교육방법, 교육자료, 교육평가 등 과학적 지식과 문제 해결 능력을 효과적으로 전달하고 배양하기 위한 방법을 연구한다. 과학의 분야도 매우 다양하나 대표적으로 생물학은 생물체의 구조, 기능, 진화, 분류와 같은 생물과 생명 현상을 연구하는 학문이며 생물교육은 생물학을 가르치는 방법을 연구하고 교육하는 학문이다. 따라서 생물교육은 생물학을 가르치는 교수법과 교육방법을 개발하고 연구하며 생물학을 효과적으로 가르치기 위한 교육학적인 지식과 방법을 습득하고, 생물학의 내용을 교육적인 관점에서 이해하고 전달하는 방법을 배우는 학문이다. 마찬가지로 물리학은 물리 법칙과 현상을 연구하는 학문에 초점이 있고 물리교육은 교육적인 측면에서 물리학을 가르치고 학습하는 방법을 연구하고 개발하는 데 관심이 있다.

예술 분야의 경우 음악, 미술, 체육교과도 마찬가지다. 음악교육은 학생들에게 음악을 가르치는 실천적 과정이고, 음악교육학은 음악교육에 대한 연구와 이론을 다루며, 음악학은 음악 전반에 대한 연구와 이해를 다루는 학문 분야로 이해할 수 있다. 미술교육은 학생들에게 미술을 가르치는 실천적인 과정이고, 미술교육학은 미술교육에 대한 연구와 이론을 다루며, 미술학은 미술 작품의 분석과 이해를 중심으로 하는 학문 분야이다. 체육교육은 체육 수업을 가르치는 것을 의미하며, 체육교육학은 체육교육에 대한 연구와 이론을 다루고, 체육학은 체육 활동에 대한 전반적인 연구와 이해를 다룬다. 건축학을 하는 데 건축기술이 필요하지만 건축기술은 건축물의 구조, 재료, 시공 방법, 안전성 등을 중심으로 다루는 기술적인 측면에 초점을 두는 반면, 건축학은 건축물의 디자인, 계획, 문화적 의미, 역사적인 배경 등을 중심으로 다루는 학문 분야인 것과 마찬가지이다.

경영을 연구하는 학문이 경영학임에도 불구하고, 일반적으로 경영을 전공한다고 하지 않고 경영학을 전공한다고 말한다. 경영은 기업이나 사업 따위를 관리하고 운영함이며 이러한 경영을 과학적으로 연구하는 학문이 경영학이다(국립국어원 표준국어대사전). 따라서 기업의 형태, 구조, 존립 조건 따위를 이론적으로 해명하고, 현실적인 당면 문제를 해결하기 위한 방법을 연구하고 개발하는 학문이라고 설명하고 있다. 유아교육학 분야는 유아교육을 전공한다거나 유아교육학을 전공한다는 말을 함께 사용하고 있다. 오히려 유아교육학보다 유아교육을 전공한다는 것이 더 자연스러울 때가 있다. 유아교육의 실천적 성격 때문이기도 하다. 유아교육은 유아의 교육에 초점을 맞추고, 유아교육학은 유아교육에 대한 연구와 이론을 다루는 것인데 유아교육의 연구와 이론은 유아나 현장에 대한 이해가 바탕이 되어야 하고 타 학문에 비해 그러한 연구가 실천과 더욱 밀접하게 관계되어 있는 연유일 것이다. 그러므로 유아와 관련된 수많은 분야에 유아교육을 붙여 통용되고 있는 것도 현실이다. 유아 언어교육, 유아 수학교육, 유아 사회교육, 유아 과학교육, 유아 미술교육 등 대학의 교과 이외에도 유아 태권도교육, 유아 발레교육 등 무수히 많은 이름들에서 불리고 있다.

그러나 유아교육이 다분히 실천적이고 응용적이라고 해서 아무것이나 유아교육의 범주에 넣으려 해서는 안 되며 교육적 내용과 방법에 대한 고민이 뒤따라야 한다(이기숙, 1989)는 주장은 오래전부터 있어 왔다. 참고로 우리나라의 경우 유아교육을 전공하는 대부분 학부는 '유아교육과'이고 일부 학부만이 '유아교육학과'로 개설된 반면 석 · 박사 과정은 대부분 '유아교육학과'로 개설되어 있다. 유아교육과 또는 유아교육학과에서 유치원 정교사 2급 취득이 가능하고 아동학과, 아동복지학과의 경우 선발 과정을 거쳐 교직과목을 이수한 일부만 취득이 가능하다. 사범대학에 속한 경우는 모두 '유아교육과'인 반면 사회과학대학, 어문 · 교육학부, 교육복지경영에 속한 경우 '유아교육학과'로 개설되어 있기도 하다. 웰리스학부, 휴먼서비스학부, 보건복지학부나 계열, 또는 아동학부에 개설되어 있는 경우에서도 알 수 있듯이 학문의 범위와 목적에 대한 개념도 다양하다고 볼 수 있다. 미국의 경우 역시 Departmet of Early Childhood Education, Department of Teaching and Learning, Department of Curriculum and Instruction 등 다양하다.

이와 같은 논의는 유아교육의 다양한 범위와 교과영역을 정의하거나 또는 그 연구와 범위를 설정하는 데 시사를 준다. 예를 들면, 수학의 비교, 분류, 서열화, 측정 등과 같이 유아가 알아야 할 기초개념과 범위는 무엇인가? 과학교육의 탐구와 발견, 상상, 의사결정 등에서 유아에게 필요한 기초개념과 범위 및 적용과 같은 연구들이 반복, 지속됨으로써 수학이나 과학을 차용한 형식에서 유아 수학교육 또는 유아 과학교육만의 특성을 공고히 해갈 수 있다. 대학 강의용 교재의 경우 유아 수학교육교재는 대부분 내용과 방법중심으로 서술되어 있는 반면, 유아 과학교육 교재는 방법중심인 경우가 많듯이 어떤 교재는 내용중심이며 어떤 교재는 방법중심이다. 특히 유아 과학교육은 영유아 과학교육의 내용을 물상과학(물리-물체의 움직임, 화학, 도구와 기계), 생명과학(식물, 동물, 인체), 지구과학(천체, 지질 기상)으로 분류하고 실제 또한 내용에 맞춰 정리된 경우(한유미, 2014) 외에는 대부분 관찰, 탐구와 같이 방법중심이 두드러진다. 교과 간 융합 또는 통합교과에 관한 관점을 고려할 때 교과교육 간 그리고 유아교육학과 교과교육의 관계에 대한 고민이 많이 남아 있다. 유아교육전공 교수와 교과교육전공 교수 간 학문적 협력에 관한 문제와 연결되어 있다. 과학이 생물, 물리, 지구과학 등의 분야로 나뉘듯이 교과도 다양한 영역으로 분화하고 있어 연구의 깊이와 범위를 달리하고 있다. 다양한 교과영역 관련 연구들은 제3장 〈한국유아교육 교과영역 연구의 확장과 통합적 접근〉에서 다루어질 것이다.

유아교육은 실천적이고 응용적인 특성으로 인해 현장과 밀접하게 관련되어 있음은 매우 당연한 일이다. 그러나 엄밀히 말하면 유아교육은 유아를 돌보고 가르치는 보다 실천적 영역이며 유아교육학은 유아교육에 대한 연구와 이론을 다루는 학문 분야이다. 유아교육의 다양한 실천적 양상과 현상에 대하여 보다 근거와 기준을 제공하고 유아의 더 나은 삶을 위하여 탄탄하게 뒷받침할 수 있을 때 학문으로서의 유아교육학도 의미 있어지고 명료화하게 된다. 따라서 실천의 힘 못지않은 학문적 힘을 길러야 할 필요성이 있다.

초등교육 분야에서도 교과교육을 통한 공적 지식, 교육의 과정을 통한 삶과 교육의 가치, 사회적 실제와 실천적 이성, 경험과학적 관점으로 보려는 시도들을 통하여 담론을 확대하고 있다. 심미성 · 공식성 · 실제성 사이의 불분명한 관계를 규명하려는 노력, 그리고 비공식적 지식과 공적 지식의 상대성과 일시성의 통합에 주목하여 학교 공간을 개념화하고 있어(김민호, 2023) 유아교육에도 시사하는 바가 크다. 유아교육을 보는 관점은 어떻게 구분될 수 있으며 어떻게 발전하고 있는가? 예비유아교사교육은 교과를 중심으로 교육되고 있으나(교과라는 단어를 선호하지 않고) 실제로 놀이로 통합되어야 한다는 신념의 관점과의 간격과 절차를 섬세하고도 구체적으로 탐구할 필요가 있을 것이다.

『아리스토텔레스를 비켜간 프로이트』에서는 이론과 실제가 서로 다른 것은 아니라고 한다. 유아교육학 분야의 이론과 실제의 간극을 메꾸어 갈 수 있는 여지를, 무한한 연구영역을 말해주고 있는 듯하다. 실천 없는 지식이나 이론은 무기력하고 지식이나 이론 없는 실천은 공허할 것이기 때문이다.

> 모든 이론은 실제 일어나는 현상을 체계적으로 설명한 것이다. 이런 간단하고도 기본적인 사실을 학자들도 잘못 알고 있는 수가 많다. 상아탑을 떠나면서 앞으로 이론을 실제 적용해 보겠노라고 말하기도 한다. 갈릴레이는 망원경으로 천체를 관찰했고, 프로이트는 자신의 자녀를, 몬테소리는 장애 어린이와 비장애 어린이를 함께 관찰했고 거기서 자신의 이론을 구성하였다. 이론과 실제에서 엇갈리는 논조나 갈등 문제는 이론에 있는 현상이 실제에서 나타나지 않거나, 실제에서 일어나는 현상이 논리적으로 설명이 불가능하기 때문이다. 이론과 실제가 달라 보일 수 있는 그 밖의 경우는 장소와 시간이 변경됨에 따라 현상 자체에 변화가 생긴 것일 수도 있다(백은휘, 1999, p. 274).

4. 논의 및 결론

제1장과 제2장을 통하여 유아교육학의 태동과 발전을 서술하였다. 고대의 철학이라는 용어는 폴리스 시민교육과 관련이 있었고 태초부터 인간의 삶이 어린이교육과 연결되어 있다는 추측이 당연시된다. 이러한 근거에 대한 보다 풍부한 탐구가 요구된다. 한 예로 아리스토텔레스가 인간교육을 설파한 것은 교육사의 문헌이나 기록에도 나타나 있지만 철학적 근거를 기초로 보다 유아교육에 대한 구체적인 탐구가 아쉬워진다. 또한 중세는 암흑기로 알려져 유아교육에 관련하여서도 거의 기록을 찾아보기 어렵지만 타 학문 분야의 역사, 문화, 의복, 풍습이나 생활사에서 어린이의 기록을 찾아 어떤 사고로 어린이를 대하고 길렀는지에 대하여 좀 더 구체적인 자료를 파헤쳐 볼 필요가 있을 것이다. 영유아의 행복교육을 강조하면서 행복이 철학적 · 심리적 · 사회적으로 어떤 맥락으로 이어져 양육 형태로 나타났는지에 대해 탐구가 이루어진다면 역사적으로 언급되어 온 현재의 아동중심, 놀이와의 연계도 보다 설명력을 높일 수 있을 것이므로 이에 대한 촘촘한 연구가 요구된다. 근대와 현대로 오면서 여러 학자들이 어린이의 삶과 교육의 실천적 측면을 다양한 각도로 조명하였다. 이들의 아동중심의 의미, 사상, 관점 및 실천의 차이에 대한 논리도 보다 깊이 있게 다루어질 필요가 있다.

동양 문헌에 관한 영유아의 교육은 주로 선각자들이 집필한 양육에 대한 여성용 교과서나 아동용 교과서에 근거하여 추출해 낸 결과들이다. 본고에서도 기본적으로 논의되어 온 알려진 교과서를 중심으로 정리하였으나 광범위한 동양의 문화적 배경을 기초로 한 다양한 연구가 아쉽다. 또한 국가 간 비교연구도 찾아보기 어려웠다. 중국은 물론, 일본, 인도, 베트남 등 다양한 나라들의 민속적 소개나 비교만이 아니라 이러한 영유아에 대한 문헌을 발굴하고 그들의 사상과 실천을 연계 비교하는 탐구도 기대한다.

철학이나 사상을 논의함에 있어 사상은 사상대로, 방법은 놀이나 활동을 소개하는 것으로 분리되어 있기보다는 사상과 활동 사이의 연계와 적용에 대한 밀도 있는 연구가 필요하다. 또한 이슈가 되는 연구방법만이 아니라 다양한 연구방법을 인정하는 풍토도 필요하다. 분석연구, 조사연구, 양적 연구에 이어 질적연구가 주를 이루는 현상을 보면 잘 알 수 있다.

유아교육학은 교육학의 이론과 원리를 적용하는 관계에서 어느 위치에 있는가? 이는 놀이와 학습에서 그 위치가 어디쯤이고 학습에서 얼마나 자유로운가의 논의를 생각하게 한다. 유아교육학이 교육학의 큰 범위에서 탐구하는 학문인가? 교육학의 이론들과 유아교육학의 이론들을 실천하는 데 필요한 원리들은 얼마나 탐구되어 있는가? 교육학과 유사하면서도 교육학과 유아교육학은 다른가? 일반성과 고유하고 독특한 특성은 무엇인가?와 같은 소위, 정체성과 관련된 연구의 폭을 넓혀가야 할 것이다. 유아교육의 다양한 실천적 현상에 대하여 탄탄하게 뒷받침하고 설명력을 높여갈수록 학문으로서의 유아교육학도 의미 있어질 것이다. 자신의 문화적 기반이 부족한 상황에서 타 문화와 결합되면 '신식민지화'가 된다는 주장처럼, 유아교육학의 고유한 문화와 특성을 무엇이라 설명할 수 있는가에 대한 논의가 깊어져야 할 것이다. 유아교육학은 특히 다양한 인접학문과 연계되어 있고 이들과의 관계도 다양한 관점이 존재한다. 인접학문과의 연계, 융합, 통합 등에 대하여도 논의가 필요하다.

유아교육이 유아교육학이라는 독자적 학문영역으로 더욱 확고해지기 위한 조건은 무엇인가? 학문은 기존의 지식을 확장하고 새로운 지식을 창출하는 것을 목표로 한다. 무수히 반복되는 다양한 연구를 통해 검증하고 결과를 제시하며 새로운 이론과 발견을 통하여 학문적인 지식의 확장에 기여하게 된다. 이러한 학문의 발전에는 첫째, 유아교육학 분야의 기본 원리를 설명하며, 연구와 탐구의 기반을 제공할 수 있는 체계적인 이론과 개념이 있어야 한다. 둘째, 지식을 확장하고 발전시키기 위하여 자료를 수집하고 분석, 해석에 필요한 다양한 도구 즉, 연구방법론을 갖추고 있어야 한다. 셋째, 유아교육학 분야만이 가질 수 있는 독특성 내지는 고유성이 필요하다. 넷째, 학술지, 세미나, 연구 프로젝트 등 연구자들의 소통과 협력이 이루어지는 학문공동체가 요구된다. 다섯째, 다른 분야와 상호작용 및 융합할 수 있는 연구망이 확장되어야 한다. 뿐만 아니라 사회, 역사 등 다양한 학문 분야와 연결하면서 유아에게 영향을 미치는 요소들을 깊이 있게 연구해야 한다. 학문하는 사람 또는 연구자들의 학회 참여는 학문의 숲과 미세함을 동시에 볼 수 있어 미시적 · 거시적 안목으로 유아교육학이라는 학문을 접할 수 있게 한다. 학문적 소통과 공유 및 축적이 가능해지는 것이다.

소통과 공유 및 축적을 가능하게 하는 데 무엇보다도 중요한 것이 기록화이다. 연구결과를 보고서로 완성하거나 학회지에 게재하는 것 역시 기록화이다. 초기 유아교육은 정책이나 연구보다 실천이 앞서 있었다고 해도 과언이 아니다. 원로 학자들의 무수히 많은 노력으로 유아교육 발전의 기초를 놓게 되었다. 선대의 노하우는 대부분 옆에서 함께 체감한 소수의 후학에 의해서 구전되거나, 도제와 같이 문하에서 배우는 형태로 전승되었으나 기록이 남아 있지 않다면 후대에 전달되고 축적되기 어렵다. 결국 기록으로 남아 있는 것에 의존하고 구성원이 공유하며 확대된다. 명인의 요리 비법이 제자를 통해 도제 시스템으로 전수될 수 있지만 대중화되고 과학화하기 위해서는 기록이 필요하며 이러한 정리로 인해 변형과 창의도 가능하다. 팔만대장경으로 알 수 있는 역사적 내용과 목판 인쇄술의 발달 수준, 『난중일기』(2013 유네스코 세계기록유산 등재)에 기록된 기상변화, 군무 내용, 활쏘기, 본가에 대한 걱정과 정서도 마찬가지이다. 단원 김홍도와 혜원 신윤복의 그림으로 그 시대의 의복과 생활사를 알 수 있으며 정병욱 서울대 교수의 어머니가 양조장 가옥 쌀독에 보관하였기에 해방 후 우리에게 알려지게 된 윤동주의 시(광양 정병욱 가옥 해설) 등은 모두 기록과 보관의 중요성을 알 수 있는 예이다. 유아교육학의 역사를 이해하고 학습하며 줄기를 찾아 이해하는 것도 기록에 의한 것이며 이를 통해 수평적·수직적 소통이 가능하게 된다.

유아교육학은 고대의 역사로부터 어린이를 기르는 일에 대한 관심과 전통을 가지고 있으나 학문적 틀을 갖추고 교육학의 분야로 또 인접학문과 더불어 성장하면서 독자적인 학문체계를 구축해 왔다. 연구의 양과 다양성이 급속도로 팽창했으며 특히 20세기 후반부터 21세기의 초반에 이루어진 성장은 괄목할 만하다. 그럼에도 불구하고, 유아교육학이 무엇인가에 대한 설명에 아직도 목마르고 한계를 느끼게 된다. 앞으로 유아교육학의 고유한 특성과 설명력을 높이기 위한 적극적인 노력이 요구된다. 문화와 자산을 논하는 유아교육학 학문 분야의 영토는 어디까지인가? 또한 유아교육학이 국가와 사회적 책무를 다하고 있는가? 역시 제한점이 따른다. 사회과학 분야 학문은 그 어떤 학문보다도 실천적 성격이 강하므로 국가 사회의 문제에 충실히 답하며 고민해야 할 의무가 있다. 유아교육 역시 현안에 대하여도 해답을 내놓을 수 있어야 할 것이다. 저출생시대 유아 및 학령인구절벽, 유아교육기관의 감소와 위기, 변화하는 사회에서 육아문제 등 민감성을 가져야 할 수많은 문제들이 있다.

비교적 오래된 논쟁으로 유아의 본성이나 감정은 가지고 태어나는가? 길러지는 것인가?가 있다. 소위, nature-nurture를 포함하여 유아의 뇌발달과 성격이 유아기에 대부분 결정된다는 논리에만 의존하기에는 궁핍이 따른다. 최근 뇌의 메커니즘을 밝히려는 시도들로 인하여 문화가 뇌와 행동의 발달과정에 개입한다는 연구결과(최장욱 역, 2005)는 유전자와 문화의 복잡한 상호작용을 설명하고 있다. 과연 유아의 인간성은 유전자와 문화의 합

작품인가? 유아의 놀이는 환경이나 문화에 따라 어떤 양상을 띠는가? 규율과 자율의 허용은 어디까지인가? 이 사회의 유아교육적 고민에 대하여 답할 수 있는가? 어디까지 대답해야 할 책무가 있는가를 포함하여 이에 부합하는 유아교육학으로 발전되려면 보다 탄탄한 학문성 및 이론의 정교성과 실천성을 부단히 강화해 나갈 필요가 있을 것이다.

과거 학문의 줄기가 만들어지고 줄기가 강해짐으로써 학문이 분화되었으며 사회의 변화에 따라 학문의 융합과 통섭이 요구되었다. 예술과 기술이 분리되지 않았듯이 문 · 이과가 한줄기였다가 나누어지고 다시 융합하고 통합해야 하는 시대가 되었다. 또한 그러한 패러다임만이 인간 삶의 문제 해결에 접근해 갈 수 있다. 유아교육학이 교육학의 여러 학문 분야는 물론 철학, 심리학, 의학, 공학 등 다른 학문과의 융합은 물론 국제적 학술교류 등을 통한 세계 여러 나라 유아교육과의 다양한 교류와 활성화도 남겨진 과제이다. 문명의 르네상스가 있듯이 학문의 부흥기도 유아교육자들이 함께 만들어가는 여정에 생성되므로 다양한 굴곡을 지나면서 거듭날 수 있을 것이다. 앞으로 여러 측면에서 담론을 생성하여 학문적 부흥기를 이루고 구성원 모두의 학문적 기쁨과 즐거움이 동반되기를 기대한다. 그리하여 예측되는 미래를 내다보기보다는 도전과 생동감 있는 미래를 지향하며 유아교육의 본질과 가치를 잃지 않고 학문의 정체성을 확장해 나갈 수 있을 것이다.

김민호 (2023). 한국 초등교육 분야 학문적 성과와 과제. 한국교육학회 연차학술대회 「**한국교육학 70년, 성과와 과제**」, 217-242. 고려대학교(6.28-6.30).

김영옥 (1989). 유아교육과 교수방법(토론), 유아교육의 본질과 방향, **한국교육학회 유아교육연구회(한국유아교육학회) 학술대회자료집**(pp. 56-64).

_____ (2009). 한국유아교육 · 보육프로그램의 동향 및 과제. **아동교육, 18**(3), 55-68.

_____ (2005). 유아교육 연구의 성과와 전망. **유아교육연구, 24**(8), 233-247.

박남기 (1996). 세계화교육 연구의 국제적 동향. **비교교육연구, 6**(1), 105-126.

_____ (2023). 교육행정학의 성과와 과제. 한국교육학회 연차학술대회 「**한국교육학 70년, 성과와 과제**」, 255-291. 고려대학교(6.28-6.30).

백은휘 (1999). **아리스토텔레스를 비켜간 프로이트**. 서울: 학지사.

이기숙 (1989). 유아교육과 교수방법(주제발표), 유아교육의 본질과 방향, **한국교육학회 유아교육연구회(한국유아교육학회) 학술대회자료집**(pp. 29-55).

이정욱 (2024). 유아교육의 미래 연구 방향. 한국 교육학의 미래 방향과 좌표: 한국 교육학 70년 미래 설계. **한국교육학회 연차학술대회 자료집**, 77-100. 전남대학교(6.28-6.29.).

이한음 역 (2024). **큐리어스**(John Brockman 엮음, Richard Dawkins 외 25인 저, *Curious Minds: How a Child Becomes a Scientist,* 2004). 서울: 페이지2북스.

정기섭 (2021). 교육학의 학문적 성격탐구: 사적 고찰. 한국교육학회 학술포럼 주제발표. 3-25.

최장욱 역 (2005). **거짓말쟁이, 연인, 그리고 영웅**(Steven R. Quartz and Terrence J. sejnowski 저, *Liars, lovers, and heroes,* 2002). 서울: 도서출판 소소.

한유미 (2024). **디지털시대 영유아과학교육.** 서울: 창지사.

UNESCO (2012). *International Standard Classification of Education: ISCED 2011*, UNESCO institute for statistics. / ISCED 2013 /ISCED 2021 /ISCED 2024. https://uis.unesco.org/sites/default/files/documents/international-standard-classification-of-education-isced-2011-en.pdf.

한국유아교육학의 발전

1. '한국유아교육학의 변화와 발전'은 1940년 이전은 20년 단위로, 1940년 이후부터는 10년 단위로 시기를 구분하였으며, 편의상 시기별 정부, 법제정 및 정책변화, 국가교육과정, 국내동향 및 주요이슈 그리고 세계동향 및 주요이슈로 살펴보았음
2. 선정된 대표적 사건이나 이슈는 연구자들의 관점에 의한 것이며 지면에 의해 간략화 과정이나 각주 설명이 제한적일 수 있음
3. 연, 월, 일의 포함 여부는 사건에 따라 통일하지 않고 다르게 표기함
4. 법령은 그 법에 의하여 설립된 기관 개원일과 상이한 경우 국가법령정보센터에 표기된 것을 기준으로 함
5. 학문공동체인 학회 표기는 유아, 아동 관련 학회에 국한하였고, 한국교육학회는 한국유아교육학회가 분과학회로 가입되어 있으며, 한국교원교육학회는 유아교육분과가 있으므로 포함하였음
6. 학회창립일은 홈페이지와 학회장 통화 또는 KCI 등록일에 근거하여 표기함
7. 상이한 주장에 대하여는 필요에 따라 당시 또는 현재 담당자와의 통화에 근거함
8. 유아교육의 팽창기에는 지면 관계로 소수의 사건만 표기함
9. 다보스포럼은 연차회의 중, 제4차 산업혁명이 주요 의제였던 2016년과 기후문제 이슈를 의제로 다룬 2023년을 선택적으로 표기함
10. 세계적 이슈 중, Starting Strong은 2001.05.02를 시작으로 해마다 보고서가 발행되고 있음
11. 주요 학자들은(본문에는 생애가 정확히 표기되어 있으나 표에서는 흐름을 참고하기 위하여) 태어난 연대보다는 주요 저서를 출간하며 활동한 시기에 즈음하여 대략적으로 표기함
12. 표기한 각 사건과 이슈는 이를 기초로 차후 보완해 갈 수 있음
13. <참고> 교육부는 2009 유아교육 선진화 정책/2013-2017 제1차 유아교육발전 5개년 계획/2018-2022 제2차 유아교육발전 5개년 계획/2023-2027 제3차 유아교육발전 5개년 계획, 보건복지부는 새싹플랜(여성가족부 부처이관)→ 2009-2012 제1차 중장기보육기본계획(아이사랑플랜)/2013-2017 제2차 중장기보육기본계획/2018-2022 제3차 중장기보육기본계획/2023-2027 제4차 중장기보육기본계획으로 진행됨

표 2-1 한국유아교육학의 변화와 발전

시 기	~1900	1900~1920	1920~1940
정부			
법제정 및 정책변화	1876 강화도 조약체결	1908 「측령 제22조 고등학교령 제10조」에 유치원 설립 규정 포함	1922 「조선교육령」의 소학교령 내에 《유치원 규정》 제정
국가교육 과정	「조선시대 아동교육서」 1475 내훈 1541 동몽선습 1577 격몽요결 1613 동의보감 1775 사소절 1767 산림경제 가정편 1800 태교신기(한문, 1801년 아들 유희가 한글 해석 붙임) 연도미상 계녀서, 여사서	일제 강점기 교육	
국내 동향 및 주요 이슈	1897 부산유치원-일본인 자녀 1900 인천 기념 공립유치원-일본인 자녀 1900 경성공립유치원-일본인 자녀	1909 나남유치원 1910 정동유치원 1913 경성유치원 1914 이화유치원 1915 이화유치원 사범과 설치 (최초 유치원교사 양성기관) 1916 정동교회부설중앙유치원 (한국인 위한 최초)	1922 어린이날 제정(방정환 1899-1931) 1923 세계 최초 한국에서 아동인권선언문 발표(한국방정환재단) 1925 보통학교 조선어사전 (최초의 국어사전/심의린 편찬) 1938 조선어 사전(문세영 편찬)
세계 동향 및 주요 이슈	1350-1600 르네상스 1384 최초의 성경 영어번역 1450 인쇄기계발명(1450) 1517 종교개혁 1697 마더구스 이야기출판 1760-1820 산업혁명 1789 시민혁명 1812 [1]Grimm 어린이와 가정을 위한 옛날 이야기(그림동화) 1813 최초 독일어 사전 집필 시작 1840 프뢰벨 유치원 1860 미국 최초 유치원 설립 1870 NEA(전미교육협회)설립 1873 미국 최초 공립유치원 개원 1888 CSAA(미국아동연구협회) 설립 1889 [2]스탠리홀 최초의아동연구센터 설립 1892 IKU(국제유치원연합) 설립 1892 미국심리학협회(홀 초대 회장) 설립	1905 마리아 몬테소리 로마 어린이집 설립 1909 아동보호에 관한 첫 번째 백악관 회의 1911 게젤 아동발달연구소 시작 1914-1918 세계1차대전 1916 최초 부모협동원 설립 1917 스미스-휴지법안, 아이오와주 아동복지연구원 설립 1920 미국아동복지연맹 수립 1920-1925 아동연구운동(홀, 손다이크) 성숙주의, 행동주의, 정신분석이론 등	1925 전미 부모교육위원회(NCPE) 1925 전미 유아학교위원회(NCNS)-패티 스미스힐 설립(현 NAEYC 전신) 1926 NAEYC 설립 1936 피아제 인지발달이론 관련 발달단계 저서 프랑스어 발간(1952년 영문판 발간) 1929-1939 세계대공황 1939-1945 세계2차대전
	코메니우스, 로크, 루소, 페스탈로치, 프뢰벨	듀이, 에릭슨, 몬테소리, 스키너, 왓슨	
1차/2차 산업혁명	(18C 후반) 증기기관, 철도건설, 직물기계, 철강생산, 기계 (19c 후반) 전기 대량생산, 조립라인, 화학		

1) 18C 아동유기 및 살해의 시대적 배경에서 문학을 통해 아이들의 삶을 조명함 → 후에 영어번역 및 동화의 대중화에 기여함 독일 각 지역에서 구전되는 이야기 수집으로 어린이 문학에 지대한 영향을 미침
2) Normative Data(표준행동목록) 등 연구의 과학화가 이루어짐

시 기	1940~1950 (1948.7.-1990.12. 문교부)	1950~1960	1960~1970
정부	대한민국정부수립 (1948)	1~3대 이승만 (1948-1960)	4대 윤보선 (1960-1962) 5대 박정희 (1963-1979)
법제정 및 정책변화	1945 대한민국 광복 1949 「교육법」 제정 및 유치원 관련 조항이 만들어짐 1950 문교부 국립유치원 설치계획 발표	1950 6.25전쟁 1952 「교육법 시행령」 공포	1961[3] 「아동복리법」 제정 1962 「유치원 시설기준령」 공포 1969 국가수준 교육과정 고시 (한국교육개발원) 1972-1986 장기 종합 교육계획안에 유아교육발전을 위한 시안 포함
국가교육 과정		1952 교육법 시행령-유치원 세부규정	1969.02.19. 제1차유치원교육과정고시
국내 동향 및 주요 이슈		1965 교육학사전 편찬(대한교육연합회/현 한국교원단체 총연합회의 전신)	
		사회적 인지이론 등 도입	정신분석이론 행동주의이론 인지발달이론 등 발달이론 도입
		1953.04. 한국교육학회	1968.11. 한국교원교육학회
세계 동향 및 주요 이슈	1945 국제연합(UN) 창설	1960 아동과 청년에 관한 50주년 기념 백악관 회의(GAWHCCY) 개최- 국제부모협동유아원(PCPI) 설립 1957 스프트닉호 발사	1965 미국 헤드스타트 정책수립 1970 유네스코 '세계교육의 해' 선포
	피아제, 부르너		반두라
3차 산업혁명	(20C 후반) 컴퓨터, 인터넷, 정보기술, 반도체, 자동화		

3) 이 법에 의해 어린이집, 탁아소 설치 운영 관장됨(보건사회부, 농업진흥청, 내무부 3개 부처)

시 기	1970~1980	1980~1990 (1990.12. 교육부)
정부	10대 최규하 (1979–1980)	11~12대 전두환 (1980–1988) 13대 노태우 (1988–1993)
법제정 및 정책변화	1970 새마을 운동 1978 한국교육개발원 유아교육 보편화계획 추진	1981 아동복리법 전면 개정 및 법정 변경으로 아동복지법 제정 1982.03. 유아교육 진흥 종합계획 마련 1982.12.「유아교육진흥법」 제정
국가교육 과정	1979.03.01. 제2차유치원교육과정고시	1981.12.31. 제3차유치원교육과정고시 1987.06.30. 제4차유치원교육과정고시
국내 동향 및 주요 이슈	1970.07. 한국보건사회연구원(KIHASA) 설립 (전 국립가족계획연구소) 1972.08. 재단법인 한국교육개발원(KEDI) 설치 1976 국민학교 병설유치원 설치	1981.06. 새세대육영회 설립(문교부, 현 아이코리아) 1981 새마을유아원 명칭 통일(보사부어린이집, 농진청유아원, 내무부유아원통합) 1983.01. 새세대육영회교원연수 시작(문교부) 1983.03. 새세대육영회시범유아원(현 유치원) 1987 국립한국교원대학교 부속 월곡국민학교 개교(2003 한국교원대학교 부설유치원으로 개원) 1990 새마을 유아원 분해– 유치원, 어린이집으로 전환합의
	몬테소리 프로그램 개방주의 프로그램 도입 등	디스타, 카미/드브리스 프로그램 외 다양한 프로그램 도입 등
	1975.10. 한국유아교육학회창립 1979.12. 한국아동학회창립	1989.01. 한국열린유아교육학회 창립
세계 동향 및 주요 이슈	1970 디지털 혁명 1972 홈 스타트 프로그램 1975 장애인교육법안 통과 1976 세계 최초 PC 출시	1989 UN아동권리협약
	뱅크스트리트프로그램 디스타 프로그램 개방주의 프로그램 독일 상황중심, 카미/드브리스, 하이스코프, 라바텔리, 리벤스타인 프로그램 등 개발	다양한 프로그램의 효과 검증연구
3차 산업혁명	(20C 후반) 컴퓨터, 인터넷, 정보기술, 반도체, 자동화	

시 기	1990~2000(2001.1.29. 교육인적자원부)	2000~2010(2008.2.29. 교육과학기술부)
정부	14대 김영삼 (1993-1998) 15대 김대중 (1998-2003)	16대 노무현 (2003-2008) 17대 이명박 (2008-2013)
법제정 및 정책변화	1991.01.14.「영 · 유아보육법」 제정 및 보육관련 주무 부처 보건사회부(1994 보건복지부로 개편)로 일원화 1991.03.「교육법」 개정- 유치원 입학연령도 하향화하여 만3세 입학가능 1995.05.31. 정부 교육개혁안 발표 1996 한국 OECD 가입 1997 유아교육공교육체계 확립방안 발표 1998-2003 만5세 무상교육 단계적 추진	2001.12. 최초 장난감도서관 개소 (서울시보육정보센터, 1999.10.) 2002 교육행정종합시스템(NEIS) 도입 (2006. 교무업무시스템 개통-유치원 포함) 2003 국립한국교원대학교부설 유치원 설립 2004.01. 유아교육법 제정 2005 어린이집평가인증제 시범시작 2006-2010 제1차 중장기 보육기본계획(새싹플랜) 2008 유치원시범평가 시작(교육인적자원부) 2008 보육업무 여성가족부에서 보건복지부로 이관 2009 유아교육 선진화 정책추진(교육과학기술부) 2009-2012 제1차 중장기 보육기본계획(아이사랑플랜) 2010 국 · 공립유치원 회계시스템 에듀파인 도입 (2020.03. K-에듀파인 개통/사립유치원 도입)
국가교육과정	1992.09.30. 제5차유치원교육과정고시 1998.06.30. 제6차유치원교육과정고시	2007.01.03. 제1차표준보육과정고시 2007.12.13. 2007개정유치원교육과정고시
국내 동향 및 주요 이슈	1991.03. 인천삼성어린이집 개원(삼성복지재단 최초) 1993.03. 성남시보육정보센터 설립(시군구 최초) 1994.02. 교육학용어사전 편찬(서울대학교 교육연구소) 1994.06. 삼성복지재단 유아교육국제 학술대회 시작(1994-2007) 1995.03. 부산보육정보센터 설립(시도 최초) 1995.06. 중앙육아종합지원센터 설립(2022.06. 한국보육진흥원에 통합) 1996 공주전문대학부속유치원(1999 공주문화대학부설유치원으로 원명 변경, 2001 공주대사범대학부설유치원으로 원명 변경) 개원 1996 유아교육사전 용어편 편찬(한국유아교육학회 편, 한국사전연구사) 1997 유아교육자료사전 편찬(유아교육자료사전편찬위원회 편, 한국사전연구사) 1997 국립원주전문대학교부속유치원(2001 국립원주대학교부설유치원으로 원명변경) 설립 1998.01. 한국교육과정평가원개원(국립교육평가원 폐지) 1999.04. 한국교육학술정보원(KERIS) 설립(KMEC와 KRIC 통합)	2001 [4]경남유아교육정보자료센터 설립 2002.03.15. 자유유치원(인천광역시교육청, 최초 유아특수통합유치원) 2003.03. 푸른보육경영 설립(2012.7. 푸르니보육지원재단) 2003 서남재단(현 오리온재단) 유아교육국제학술대회(늦게 피어도 아름다운 꽃) 시작(2003-2015) 2004.04. 대통령자문 고령화 및 미래사회위원회(2005.03.22부터 가정 · 육아 전문위원회) 2005.11.09. 육아정책연구소설립(당시, 육아정책개발센터) 2007 학교안전공제회중앙회 설립 2008 서울특별시교육청 유아교육진흥원 설립(유아교육법 제정에 의한 최초)/ 2008-2010 전국 유아교육진흥원 설립 2009.11. 어린이집안전공제회 설립(영유아보육법) 2010.02. 한국보육진흥원 설립(영유아보육법) 2010 R-러닝 추진위원회(교육과학기술부 Robot 활용 유아교육지원)
	레지오 에밀리아, 프로젝트접근법 외 다양한 프로그램 도입	인간 뇌에 대한 관심 확대 반편견/다문화교육프로그램
	1991.05. 한국아동복지학회 창립 1993.11. 한국영유아보육학회 창립 1995.12. 어린이문학교육학회 창립 1996.08. 한국영유아교원교육학회 창립 1996.12. 한국아동권리학회 창립 1997.11. 한국유아교육 · 보육복지학회 창립	2001.01. 한국어린이미디어학회 창립 2001.06. 한국보육학회 창립 2002.06. 한국생태유아교육학회 창립 2003.06. 한국부모교육학회 창립 2005.06. 한국육아지원학회 창립 2005.11. 한국보육지원학회 창립 2007.09. 한국구성주의유아교육학회 창립 2008.11. 한국아동보육복지학회 창립
세계 동향 및 주요 이슈	1997 유아기에 관한 백악관 회의	2001 아동낙오방지법 통과 2001.05.28. OECD-Starting Strong Survey 시작 2005 유아기에 길러야 할 핵심역량(OECD) 2007 애플 아이폰 출시
	레지오 에밀리아 프로젝트 접근법 발도르프 프로그램 반편견/다문화교육 프로그램 개발	다양한 프로그램의 효과 검증연구
4차 산업혁명		(21C 초반) 인공지능, AI, 빅데이터, 사물인터넷, 클라우드컴퓨팅, 자율주행

4) 경남교육청 유아교육원으로 명칭변경, 경남유아교육원-유아교육법 제정 이전 유아교육진흥원의 선구적 역할/2007 최초로 경남유아체험교육원설립 후 유아교육원으로 합병됨(진주·김해분원)

시 기	2010~2020(2013.3.23.교육부)	2020~현재(2025)
정부	18대 박근혜 (2013-2017) 19대 문재인 (2017-2022)	20대 윤석열 (2022-2025) 21대 이재명 (2025-)
법제정 및 정책변화	2013-2017 제1차 유아교육발전5개년계획 2014.02. 국무총리소속 국무조정실 내 영유아교육 · 보육통합단 출범 2013-2017 제2차 중장기보육기본계획 2018-2022 제2차 유아교육발전5개년계획 2018-2022 제3차 중장기보육기본계획 2015.02. 어린이집, 유치원통합정보공시/보육료, 유아학비 결재카드 통합(아이행복카드) 2016 유치원, 어린이집 시설기준정비 통합방안 2016 어린이집미설치지역의 0-2세 유치원취원허용방안(시범시작-최초 경남 거제 송곡초)/교육부, 보건복지부 비용지원 국공립영아전담어린이집신축(유보통합 협력조성) 2017.03. 어린이집, 유치원공통재무회계규칙정비방안	2023.12.08. 유보통합 관련 정부조직법 개정안 통과 2023-2027 제3차 유아교육발전5개년계획 2023-2027 제4차 중장기보육기본계획 2024.06.27. 보육관련 업무 보건복지부에서 교육부로 통합 2024.11. 유보통합포털 개통(아이사랑과 처음학교로 통합 누리집)
국가교육 과정	2011.09.05. 5세누리과정고시 2012.02.29. 제2차표준보육과정고시 2012.07.04. 3-5세 연령별 누리과정고시 2013.01.21. 제3차표준보육과정고시 2015.02.24. 3-5세 연령별 누리과정 개정고시-연간 180일 기준 /하루 4-5시간 기준 2019.07.24. 2019 개정누리과정고시 2020.04.09. 제4차표준보육과정고시	2024.12.09. 개정표준보육과정고시 2025.02.28. 개정표준보육과정고시(0-2세)에 따른 해설서, 현장지원자료개발 보급
국내 동향 및 주요 이슈	2013 육아종합지원센터로 명칭 및 기능변경 (전 보육정보센터) 2017 아파트단지 관리동어린이집 국공립 전환 (국공립 확충)	2022.08.24. 저출생대책 국민운동본부 출범 2022.09.14. 유보통합추진준비팀(자율기구) 설치 (교육부 교육복지정책국) 2022.09.27. 대통령소속국가교육위원회
	지속가능발전교육, 생태유아교육확장	디지털, STEAM, 코딩, 생성형AI, 양자컴퓨터
	2010.04. 한국레지오교육학회 창립(현 한국영유아교육과정학회) 2019.03. 한국영유아음악교육학회창립	
세계 동향 및 주요 이슈	2011 [5]OECD-KOREA Policy Forum 2015 파리기후변화협약 2015 [6]세계교육포럼(한국 인천송도, 15년 주기) 2016 다보스포럼의제(제4차산업혁명) 2016.03. 알파고, 이세돌 9단 바둑대전	2022 ChatGPT 2023 다보스포럼의제(생계비 위기, 기후이상현상 및 지정학적 대립) 2023.04. OECD-Starting Strong Survey VII (Starting Strong I은 2001.5에 시작)
4차 산업 혁명	(21C 초반) 인공지능, AI, 빅데이터, 사물인터넷, 클라우드컴퓨팅, 자율주행 급격한 기술변화: DX(디지털 전환), AX(AI 전환)	

5) OECD-Korea 정책포럼: 5세 누리과정 실행을 위한 전략과 과제(OECD-Korea Policy Forum: The Strategies and Tasks for the Implementation of the NURI Curriculum for Age

6) 제70차 UN 총회에서 지속가능발전목표를 의제로 설정, 2030년까지 달성하기로 결의함

CHAPTER 3

한국유아교육 교과영역 연구의 확장과 통합적 접근

제3장에서는 교과란 무엇이며, 우리나라의 시대적이고 역사적인 변화에 따라 유아교육 교과영역의 구분과 통합을 살펴보고자 하였다. 이러한 과정을 통해 교과영역 연구의 확장과 통합 관련 연구를 확인하고, 교과영역 연구의 흐름이 어떻게 그리고 어떠한 미래로 이어져야 하는가를 제안하고자 한다.

1. 한국유아교육 교과영역 연구의 확장 및 배경

교과(敎科)란 '학교에서 교육의 목적에 맞게 가르쳐야 할 내용을 계통적으로 짜 놓은 일정한 분야(표준국어대사전)' 즉, 학생들이 익혀야 할 학문 · 지식 · 기술 등을 교육학적으로 정제 · 개발하여 조직해 놓은 것이며, 무엇을 어떻게 배워야 하는가이다. 1997년 초등교육에서 영어 교과가 처음 정규과정에 포함된 사례에서 볼 수 있듯이, 당시 초등학교에서 영어를 배우고 가르쳐야 하는지에 대한 논의의 결과였다. 시대의 변화와 요구에 따라 아이들에게 무엇을 어떻게 가르칠 것인가가 달라지고 있으며 달라진 변화는 교과로 반영되었다. 또한 교과라는 개념은 '과목'이나 '교과서'보다 훨씬 더 방대한 개념으로, 형태 혹은 형태를 지니지 않은 지도법, 목표, 성격 등을 포함한다. 교과의 하위 개념인 '과목'은 교과가 지닌 문서적 특성과 시간적이고 편성적인 특성을 모두 포괄한다.

교과는 학문에서 특히 교육적으로 의의가 있는 내용과 그 과정에 사고과정을 덧붙여 추출한 것을 담는다. 그러므로 유아교육학의 교과영역을 살펴보기 위해서는 앞선 시기의 문화적이고 역사적인 변화와 흐름을 살펴보아야 할 것이다. 또한 한국유아교과영역을 되돌아보는 것은 궁극적으로 한국유아교육의 교과영역이 나아갈 방향을 결정할 교육학적 가치와 교육적 시사점을 도출할 수 있으므로, 교과영역 연구물들을 탐색하는 것은 매우 필요한 과정이라 할 수 있다.

유아교육의 교과영역이 나누어지는 시점을 살펴보기 위해 역사적인 변화의 시작점으로 거슬러 올라가 보고자 한다. 한국 유아들을 위한 교육은 제1차 유치원교육과정이 고시되기 이전부터 있어 왔으므로, 한국의 시작인 기원전 2333년 단군의 고조선 건국 시기 기록부터 살펴볼 수 있다. 일제 강점기에는 민족말살 정책의 일환으로 단군왕검을 신화로서만 인지하게 하였다는 인식에 대한 논의가 있다. 그러나 단군조선은 『삼국유사』에 '요임금 때 단군조선이 건국되었다'라는 기록이 있고, EBS 〈단군은 역사다〉라는 프로그램에서 소개된, 최근 요서지역에서 발견되고 있는 홍산문화 유적들이 고조선 문화일 확률이 매우 높다는 학술적 발표들이 단군의 존재를 뒷받침해 줄 근거가 될 수도 있을 것이다. 또한 현재 연도 표기는 서기(西紀)

단기 4279年5月4日(土)

5월과 어린이날

해방후 처음 맞이하는 어린이 여러분의 명절인 "어린이날"이 왔습니다. "어린이날"의 유래에 대해서는 요전에 알려드렸고 이번에는 어째서 "어린이날"을 5월로 정했는지, 그것을 알려드리겠습니다. 먼 히랍(히臘)이란 나라의 역사에 보면 "5월1일은 꽃피고, 잎 돋고, 세상이 아름다워지는 즐거운 날이니 종달새보다도 일찍 이러나 새봄을 맞이러 들로 나가자"는 말이 있듯이, 5월은 오랜 겨울살이에서 새봄의 단장을 하는 때입니다. 그래서 서양에서는 5월에 어린이들을 축복하는 놀이와 잔치가 있고, 중국에서도 5월 5일을 "단오"라하여 가장 큰 명절로 지키고 있습니다. 그뿐만 아니라 "소련"에서는 노동자나 농민들의 명절인 "메이데이"를 5월1일로 정해서 이날은 "소련"사람 전부가 큰 놀이를 하는것입니다.

우리 조선서도 5월 단오ㅅ날이면 여자의 명절이라해서 소녀들이 창포물로 머리를 감고 새옷을 입고 창포잎을 머리에 꽂는 풍습이 있습니다. 이렇게 어느 나라를 막론하고, 5월에는 즐거운 놀이며 잔치가 베풀어지는 것으로 그래서 우리어린이들의 명절인 "어린이날"도 5월로 정해진것입니다. 오랜 구속과 압제 아래서 해방이 된 우리 조선의 어린이들은 5월의 자연(自然)처럼 즐겁게, 힘차게, 이 날을 지내야할것입니다.

간단히 조선의 어린이날에 대한 역사를 써보겠습니다. 지금으로부터 27년전 기미년 만세사건이 일어날 무렵, 경상남도 진주(晋州)의 어린이들이 "우리는 항상 조선의 어린이인것을 잊지말자"라는 표어를 내걸고 어린이에 대한 여러가지 운동을 시작한것이 조선의 어린이, 즉 소년운동의 시초입니다. 그후부터 조선 안에는 각처에 소년운동이 일어나고 따라서 소년회가 연달아 조직되었습니다. 그러자 여러가지 고난과 일본의 포학한 정치의 탄압을 무릅쓰고 1922년 이르러 한칭 더 어린이 운동이 맹렬하게되자 돌아가신 방정환(方定煥)선생께서 "어린이의 인격을 존중하자"는 표어를 내어걸고 "어린이날"을 시작하신것입니다. 그래서 매년 5월 1일이 "어린이날"로 정해졌다가 5월 첫공일로 변경을 해서 이제는 5월 5일로 이날을 정하게된것입니다.

그림 3-1 해방 이후 첫 어린이날을 알리는 〈어린이신문〉 1면(1946.5.4.)

를 사용하고 있으나, 단군을 기원으로 한 '단기' 표기 역시 사용되고 있다. 이는 3 · 1 운동 시기 독립선언서의 선언일을 단기로 표기하였으며, 해방 이후 첫 어린이날 발간된 〈어린이신문〉의 발행일도 단군기원 4278년(서기 1945년)으로 표기한 데서 찾아볼 수 있어 그 쓰임과 역사가 깊음을 알 수 있다.

단군 시대부터 전해 내려오는 전통 육아놀이법인 '단동십훈(檀童十訓)'은 1훈 불아불아(弗亞弗亞), 2훈 시상시상(侍想侍想), 3훈 도리도리(道理道理), 4훈 곤지곤지(坤地坤地), 5훈 잼잼(지암지암, 持闇持闇), 6훈 섬마섬마(서마서마, 西摩西摩), 7훈 어비어비(업비업비, 業非業非), 8훈 아함아함(亞含亞含), 9훈 짝짜꿍 짝짜꿍(작작궁 작작궁, 作作弓 作作弓), 10훈 질라아비 훨훨(지나아비 활활의, 支娜阿備 活活議)로서 한번쯤 들었을 법한 익숙한 단어들로 현재까지 이어져 내려오고 있다. 구전되어 이견이 다소 있으나, 공통적으로 10가지 교훈이 담긴 동작으로 구성되어 있다. 이 중 몇 가지를 살펴보면, 1훈 불아불아(弗亞弗亞)는 하늘로부터 온 아기의 생명을 존중하는 의미를 가지고 있으며 세상을 밝히는 큰 사람이 되라는 가르침이 담겨 있다. 동작은 부모가 아이와 마주보며 아기의 겨드랑이를 양손으로 받쳐 잡고 상하와 좌우로 움직이는 것으로, 아이의 다리와 전신운동에 효과가 있으며 균형감각과 두뇌발달에 도움이 된다. 3훈 도리도리(道理道理)는 천지만물이 하늘의 도리로 생겨났으니 이에 맞게 삶의 목표를 바르게 세우고 양심을 밝혀 지혜롭게 살라는 의미를 가졌다. 목 가누기를 시작하는 시기에 머리를 좌우로 가볍게 흔들며 도리도리라고 반복하여 말하는 동작으로, 아이의 목에 힘이 생기고 척추가 바르게 자라도록 도와 바른 자세를 만들 수 있으며, 좌뇌와 우뇌의 균형이 맞추어져 뇌발달에 도움을 준다. 간략히 살펴본 바, 단동십훈은 철학, 인지, 신체, 사회, 정서 등 모든 교과의 내용을 통합적으로 포함하고 있다고 해석된다. 특히 EBS다큐프라임 〈오래된 미래-전통육아의 비밀〉 등에서 선조들의 지혜가 담긴 전통 육아법으로 소개되기도 하였으며, 단동십훈이 영아의 음악발달에 미치는 교육적 함의와 가치를 탐색해 보는 연구(방은영, 2017) 등 관련 연구들이 이루어지면서, 이를 포함한 다양한 전통놀이들 역시 작업기억력을 높이고 유아들의 소근육과 뇌발달은 물론 정서적인 발달에도 효과적임을 밝히고 있다.

한편, 근대식 학교교육은 교과의 형태적인 요소를 갖추지 못하였으나, 가정에 따라 독선생(獨先生)을 모셔 교육하기도 하는 등 방대하고 비형식적 개념으로서의 '교과' 교육 형태로 이루어졌다. 사설 초등교육기관인 서당은 대부분 7, 8세 이상의 아동이 대상이었으나 총명한 5, 6세 유아의 경우 서당에서 「천자문」 등을 교육하기도 하였다. 우리나라 최초의 유치원에 대한 견해는 다양한데, 1909년에 함경북도 나진에 정토종포교자원(淨土宗布教資園)에서 설립한 나남유치원(羅南幼稚園)을 시작으로(교육학용어사전, 1995.6.29.), 경성유치원(1913), 이화여자대학교사범대학부속 이화유치원(1914), 중앙대부속유치원(1916), 배화여자대학교부속 배화유치원(1917), 묘동유치원(1924), 혜화유치원(1937) 등이 설립되었으며, 이 중 이화유치원이 현재까지 남아있어 가장 오래된 유치원으로 기록되고 있다. 1921년까지 전국에 47개의 유치원이 있었는데, 이 중 32개가 우리나라 어린이를 위한 것이었으며 총독부로부터 사립학교로서 감독을 받았다. 최초 유치원 설립 시기를 세계적 흐름 가운데 살펴보면, 1837년에 세계 최초 유치원이 독일의 교육자 프리드리히 프뢰벨에 의해 설치되었으며, 유치원이라는 용어도 그때 만들어졌다. 이로부터 23년 후 미국의 최초 유치원이 교육자 엘리자베스 파머 피바디(Elizabeth Palmer Peabody, 1804~1894)에 의해 설립(1860)되었다.

이와 같은 배경 속에서, 비형식적 교과 성격을 띠던 유치원 교육은 「소학교령」에 유치원 규정이 포함(1922)되면서 처음으로 법적 근거를 마련하였으며, 조선총독부가 제정한 「유치원 규정」에서 습관체득을 강조한 후, 「교육법」 중 유치원에 관한 조항에서 일상적인 습관, 협동, 자주, 자율성 항목들을 강조하여 제시(1949)하였다. 이후 「교육법 시행령」이 공포(1952)되면서 유치원에 관한 조항에서 보육(保育)과목으로 건강, 사회, 자연, 언어, 예능이 제시되었으며, 이후에 「유치원의 교육과정령」(1963) 등이 공포되었다.

교과는 학생들이 익혀야 할 학문, 지식, 기술 등에서 출발하므로 그 시대적 배경을 바탕으로 이해되어야 한다. 최초의 어린이날을 전후한 시대적 배경을 살펴보면, 우리나라는 1923년에 '제1회 어린이날'을 맞이하였고, 그 무렵 국제적으로는 세계 대공황(1929)이 시작되었으며, 제2차 세계대전(1939~1945)이 발발하였다. 세계인권선언이 1948년에 채택되었으며, 2년 후 한국전쟁(1950)이 발발하였다. 또한, 1954년부터 UN이 정한 '세계 어린이날'이 시작되었으며, 우리나라는 광복 후 「교육법 시행령」이 공포(1952)되어 유치원에 관한 각종 기준이 마련되었다.

한편, 국제적으로 주요한 사건을 살펴보면, 교육학에서 유명한 사건 중 하나인 소련의 스푸트니크호 발사(1957)를 계기로 미국립과학원 교육분과위원회(1959)가 우즈홀회의(Woods Hole Conference)를 개최하면서 '학문중심 교육'으로 전환이 이루어졌다. 이 무렵 우리나라는 4 · 19 혁명(1960)과 제2공화국 수립 등 급변하는 사회적 변화 속에 있었으며, 세계적인 사건으로는 미국에서 케네디 대통령 암살사건(1963)이 보도되었고, 중국에서는 문화대혁명(1966)이 시작되었다. 우리나라의 근대화가 빠르게 이루어지던 1969년은 유신정권 시기였으며, 당시 최우선 과제는 가난 극복을 위한 실용적인 교육이었다. 정부는 계몽운동을 앞세워 아동을 중요한 인적 자원으로 보고 '우량아 선발대회'를 개최하는 등 '건강'을 국가의 중요한 경제적 가치로 삼는 정책을 추진하였다(제희선, 한현정, 2020).

이 시기, 처음으로 유아의 정서발달과 사회성 앙양을 중요시하는 「유치원 교육과정령」이 공포되었고, 제1차 유치원 교육과정(1969)이 고시되며 국가적 기틀이 마련되었다. '제1차 유치원 교육과정'은 건강, 사회, 자연, 언어, 예능의 5개 영역으로 구성되었으며, 각 영역의 구체적인 목표가 제시되었다. 또한 교육과정의 '목표' 명칭은 학교교육과정과 유사한 '교과영역' 명칭으로 조직하였다. 이 시기 이루어진 연구 중에는 이화여자대학교 사범대학 교육심리학과 심리연구에서 발행한 '유아원 아동이 기억에 사용하는 단서의 효과: 언어적 · 비언어적 · 공간위치적 단서를 중심으로(김성숙, 1973)' 등을 찾아볼 수 있다.

또한, 이화여자대학교 사범대학 교육심리학과에서 '왓슨(John B. Watson, 1878~1958)의 유아들의 행동에 관한 실험적 연구(김미현, 류정숙, 1962)'를 주제로 아동의 운동과 지각발달에 대한 실험적 연구 등이 진행되었으며, 한국교육학회에서는 '해비거스트(Robert J. Havighurst, 1900~1991)의 유아기의 발달과업과 그 지도론'을 주제로 한 연구(김한걸, 1963) 등이 발표되었다.

'제2차 유치원 교육과정'이 고시된 1979년에는 문교부에서 국가발전에 필요한 유아교육확충계획안을 발표하여 유아교육기관의 확대, 교사양성과정의 확충, 유아교육의 연구기능 강화, 유아교육의 지원체제 강화 등을 구체적으로 계획 및 추진하였다. 이 시기에는 국민교육헌장의 내용을 유치원교육과정 첫머리에 인용하는 등 동일한 정체성을 가진 공동체를 형성하고자 하였다. 이는 유아기에 유능한 한국인이 가져야 할 지식 구조를 다지도록 한 것으로 해석된다. 또한 산업화에 따른 전통적 가족기능의 약화, 내 아이를 특별하게 키우고자 하는 관점 등이 반영되어 사회 · 정서 영역을 신체 영역보다 우선 기술하였다. 아울러 발달 영역으로 사회 · 정서, 인지, 언어, 신체를 제시하였으며, 학문중심 교육과정이 반영되어 유치원 교육내용에서 '인지발달'을 강조하였다. 나아가 전인발달과 인지발달을 강조하는 세계적 추세에 발맞추어 유아의 흥미, 관심, 욕구 등에 따라 자연스럽게 다음의 학습활동이 연결되도록 하였다. 이 시기에는 고려대학교 의과대학 고려대 의대 잡지에서 발행한 '가족 패턴의 변화와 그것이 아동의 건강과 발달에 미치는 영향(천영자, 1979)' 등의 연구에서 가정환경, 즉 부모의 정서 상태, 부모-자녀

관계, 훈육방법, 가정의 도덕적 규준에 대해 다룬 것을 찾아볼 수 있다.

'제3차 유치원 교육과정'이 고시된 1981년은 제5공화국 시기로, 국가 주도의 교육개혁을 시도하면서 복지사회건설이라는 정책 방향 하에 평생교육적 관점에서 유아교육을 강조하였다. 국가를 위한 수단적 관점에서 88 서울 올림픽을 위한 친절 교육인 국민정신교육 등을 실시하였는데(경기도교육청, 1991), 발달영역으로 신체, 정서, 언어, 인지, 사회성의 5개 영역을 제시하였다. 특히, 초 · 중등 교육과정과 함께 발표되며 유치원 · 초 · 중학교 교육과정의 상호 연계성이 논의되었다. 또한 유치원 교육의 목적을 '유아에게 알맞은 교육 환경 속에서 즐겁고 다양한 활동을 통하여 전인적으로 성장할 수 있도록 돕고 지역 사회의 특성과 아동의 발달 수준, 흥미, 계절, 기후 및 특성 등을 고려하여 그 실정에 맞도록 조정할 수 있다.'고 제시하였다. 교사 연수 관련 고시문과 함께 각 발달영역 지도를 위한 세부 지도서가 이 시기부터 발간되었으며, 세부 해설서를 참고하여 교육과정을 운영할 수 있도록 하였다.

'제4차 유치원 교육과정'은 1987년에 고시되었으며, 신체, 언어, 인지, 정서, 사회성의 5개 발달영역으로 구성하고, 5개 영역의 통합적 구성, 개별화 학습, 경험과 놀이의 구체적 · 직접적인 성격을 강조하였다. 지도 내용은 '다양한 활동으로 유아의 흥미를 자연스럽게 지속시켜, 상상력, 창의력, 탐구력 및 문제 해결력이 충분히 신장될 수 있도록 한다.'로 하였으며, 1980년대 후반 활발해진 여성의 사회 진출과 맞물려 교육 기회를 평등하게 하고, 소수의 유아를 위한 유아교육이 보편적으로 확대되는 계기를 마련하고자 하였다.

'제5차 유치원 교육과정'은 1992년에 고시되었으며, 유아 발달을 표준화된 발달로 정의하고, 유치원 교육과정의 대상 연령을 만 3세로 확장하며, 이를 수준별로 세분화하고자 하였다. 이 시기 미국에서 발달심리학에 근거를 둔 구성주의가 유행하면서 피아제의 연구와 1986년 NAEYC에서 발표한 유아의 연령별 발달 특성에 적합한 프로그램 실제가 우리나라 유아교육에 영향을 미쳤다. 발달영역은 건강생활, 사회생활, 표현생활, 언어생활, 탐구생활 영역으로 구성되었으며, 기본생활교육, 아동중심 교육, 놀이중심의 교육에 중점을 두고, 생활경험을 통합하고자 하였다. 건강, 사회, 표현을 언어, 탐구보다 우선순위에 놓았으며 능동적 학습을 위하여 가능한 한 구체적이고 직접적인 경험을 주는 실물 자료를 활용하도록 하였다.

'제6차 유치원 교육과정'은 1998년에 고시되었으며 21세기 정보화, 세계화 시대를 주도적으로 이끌어 나갈 자율적이고 창의적인 한국인 육성을 근본에 두고, 5개 생활영역 즉, 건강생활, 사회생활, 표현생활, 언어생활, 탐구생활영역으로 구성하였다. 이때 교육내용은 감축하였으나 기본생활습관을 중시하였고, IMF 직후라는 시기적 영향으로 '아껴서 생활하기' 내용이 포함되었다. 교육 활동은 유아 발달 수준과 흥미를 기초로 통합적으로 운영하게 하였다.

'2007 개정 유치원교육과정'에서 추구하는 인간상은 개성을 추구하는 사람, 창의적 능력을 발휘하는 사람, 진로를 개척하는 사람이며, 5개 영역 즉, 건강생활, 사회생활, 표현생활, 언어생활, 탐구생활영역으로 구성되었다. 또한 유치원, 유아, 지역의 다양성을 존중하는 교육과정으로, 교수 · 학습 방법은 '유아의 발달과 흥미를 고려하여 놀이중심의 통합적 교육활동을 전개한다.'로서 직접참여와 확산적 질문, 창의적 사고를 하도록 하였다.

2011년 5월 2일에 만 5세 공통과정인 '5세 누리과정'이 발표되었으며, 교육과정 영역은 신체운동 · 건강, 의사소통, 사회관계, 예술경험, 자연탐구의 5개 영역이다. 2012년 7월에 5세 누리과정을 3~5세로 확대하여 '3~5세 연령별 누리과정'이 고시되었으며, 이때 0~1세 · 2세 보육과정, 3~5세 보육과정(누리과정)이 포함되었다. 만 3~5세 유아의 심신 건강과 조화로운 발달을 도와 민주시민의 기초를 형성하는 것을 목적으로 하였으며, 교육과정 영역은 신체운동 · 건강, 의사소통, 사회관계, 예술경험, 자연탐구의 5개 영역으로 구성되었다.

2020년 3월부터 시행된 '2019 개정 누리과정'의 교육과정영역은 신체운동 · 건강, 의사소통, 사회관계, 예술경험, 자연탐구로 그 명칭을 유지하였으며, 추구하는 인간상은 건강한 사람, 자주적인 사람, 창의적인 사람, 감성이 풍부한 사람, 더불어 사는 사람이다. 2019 개정 누리과정은 능동적인 놀이로 확대하려는 의도가 강하게 담겨 있어 현장 상황에 맞는 '생성되는' 교육과정 운영을 지향하고 있다(김영옥, 2019; 김영옥, 2022; 임부연, 2020; 정선아, 2019). 이는 제4차 산업혁명시대, 미래융복합사회에 유아중심, 놀이중심을 보다 혁신적으로 실현하기 위함이었다.

제1차 유치원 교육과정부터 2019 개정 누리과정까지 영역의 변화 흐름을 살펴보면, 제1차에서 건강, 사회, 자연, 언어, 예능 순으로 영역이 배치되었으며, 제2차에서는 사회와 정서가 중요도가 높은 첫 번째 영역으로 배치되고 인지, 언어, 신체영역 순으로 고시되었다. 제3차에서는 신체영역이 첫 번째 영역으로 배치되고, 언어, 사회성영역 순으로 고시되었으며, 제4차부터 2007 개정 유치원 교육과정까지는 건강생활, 사회생활, 표현생활, 언어생활, 탐구생활 순으로 고시되었다. 만 5세 공통과정과 2019 개정 누리과정 때는 신체운동 · 건강을 첫 번째 영역으로 두고 의사소통, 사회관계, 예술경험, 자연탐구 영역 순으로 고시되었다. 이렇듯 시대에 따른 강조도의 변화가 국가교육과정에서도 순서화에 반영되었다.

유아교육은 교과영역 간 유기적 통합과 놀이 형태의 상호작용을 전제로 이루어지기 때문에, 이를 효과적으로 수행하기 위해서는 교과영역에 대한 충분한 이해가 선행되어야 한다. 위에서 살펴본 다양한 영역들은 교과적 관점에서 포함관계를 살펴볼 수 있을 것이다. 건강, 건강생활, 신체운동 · 건강, 안전은 '건강' 교과에 포함될 수 있으며, 사회, 사회 · 정서, 사회성, 사회생활, 사회관계는 '사회' 교과에 포함될 수 있다. 자연, 탐구생활, 자연탐구는 '과학'과 '수학' 교과에 포함될 수 있을 것이며, 언어, 언어생활, 의사소통은 '언어' 교과에 포함될 수 있다. 예능, 표현생활, 예술경험은 '음악'과 '미술' 교과에 포함될 수 있으며, 신체, 신체운동 · 건강은 '체육' 교과에 포함될 수 있다. 더하여 수업의 매개역할을 하는 컴퓨터, 코딩 등은 '멀티미디어' 교과에 포함하여 살펴볼 수 있을 것이다.

2. 한국유아교육의 교과영역

유아교육의 교과영역 연구에 대한 근거자료는 관련 문헌 및 2005년 한국유아교육학회에서 발간한 「유아교육학의 이해-한국유아교육학의 학문적 정체성과 과제」를 포함하여 제시하였다. 교과영역 관련 분석은 한국교육학술정보원(KERIS)에서 운영하는 검색사이트(www.riss.kr)를 통해 유아교육 관련 논문이 최초로 검색되는 1961년부터 2024년까지의 국내 연구결과들을 대상으로 하였다. 이를 통해 우리나라 유아교육학 교과영역의 과거와 현재 및 미래를 조망함으로써 발전 방향을 모색하고자 하였다. 학술연구정보서비스(Research Information Sharing Service; RISS)는 대한민국 교육부 출연기관인 한국교육학술정보원에서 제공하는 학술연구정보화시스템으로, 1998년 학술연구서비스가 개통되었으므로 그 이전의 연구들 다시 말해, 전자 데이터화되지 않은 초기 논문들이 다수 있을 것으로 생각된다. 이러한 요소들을 감안한 이해를 바탕으로, 현재까지 '유아교육'과 '각 교과영역의 명칭'을 키워드로 입력하여 검색한 결과는 〈표 3-1〉과 같다. '교과'는 키워드로 '유아교육'+'교과명'을 입력한 결과이며, '(교과 프로그램)'은 키워드로 '유아교육'+'교과명'에 '프로그램'을 추가로 입력한 결과 수치이다. 이는 논문의 키워드에 따른 대략적인 양적 비교를 위한 것이므로, 총합 역시 입력값에 따른 단순 출력값의 합이며 중복검색된 논문으로 인한 오차가 있을 수 있음을 전제한다. 이러한 점을 감안한 이해를 바탕으로 검색한 결과, '교과명'으로 검색했을 때 총 47,691편, '교과명 및 프로그램'으로 검색했을 때 총 22,252편이 검색되었다. 이 중 가장 많이 검색되어 많이 연구된 것으로 간주되는 분야는 '사회' 및 '사회 프로그램'이며, 다음으로 '언어', '언어 프로그램'이 많았다. 그 다음으로 '과학', '건강', '음악', '미술', '수학'이 비슷한 수준으로 많았으며, '체육'과 '멀티미디어'가 가장 적게 연구된 것으로 나타났다. 각 교과의 서술 순서는 편의상 검색 결과 가장 많이 연구된 교과(교과 프로그램) 순으로 서술하고자 한다.

표 3-1 교과영역에 따른 국내연구논문 수 (*N*=편)

검색 키워드 교과(교과프로그램)	국내학술논문		학위논문				총합
사회(사회프로그램)	6,773	(2,051)	13,741	(7,652)	박사	1,922	20,514(9,703)
					석사	11,819	
언어(언어프로그램)	2,384	(652)	5,736	(2,895)	박사	713	8,120(3,547)
					석사	5,023	
과학(과학프로그램)	2,435	(717)	2,260	(1,209)	박사	339	4,695(1,926)
					석사	1,921	
건강(건강프로그램)	1,138	(390)	2,507	(1,539)	박사	392	3,645(1,929)
					석사	2,115	
음악(음악프로그램)	1,186	(397)	2,481	(1,219)	박사	241	3,667(1,616)
					석사	2,240	
미술(미술프로그램)	859	(370)	2,082	(1,273)	박사	235	2,941(1,643)
					석사	1,847	
수학(수학프로그램)	1,015	(274)	1,258	(655)	박사	176	2,273(929)
					석사	1,082	
체육(체육프로그램)	300	(115)	856	(557)	박사	91	1,156(672)
					석사	765	
멀티미디어 (멀티미디어프로그램)	366	(119)	314	(168)	박사	34	680(289)
					석사	280	
총합	16,456	(5,085)	31,235	(17,167)	박사	4,143	47,691(22,252)
					석사	27,092	

대학에서 운영되는 유아교육학과 학부 교육과정 내 교과영역에 속하는 교과명을 살펴보면, 대체로 '유아사회교육, 아동문학교육, 유아언어교육, 유아과학교육, 아동건강교육, 영유아안전교육, 유아음악교육, 유아수학교육, 아동미술, 유아조형교육, 유아교육과 멀티미디어, 유아동작교육' 등으로 구성된다. 이를 연구빈도 검색을 위해 간략화시킨 교과 키워드로 다시 나열해 보면, 사회, 언어, 과학, 건강, 음악, 미술, 수학, 체육, 멀티미디어로 나누어볼 수 있다. 유아교육학의 세부적인 교과영역을 9개 영역 사회, 언어, 과학, 건강, 음악, 미술, 수학, 체육, 멀티미디어를 기준으로, 역사적이고 시대적인 변화와 개괄적인 흐름 속에 각 시기 교육과정에서 제시된 영역들을 세부적으로 분석해 보고자 하였다. 각 교과영역에 대한 시대적 설명과 교과영역 관련 자료는 한국유아교육학회에서 2005년 발간한 「유아교육학의 이해-유아교육학의 학문적 정체성과 과제」와 한국민족문화대백과사전, 교육학 용어사전, 각종 참고문헌 및 관련 인터넷 사이트 자료를 참고하여 서술하였다. 각 교과에 대한 기술은 일률적이지 않지만 대체로 초기 연구들을 살펴본 후, 각 교과의 '용어' 정의와 교과의 역사적인 흐름을 기술하고, 교과의 목표, 내용 순으로 서술하면서 각 교과영역을 살펴보고자 한다.

1) 사회

국내 연구에서 유아 사회교육을 다룬 초기 연구들을 살펴보면, 학위논문으로는 1961년, 1979년도 이화여자대학교 교육대학원 석사학위논문인 '한국 유아의 사회화에 대한 조사연구', '유아의 성역할학습을 위한 유치원 교사 및 어머니의 태도에 관한 일연구' 등이 있었으며, 학술지 논문으로는 숙명여자대학교 문리대 교육연구회 청파연구에서 발행한 '유아의 사회성 지도에 대한 고찰', 대구효성가톨릭대학교 연구논문집에서 발행한 '아동의 사회성 발달과정과 그 교육' 등의 연구를 찾아볼 수 있었다.

우리나라에서 '사회(社會)'라는 용어는 대한제국시대에 처음 도입되었으며, 1896년 〈친목회회보〉에 처음 등장하였고, 〈독립신문〉 등 신문에서 자주 사용되었다. 영문 'society'는 라틴어 '친밀하거나 적어도 우호적인 사람들 사이의 유대'를 뜻하는 socius에서 파생되었으며, 12세기 프랑스어 société에서 유래하였다. 독일에서는 개인의 이익을 중심으로 한 근대적 사회를 공동체적 전통사회와 구분하여 제시한 단어가 '사회'이다. 다시 말해, 사회는 '인간의 공동생활을 위한 구성체인 동시에 공동생활을 통해 생성된 집합적 질서'이다. 유아 사회교육은 유아가 사회에 적응하여 바람직한 인간관계를 형성하고, 실생활의 맥락 속에서 다양한 사회과학의 지식을 습득하여 사회 속에서 인정되는 바람직한 자아실현을 할 수 있도록 돕는 교과(Melendez, Beck, & Fletcher, 2000; Seefeldt, 2001; NCSS, 1988)이므로, 궁극적으로는 '민주 시민을 양성하는 것'이라고 할 수 있다.

우리나라의 사회교육은 고구려시대 때 경당(扃堂)이 사회교육기관으로서 역할을 하였다. 삼국 및 고려시대는 정규교육기관으로서 학교가 모습을 갖추기 시작한 시기이지만, 사회교육의 특성상 비제도적인 부분이 있어서 그 범위를 학교교육으로만 경계 짓기는 어렵다. 신라는 화랑도가 있어 국민교육과 군사훈련을 동시에 실시하였으며, 당시 지리조사와 승지고적순례는 물론 집단생활 자체로도 심신단련과 교육적 효과를 얻은 것으로 보인다. 더욱이 화랑의 연원은 상고시대까지 거슬러 올라가는 것으로 믿어지고 있어 우리나라 초기 문화와 사회가 형성되었던 시기부터 사회교육이 있었다고 여겨진다. 한편, 고려시대에는 제도교육이 확립되면서 국자감(國子監)과 지방학교인 향교를 통한 교화(敎化)활동이 이루어졌으며, 향약(鄕約)의 일부분으로 이루어졌던 교육 활동 및 서당교육도 사회교육의 성격에서 이루어졌을 것으로 이해된다. 조선시대로 오면서 교육제도가 한층 다양해지고 제도적으로 정비되면서 국·공립 교육기관인 성균관·사학(四學)·향교를 비롯하여 잡학교육기관 등에서 사회교육이 실시되었다.

일제 강점기에 들어서면 민족적 자각과 민족독립운동 역량의 신장을 위한 넓은 의미의 사회교육이 민족독립운동의 일환으로 이루어졌다. 당시 서당의 개수는 줄어들었지만 규모는 커졌으며, 전체 학생 수와 교사 수는 줄어드는 모습을 보였으나 여학생과 여교사 수는 늘어나는 등 여성들에게 제한되었던 서당의 교육 기회가 개방되기 시작하였다(한국학중앙연구원). 광복 후 사회교육은 일제 강점기 우민정책으로 인해 78%까지 증가한 문맹률을 낮추는 문맹퇴치를 중심으로 전개되었다. 정부수립 이후에는 우리나라 문교부 문화국의 성인교육과가 사회교육과로 개칭(1955)되면서 성인교육과 도서관·유치원까지 관장하게 되었다. 1970년대에는 유례없던 빠른 속도의 산업화로 인해 학교에 취학할 수 없는 사람들이 생겨났으며, 이들에게 교육 기회를 제공하기 위하여 방송통신고등학교와 한국방송통신대학, 특별학급 등이 생겨나는 등 사회교육에 큰 변화가 생겼다. 대략적으로 전통사회가 산업을 기반으로 한 근대사회로 바뀌면서 글로벌·탈근대적 사회로 변화가 이루어졌으며, 특히 21세기 디지털 기술과 세계화로 인종, 민족, 종교, 이념, 취향 등에서 유동성·다양성·유연성의 특성을 갖는 사회가 되었다.

한편, 전미교육협회(National Education Association; NEA)는 사회교육의 목적을 이루는 데 도움이 되는 중요한 매개체로서 '사회과'를 제안하였다. 사회 교과가 학생들이 나라의 유산을 이해하고, 민주적인 사회에서 건설적인 참여의 기본이 되는 기술과 감수성을 획득하는 데 도움이 된다고 하였으며, '사회과'에 사회과학, 역사학, 지리학 등을 포함시켰다. 이는 사회교육이 단순한 사회과학 지식을 습득하는 교과가 아니라 민주적인 사회에 참여할 수 있도록 하는 실질적인 능력을 기르는 교과라는 것을 시사한다 하겠다.

유아 사회교육의 목표는 학자에 따라서 인지적 목표와 정의적 목표로 설명하기도 하며 지식, 기술, 태도의 3가지 측면으로 분류하여 설명하기도 한다. 또한 유아가 속한 사회나 집단이 추구하는 교육 목적에 따라 유아 사회교육의 목표가 달리 정의되기도 하나, 전반적으로 모든 인간은 사회 속에서 가치 있는 존재임을 인식하고, 올바른 의사결정을 도우며, 원활한 인간관계를 맺고 사회의 구성원으로서 사회적 기술 및 문제 해결 방법들을 익히는 등의 내용을 포함하고 있다(김영옥, 이은화, 2000). 유아 사회교육 내용은 '사회화', '사회과학'으로 구분하여 볼 수 있다. 사회화 관련 내용은 사회적 능력, 기본생활습관, 자아개념, 자기조절, 도덕성, 우정 · 또래관계, 친사회성, 공격성, 사회인지, 성역할, 사회적 문제 해결, 애착 등을 포함하며, 사회과학 관련 내용은 사회, 정치, 경제, 역사, 지리, 환경, 다문화 · 반편견 등의 내용을 포함하고 있다.

1955년 이후 사회성과 관련된 연구들을 살펴보면 다른 연구 분야와 비교해 볼 때 꾸준하게 많이 이루어졌음을 알 수 있다. 특히 우리나라의 통일교육에 대한 변화와 흐름은 유아교육에도 영향을 미쳐 1990년대 중반부터 유아교육기관의 통일교육과 실태조사 및 인식, 유아 통일교육의 의미와 그 중요성 및 당위성 정립, 통일교육 특성에 따른 교육 프로그램 개발 및 적용, 효율적 유아 통일교육을 위한 접근방법, 민주시민교육, 평화교육, 다문화 · 반편견 교육을 통한 접근방법 등의 제시와 실제 활동 소개는 물론 유아 통일교육 수행에 따르는 문제 제기와 해결방안 모색 등 다양한 관련 연구들이 활발하게 이루어져 오고 있다.

2019 개정 누리과정의 사회관계영역은 유아가 자기 자신과 다른 사람이 더불어 살아가기 위해 필요한 의미 있는 인지와 상호작용에 관련된 내용으로 구성되어 있다. 이는 유아 사회교육이 유아가 자신의 가치를 알고 다른 사람과 더불어 살아가는 방법을 익히며 자신이 속한 사회와 주변 세계에 관심을 가지고 적응하는 능력과 태도를 기르는 중요한 역할을 수행하는 교

과임을 알 수 있게 해 준다.

사회교육은 유아가 독특한 인격체로 발달하는 것뿐만 아니라 사회의 구성원이자 세계의 일원으로서 살아갈 수 있는 능력을 기르는 것을 목표로 한다. 그러므로 교사는 이와 같은 학습이 이루어질 수 있도록 유아에 대한 지식, 그들이 살고 있는 공동체에 대한 지식, 사회적 지식을 기반으로 유아의 문화, 경험, 배경, 흥미, 요구를 반영해서 사회교육 내용을 선택하고, 다양한 일과 활동 속에서 통합하여 계획 및 실시하는 등 확장 · 심화해 나가는 노력이 요구된다. 또한 유아 사회교육의 연구내용들을 살펴보면 사회적 능력, 다문화와 반편견에 관한 내용들이 많이 이루어지고 있다. 그러나 역사, 정보획득 활용 등에 관한 사회교과 내용도 유아 사회교육의 중요한 부분이다. 그러므로 이를 반영하는 연구가 활발히 이루어질 필요가 있다. 나아가 유아들이 미래의 한국 사회를 이끌어 나갈 수 있는 사회생활 능력을 가질 수 있도록 유아의 사회성 발달, 사회과학 지식에 대한 이해, 효과적인 유아 사회교육 실천을 위한 사회교육 교수-학습 활동 전반에 대한 깊이 있는 연구가 요구된다.

2) 언어

국내 연구에서 유아 언어교육을 다룬 초기 연구들을 살펴보면, 학위논문으로는 이화여자대학교 교육대학원 석사학위논문인 '한국 동요 동시를 중심으로 상징어에 관한 일 연구(김신숙, 1969)'와 이화여자대학교 대학원의 석사학위논문인 '정상아와 지진아의 언어연구(김선희, 1975)', 계명대학교 교육대학원 석사학위논문인 '유아의 음운습득 고찰: 5세까지의 난음분석을 중심으로(김종영, 1977)' 등이 있었으며, 학술지 논문으로는 한국어문학회 어문학에서 발행한 '언어형성기의 언어발달에 대하여: 국어과교육의 과학적 토대를 위하여(천두현, 1962)', 서울대학교 언어교육원 어학연구에서 발행한 '유아문법 노우트(1)(문용, 1970)', 서울대학교 어학연구소 응용 언어학에서 발행한 '아동의 언어발달 단계에 관한 심리학적 연구 Ⅰ: 초기 언어(조명한, 정복선, 1975)' 등의 연구를 찾아볼 수 있었다.

언어(言語)는 '인간의 사상이나 감정을 표현하고, 의사를 소통하기 위한 소리나 문자 따위의 수단'이다. 같은 말을 쓰면서 살아가는 사회집단을 언어공동체로 표현하는 것을 보면, 인간은 언어를 사용하여 자기가 속한 사회와 문화의 행동양식을 학습하고, 사회집단의 구성원으로서 문화에 대한 참여자로서 의사를 주고받는다. 더하여 언어교육은 '언어생활을 적절하게 유지하기 위해 필요한 언어기능(言語技能)의 습득을 목표로 하는 교육'이다. 이러한 언어교육은 모국어 교육과 외국어 교육의 둘로 나누어볼 수 있으며, 이들은 다시 언어기능 즉, 발음 · 억양 · 어휘 · 어법 · 독해 · 회화 · 작문 등을 포함한다(교육학용어사전). 모국어 즉, 국어(國語)교육은 '한 나라의 국민이 사용하는 말', '국어에 대하여 말하기, 듣기, 읽기, 쓰기의 언어 기능과 가치, 이해, 표현, 태도 등을 가르치는 교과'를 의미한다.

언어교육의 역사는 우리말이 생겼을 때 가정과 사회에서 국어교육이 행해졌을 것이므로 우리말의 출발과 함께 시작되었다고 할 수 있다. 중국의 한자가 들어와 문자생활에 사용하던 시기도 언어교육이 이루어졌을 것이나, 서구식 학교제도 안에서의 언어교육은 갑오경장(甲午改革, 1894~1896) 이후라고 알려져 있다. 기록상 최초의 국어교육은 한성사범학교에서 1895년에 실시된 교육이다. 우리나라의 언어인 '한글'은 세종 25년(1443)에 문자로 보급되었으므로 그 시기부터 한글 언어교육이 시작되었다고 볼 수 있다. 2008년 10월 발간된 〈재외동포신문〉 칼럼을 살펴보면, 영국 옥스퍼드대학의 언어학부에서 합리성, 과학성, 독창성 등을 기준으로 세계문자 순위를 발표하였는데 한글이 1위를 차지하였다고 한다. 이는 전 세계 어떤 언어도 한글처럼 언어 창제과정 및 체계, 창제 시기가 알려진 문자는 없으며,

더욱이 단순한 구조 덕분에 배우기 쉽고 적은 글자 수로 다양한 표현이 가능하다는 점에서 언어학자, 교육자, 과학자들로부터 찬사를 받고 있다고 한다. 나아가 디지털 기기와의 호환성도 뛰어나 정보화 시대에 맞는 문자로도 인정받고 있음은 우리 언어의 우수성을 또 한번 입증하는 것일 것이다. 이러한 맥락에서 유아 언어교육에서 한글이라는 독특한 언어체계를 고려한 활동들이 요구됨을 시사한다 하겠다.

우리 언어교육의 역사를 구체적으로 살펴보면, 한자가 들어오면서 간접적으로 우리말을 기록했던 '한문중심 교육기', 갑오경장을 계기로 고종이 교육에 대한 조서를 통해 덕양(德養), 체양(體養), 지양(智養)을 강조했던 '개화기', 조선어교육인 국어교육이 있었으나 언어교육의 목표인 민족의 문화, 사고, 사회정서를 형성하지 못한 '일제 강점기', 8 · 15 광복을 기해 비로소 교과서 전부가 우리나라 말로 바뀌어 수업할 수 있었던 '광복 이후'로 나누어 생각해 볼 수 있다. 이러한 배경은 언어교육이 교육기관에서 중요한 내용이며, 모든 교과교육의 기초와 관련되는 중요한 측면이 있음을 나타낸다 하겠다.

한편, 유아 언어교육은 크게 언어발달과 언어교육의 두 부분으로 나누어 볼 수 있다. 먼저 언어발달은 음성언어 발달과 문자언어 발달로 구분된다. 음성언어 발달의 경우, 유아가 어느 시기부터 발음규칙과 음운의 연결 및 배열규칙을 인식하는가를 파악하는 것이 유아기 음성언어 지도에 있어 중요한 기초자료가 된다. 언어발달의 특성을 살펴보면, 1세가 되면 어휘발달과 관련하여 표현언어보다 수용언어가 4배 정도 더 많이 나타난다(김명순, 성지현, 2002). 나아가 음성언어의 발달은 문자언어의 발달과 밀접하게 관계되어 있으며, 말하기, 듣기를 통해 형성된 개념과 지식은 그림책 내용을 듣고 이해하는 능력이 읽기의 기초가 된다는 연구 결과(Paris & Paris, 2003)처럼 읽기, 쓰기의 기초로서 중요하게 작용한다. 또한 4세와 5세 유아들은 맥락적 정보보다는 문자적 정보에 의존한 읽기를 한다는 연구 보고(김정화, 이문정,

2003)가 있으며, 이는 언제부터 음운에 대한 교수를 시작하는 것이 적절한지를 보여준다 하겠다. 아울러 유아는 글자를 통째로 기억하므로 읽기 지도로 유아들의 일상 환경 속 의미 있는 단어들을 중심으로 단어재인 지도도 병행하여야 한다는 주장도 있다. 적절한 음성언어 교육방법으로 유아교육 현장에서 동시나 동화 등을 활용하여 교사가 유아들에게 동화를 소리 내어 읽어 주는 활동, 창의성 지도기법을 활용한 동시 짓기 및 관련 활동, 글 없는 그림책을 보고 생각하기와 예측하기 활동과 토의하기 활동 등을 실시할 수 있으며, 이를 통해 유아의 발화량과 구성능력에 긍정적 영향을 줄 수 있다는 보고도 있다.

문자언어 발달의 경우, 쓰기에 관한 연구를 살펴보면 3~6세 한국 유아의 창안적 글자 쓰기 발달과정이 창안적 철자 전 단계, 문자 형태 출현 단계, 미완성적인 문자 출현 단계, 음절의 수 인식, 음에 따른 철자 인식 단계, 불완전한 음-음절 연결, 표준철자 단계 순으로 발전하는 것을 알 수 있다(조선하, 우남희, 2004). 유아들의 창안적 글자 쓰기는 4, 5세경에 발달이 급속히 이루어지는데, 특히 한국 유아는 개별음 자체보다 음절에 대한 인식이 먼저 발달한다고 한다. 또한 유아의 쓰기에 관한 연구들을 확인한 결과 4세 유아를 대상으로 한 의미중심 쓰기 방법, 함께 쓰기 전략들과 5세 유아를 대상으로 상호작용 쓰기 개입 전략들이 유아의 쓰기 행동 및 능력에 긍정적 영향을 주었다고 하였다. 이외의 여러 연구들은 문학작품과 연계한 언어교육이 유아의 쓰기 인식과 쓰기 능력을 향상시킬 수 있으며, 교사와 유아 간의 토의활동에도 긍정적인 효과를 줄 수 있다고 하였다.

유아 언어교육은 유아가 말하기, 듣기, 읽기, 쓰기를 통해 자신의 생각을 전달하고 타인의 생각을 경청하는 태도를 가지는 것으로 올바른 의사소통 능력을 기를 수 있도록 도와주는 교육이다. 유아 교육과정에 제시된 의사소통 영역의 목표는 일상생활에서 필요한 의사소통 능력과 상상력을 기르고, 일상생활에서 듣고 말하기를 즐기며, 읽기와 쓰기에 관심을 가지고 책이나 이야기를 통해 상상하기를 즐기도록 안내하는 것이다. 또한 유아는 어려움에 봉착할 때 과제와 무관한 혼잣말을 통해 과제에 대한 전략을 내면화하므로, 성인의 직접적인 지시보다 제안이나 질문 같은 간접적인 지원을 통해 유아가 문제에 주도권을 가지고 해결할 수 있는 환경을 조성해 주는 것이 보다 필요할 것이다. 더불어 가정 내에서의 언어교육은 가정의 정서적 분위기나 부모-자녀 간의 상호작용을 통해서 간접적인 교수와 학습이 이루어지기도 하고, 가족의 구조, 가족 내의 스트레스, 부모의 기대, 공식적인 부모의 학교 참여 및 교사와의 접촉 빈도 등 여러 가지 요인이 영향을 줄 수 있으며(Bennett, Weigel, & Martin, 2002), 지역 방언 즉, 지역어(地域語)를 상용하는 가정의 경우 습득에 어려움이 생길 수도 있으므로 이에 대한 적절한 부모교육 등의 안내 역시 필요할 것이다.

2019 개정 누리과정 의사소통 영역의 내용은 일상생활에 필요한 의사소통 능력과 상상력을 기르는 것이며, 내용범주는 3가지 즉, 듣기와 말하기, 읽기와 쓰기에 관심 가지기, 책과 이야기 즐기기로 이루어져 있다. 내용은 12개로 유아가 일상생활에서 다른 사람의 말이나 이야기를 듣고 바르고 고운 말하기를 즐기며, 주변의 상징을 읽고 글자와 비슷한 형태로 써보기에 관심을 가지고, 다양한 책과 이야기를 통해 상상하며 즐거움을 가지고 이야기짓기를 즐기는 것으로 구성되었다(교육부, 보건복지부, 2019).

유네스코는 1956년부터 문해력을 '최소 문해력'과 '기능적 문해력'으로 나누어 제시하였으며, 최근에는 미래의 학습과 사회 참여에 직결된다고도 하였다. '문해력'이라는 용어는 옥스퍼드 사전에서 리터러시(literacy)가 한국어 '문해력'으로 번역된 것으로, 좁은 의미로 '읽고 쓸 수 있는 능력'을 의미하지만, 디지털 매체의 급격한 변화에 따라 디지털리터러시(디지털 미디어 활용능력으로, 컴퓨터를 조작하여 원하는 작업을 하고 필요한 정보를 얻을 수 있는 지식과 능력을 의미함)

라는 용어로 사용되는 등 새로이 요구되는 지식과 역량의 습득 및 강화를 강조하기 위한 용어로서도 사용되고 있다.

또한 EBS에서 2024년 7월 1일에 방영한 〈유아 클래스ⓔ 최나야의 '한글 문해력' 2강 유아기 문해력, 오해와 진실〉에서 유아들의 한글 문해력을 높이기 위한 방법으로 독서의 중요성을 강조하였다. 그는 책읽기와 기초 문해력의 관계 연구에서 첫 책읽기를 더 일찍 시작할수록 유아들의 기초 문해력 즉, 음운론적 인식, 어휘력, 이야기 이해력의 수준이 더 높았다고 하였다. 뿐만 아니라 읽기를 일찍 시작할수록 향후 읽기 동기, 읽기 능력, 학업성취도가 높아질 수 있으며, 1권의 책을 읽더라도 부모와 아이가 책의 주제로 대화하며 상호작용하는 것 즉, 양보다 질에 집중하는 것이 곧 아이의 문해력 발달에 보다 긍정적인 영향을 줄 수 있다고 하였다. 정리하면, 문해력이 곧 모든 교과의 바탕이 된다는 것이다. 특히, 코로나19 팬데믹으로 인해 마스크 착용이 일상화되면서 교사의 입모양을 확인할 수 없었던 유아들이 언어발달에 어려움을 겪고, 또한 교사는 유아의 입 모양과 표정을 인식하지 못해 적절한 생활지도에 어려움을 겪고 있다는 연구도 진행되고 있다. 더불어, 장애아 특수교육 및 발달장애 유아교육 분야에서도 이러한 문제들이 다루어지고 있으며, 이에 따라 다양한 유아 언어교육 방법과 교수 접근법이 제시되고 있다. 현대사회의 문해력 범위가 넓어지고 있는 실정에서 유아 언어를 어떻게 교육할 것인가 하는 적절한 언어교육 방법에 대한 고민이 필요하다.

3) 과학

국내 연구에서 유아 과학교육을 다룬 초기 연구들을 살펴보면, 학위논문으로는 이화여자대학교 교육대학원 석사학위논문인 '유아의 자연학습지도에 관한 연구(박연숙, 1979)', '유아원 과학교육 프로그램에 관한 연구(장윤정,

1982)' 등이 있었으며, 학술지 논문으로는 이화여자대학교 환경문제연구소 환경교육시리즈에서 발행한 '환경교육(박준희, 1973)', 서울교육대학교 과학교육연구소 과학과 수학교육 논문집에서 발행한 '유치원을 위한 기초과학교육과정 개발연구(하병권, 1978)', 제주교육대학 과학교육연구소 과학교육연구지에서 발행한 '기초과학교육 지도를 위한 사례연구: 유치원 과학 놀이 중심으로(김영호, 1981)' 등의 연구를 찾아볼 수 있었다.

과학(科學)은 세계의 구성과 변화 등에 관해 재검증 가능한 방법을 통해 합리적으로 이해하고자 하는 지적 탐구활동 또는 그 결과물로서의 학문이다. 과학은 수학과 실험의 방법을 이용하며, 탐구대상에 따라 사회과학과 자연과학으로 구분되나 일반적으로 자연과학을 의미한다. 과학교육은 과학을 자연계와 관련된 '체계화된 지식'으로 보고 학습자에게 전수하는 입장과 물질세계를 '탐구하는 과정'으로 보는 입장으로 나누어볼 수 있다.

우리나라 '과학'의 역사를 살펴보면, 「삼국사기」 기록에 백제가 일본에 천문관측 기술과 역서를 보냈으며(554), 신라는 첨성대를 건립하고 독자적으로 천문관측을 발전시켰다(647)고 하였다. 더하여 세계 최고(最古) 금속활자본(1377)을 보유하고 있으며, 금속활자 주조 기술 역시 세계적이었다. 우리나라 역사상 과학기술이 가장 뛰어났던 시기는 조선 전기 세종대왕(1397~1450) 때이며, 혼천의(渾天儀) 등의 천문관측 기계, 앙부일구, 자격루 등 여러 가지 시계, 측우기 등의 발명은 물론 도량형 정리, 기상관측 기록 등을 통하여 학문의 진흥과 농민 생활 안정에 기여하였다. 이렇듯 뛰어난 과학 유산에도 불구하고 조선시대 이전까지는 유교 경전 등을 위주로 한 인문교육을 주로 하였으므로 체계적인 과학교육이 거의 이루어지지 못하였다.

개화기 서구 문물과 함께 과학문명이 도입되면서 각종 학교에서 과학교육이 실시되었다. 최초의 근대학교인 원산학사(元山學舍, 1883)에서 천문, 지리, 전기, 대수 등을 가르쳤으며, 배재학당(1885)에서는 천문학과 생리학을,

이화학당에서는 산술, 과학, 물리, 화학, 박물을 가르쳤다. 갑오경장(1894~1896) 이후 한성사범학교에서 과학교과(물리, 화학, 박물)를 가르쳤으며, 1906년에는 「사범학교령 시행규칙」에 따라 물리, 화학, 박물, 동식물 등을 일상생활과 생업에 도움이 되도록 교육하였으나 당시 과학교육을 받은 교사가 없어, 교육은 외국 선교사에 의해 이루어졌다. 게다가 일제 강점기(1910)에는 기초과학 분야의 교육보다 노동력 생산을 위한 실업교육만이 강조되었고, 광복 후(1945)에도 극히 소수의 학생만이 과학을 공부하였으며, 과학교과 편제는 그대로 사용하였다. 「교육법」이 제정(1949)된 후 진리 탐구와 과학적 사고력 배양 및 합리적인 생활을 위한 과학교육이 실시되었으나, 이 시기 미국의 진보주의 교육 사조(1955)의 영향을 받아 일상생활중심의 주입식 과학 교육과정이 이루어졌다.

한편, 세계적인 흐름 속 근대 과학은 16~17세기에 성립되었으며, 19세기 후반 자연과학과 기술이 급진적으로 발달한 후부터 학교교육에 과학교과가 본격적으로 필수교과가 되었다. 과학교육은 자연과학의 진보와 그 시대의 국가 및 사회 정세에 따라 변화하였다. 1923년 이후 미국에서는 듀이의 영향으로 진보주의 교육사조 아래 실험을 통한 생활과학교육이 강조되었으나, 제2차 세계대전 후 1956년 급속한 과학과 기술의 발달로 인해 과학교육의 근본적인 개혁이 요구되었다. 특히, 소련이 세계 최초의 인공위성 스푸트니크 1호 발사(1957.10.4.)에 성공하면서, 미국은 교육과정의 근본적인 면부터 재점검하였다.

이러한 재점검은 특히 수학과 과학 교과의 중요성에 대한 개념 정립과 내용 전개, 교수방법 등을 중심으로 이루어졌으며, 1960년대를 '과학교육의 시대'라고 부를 정도로 혁신적인 과학교육과정의 개발과 과학교사의 재교육을 위한 막대한 예산 투입이 이루어졌다. 이를 통해 개발된 과학 교육과정 중 유치원생을 위한 교육과정에는 ESS: EDC와 AAAS 등이 있다.

ESS: EDC(Education Development Center, Inc.)는 과학 · 사회 · 수학 등의 교육과정 개발계획의 하나이며, 과학자, 기술자, 교육학자, 심리학자, 유치원 및 대학 교사들이 참여하여 유치원에서 8학년까지의 과학학습교재를 개발한 것이다. AAAS(American Association for the Advancement of Science)는 미국 과학진흥협회 · 과학교육위원회에서 개발한 유치원을 포함한 초등과학의 교육과정으로서, 미국 전체의 과학, 수학, 심리학, 사회학 등을 다루고 있다. 1963년 경북대에 머물던 미국인 교수가 이를 국내에 처음 소개하였다. 이 무렵 아시아지역협의회는 과학교육을 계획하고자 '과학철학에서의 변화를 구현시키면서 범세계적인 과학교육의 혁신운동'을 선언하였으며, 1968년부터 10여 년간 국제연합아동기금(UNICEF) · 국제연합교육과학문화기구(UNESCO) 사업도 진행되었다.

우리나라는 1961년 문교부 학무국에 과학기술과를 두었고, 1963년에는 지식의 구조와 실험을 통한 실증적 학습을 강조하였으며, 1967년에는 과학교육국에 과학교육과 · 기술교육과 등을 설치하였다. 또한 1969년에는 과학교육심의회를 개최하여 학생을 '작은 과학자'로 보고 자연의 이치를 탐구하게 하자고 하였다. 제1차 유치원교육과정도 이 무렵(1969)에 고시되었으며, 이때쯤 한국유아교육학회가 창립(1975)되었고, 한국과학교육학회가 창설(1976)되었다. 이 시기(1975) SAPA(Science A Process Approach) 프로그램은 단원별 세분화와 세부목표 및 위계적 제시를 통해 과학교육의 학문적 체계화를 시도하였다. 이 무렵 카미와 드브리스(Kamii & DeVries)는 피아제(Piaget)의 구성주의와 이 이론을 유아교육 현장에 적용하고자 전통적인 교육 활동, 일상생활, 물리적 활동과 게임 등을 인지적 갈등으로 유도할 수 있는 교육과정을 개발하였으며, 유아가 물체를 가지고 관찰하고 반응하면서 스스로 지식을 구성해 나가는 활동을 구성하였다. 한편, 1992년 제6차 교육과정에서 고등학교 과학과에 공통필수교과로 '공통과학'을 새롭게 도입하였는데,

이는 통합과학의 정신을 내세우고 탐구과정을 개념과 동등한 관계에서 제시하고자 한 것이었다. 정부는 이듬해인 1993년을 "과학교육의 해"로 선포하고, 제7차 교육과정에서 21세기를 지향한 에너지, 물질, 생명, 지구 등의 지식과 탐구 과정을 과학내용으로 제시하였다.

한편, 우리나라는 2016년 한국과학창의재단에서 발간한 미래세대 과학교육 총서 '차세대 과학교육 표준'을 통해 미국연구평의회의 2011년 보고서인 '유 · 초 · 중등 과학교육체계: 실천, 관통개념, 핵심 아이디어'를 과학교육의 새로운 비전으로 제시하고 있다. 이는 미국과학진흥협회(AAAS, 1985)가 핼리 혜성 76년 주기에 맞추어 2061년까지 모든 미국인의 과학적 소양을 최고의 수준으로 끌어올린다는 중장기 계획 'Project 2061' 발표에 따른 것이다. 이 프로젝트는 연방정부 차원에서 범국가적으로 진행되고 있으며, 유치원부터 고등학교 시기까지 모든 학생을 위한 과학교육 내용을 포함하고 있다. 특히, 유아는 일상생활 속 경험으로부터 과학교육이 이루어져야 한다고 안내하고 있다.

2019 개정 누리과정의 자연탐구 목표는 '탐구하는 과정을 즐기고, 자연과 더불어 살아가는 태도를 가진다.'이다. 이는 일상에서 호기심을 가지고 탐구하는 과정을 즐기면서, 대면한 문제들을 수 · 과학적으로 탐구하는 것이며, 생명과 자연을 존중하는 것을 의미한다. 자연탐구 영역의 내용은 주변 세계와 자연에 호기심을 가지고 즐겁게 탐구하며, 서로의 생각에 관심을 가지고 탐구과정을 즐기며, 물체의 특성과 속성들을 생활 속에서 탐구하고, 주변 환경과 자연의 변화에 관심을 가지고 생활과 관련지어보면서 자연과 더불어 살아가는 것이다.

세계 각국은 과학과 기술의 발달이 국가의 번영 및 안전과 직결된다는 인식 하에 과학교육에 다양한 지원과 노력을 아끼지 않고 있다. 우리나라 유아 과학교육의 내용을 살펴보면 과학적 지식보다는 구성주의의 관점에서 탐색하고 발견해가는 과학적 탐구과정을 강조하고 있다(조홍자, 김영옥, 2015). 칼 세이건(1934~1996)은 「코스모스」에서 '한마디로 과학의 성공은 자정능력에 있다. 과학은 스스로를 교정할 수 있다. 과학에서는 새로운 실험결과와 참신한 아이디어가 나올 때마다 그 전에는 신비라는 이름으로 포장돼 있던 미지의 사실이 설명될 수 있는 합리적 현상으로 바뀌어 간다...(중략) 과학이라는 이름의 대담한 기획에서는 이미 제시된 지혜에 대한 재평가가 끊임없이 이루어진다는 사실이다. 이것이야말로 과학하기의 위력이며 과학하기의 요체인 것이다.'라고 하면서 과학을 정해진 답으로 인식하기보다는 변화 가능한 과정으로서의 답안으로 인식하는 것이 보다 적절함을 시사하였다. 갈릴레오 갈릴레이(1564~1642)의 '그래도 지구는 돈다.'라는 유명한 일화 역시 당시 기독교적 세계관에서 받아들여지지 않았던 지동설이 현대의 과학에서는 당연한 과학적 사실이라는 점과 비교하여 이해될 수 있을 것이다.

오늘날 과학의 폭발적인 진보는 체계적 지식전달보다는 학습자로 하여금 스스로 탐구를 통하여 과학적 지식, 기능, 태도를 학습하도록 목표하고 있다. 즉, 유능한 과학인보다는 유익한 과학인을 원하고 있다. 또한 과학교육은 유아의 과학적 소양과 교수학습에 있어서 과학과 타학문간의 조화로운 통합적 접근을 요구한다. 이를 바탕으로 유아가 일상생활 속에서 사람과 자연을 존중하면서 세계적 흐름에 발맞춘 과학, 기술, 사회 교과에 대한 보다 폭넓은 이해를 기반으로, 과학적 소양과 과학적 문제 해결력을 가질 수 있도록 하는 다양한 시도가 필요하다.

4) 건강

국내 연구에서 유아 건강교육을 다룬 초기 연구들을 살펴보면, 학위논문으로는 이화여자대학교 교육대학원 석사학위논문인 'J. Bowlby의 Attachment 이론연구(장영희, 1977)', '유아를 위한 모자체조의 구성연구(정봉순,

1972)' 등이 있었으며, 학술지논문으로는 이화여자대학교 간호과학대학 이화간호학회지에서 발행한 '한국 영 · 유아의 대소변 가리기 훈련습성에 관한 일연구(최경자, 1973)', 이화여자대학교 교육과학연구소 교육과학연구에서 발행한 '서울시내 유아 운동능력의 발달(윤남식, 박준희, 임미자, 1975)' 등의 연구를 찾아볼 수 있었다.

'건강'은 영어의 '완전한', '전체'라는 의미인 'whole'에서 시작되어 '활기 있는'이라는 의미를 갖게 된 'hale'에서 유래한 단어로, 단순히 질병이 없는 상태만을 의미하는 것이 아니라 전인교육에서 제시하는 신체 · 정신 · 인지 · 심리적으로 적절한 조화를 이룬 상태를 의미한다(곽노의, 2005). 또한 건강은 복합적 개념으로, 세계보건기구는 '신체적 · 정신적 · 사회적으로 양호한 상태'라고 정의하고 있다. 학자에 따라 건강을 신체적 · 정서적 · 사회적 · 정신적 요소들이 상호 연관된 복합적인 차원으로 정의하기도 한다.

1990년대 들어 유아교사를 양성하는 대부분의 대학에서 유아의 건강관리 및 지도에 대한 내용을 교과과정에 포함하였으며, 관련 연구도 활발히 진행하였다. 미국에서는 1960년대 헤드 스타트 프로그램 실시 이후 유아 건강관리 및 교육의 중요성이 인식되었고, 관련 연구들도 많이 이루어졌다.

인류의 건강유지는 식생활과 사회현상을 비롯한 역사적 상황과 더불어 변화해 왔다. 우리나라 영양 관련 역사적 배경과 사회현상을 살펴보면, 삼국시대는 '식문화 형성기'로 신라 신문왕 때 처음으로 발효식품인 된장, 간장을 저장해서 먹었으며, 여름에 얼음을 사용하였다. 고려시대에는 불교적 영향으로 채식을 주로 하였으며, 몽고 침략 이후 육식과 채식은 물론 설탕, 후추(고려 때 이인로가 지은 「파한집」에서 처음 명칭이 확인됨) 등의 조미료가 도입되어 식생활에 변화를 주었고, 우리나라의 고추 역시 대표적인 식자재이지만 17세기 초에 전래됨으로써 식문화 변화에 기여하였다. 조선시대는 '식문화 완성기'로 세조 때 건강한 식사를 위해 영양사와 같은 직책을 두었으며, 태종

(1367~1422) 때(재위 1400~1418)는 의녀를 양성함으로써 건강 향상에 기여하도록 하였다. 조선 말기에는 커피 등 서구 음식이 유입되었으며, 고종(1852~1919) 때(재위 1863~1907) 제중원, 세브란스 병원이 설립됨으로써 건강증진에 기여하였다. 일제 식민지 시기는 '식문화 혼란기'라 불리는데, 일제는 이 시기에 우리나라의 과일까지 공출하였으며(1910), 일제 말기까지 국내의 비축양곡 대부분을 공출하면서 일명 '보릿고개'로 인해 국민건강에 중대한 악영향을 야기한 시기이다. 이후 1945년부터 1954년까지는 인구밀도가 더 증가하면서 국내의 양곡 수요가 급증하여 식생활이 궁핍해지고 초근목피로 생계를 유지하는 등 국민들의 건강 상태가 크게 악화되었다.

6·25 전쟁을 겪으면서 구호물품인 옥수수가루, 탈지분유 등을 원조 받아 초등학교 학생들에게 무상으로 구호급식을 실시(1953)하였다. 1960년대 이후에는 경제 소득이 증대되었으나 한국 전통 음식문화와 음식의 비중이 감소하였고, 식량 부족으로 인한 열량과 단백질 부족은 여전하였다. 1961년 한국영양사양성연합회가 발족되면서 영양사 면허 제도를 건의한 후 1962년 「식품위생법」 제정은 물론 영양사 면허제도가 명시되었으며, 1967년 「식품위생법」상 집단급식소에서 영양사 배치를 법제화하면서 건강관리 시스템이 강화되었다. 1970년대에 들어서면서 '경제개발 5개년 계획'과 '새마을운동' 추진 등으로 경제 상태가 조금씩 개선되었으며, 교육 수준도 향상되기 시작하여 보건·위생 수준도 향상되었다. 1980년대에 개발도상국에서 중도국으로 들어서면서 국민건강 관련 생활이 안정적 방향으로 전환되었다.

건강교육은 건강과 교육의 합성어로 '건강에 관한 새로운 지식이나 기존에 가지고 있던 지식을 새롭게 이해하여 이를 바탕으로 바람직한 건강증진 행위를 하도록 돕는 것'을 의미한다(김일옥, 2002; Israel, Checkoway, Schultz,& Zimmerman, 1994). 유아기는 건강교육의 중요한 시점이며, 유전적 영향을 제외한 건강의 다른 요소는 교육을 통해 개선될 수 있다. 우리나라 유치원 교육과정에서 유아의 건강은 신체적인 성숙이나 성장뿐만 아니라 신체 기본 운동능력, 적절한 영양섭취와 조절, 휴식, 청결 및 위생, 규칙적인 생활습관이 형성되고 정신건강이 유지되며, 안전에 대한 올바른 인식과 대처능력을 형성함으로써 비로소 가능하다고 보고 있다(교육부, 1998). 그러므로 유아 건강교육은 유아가 건강에 대한 지식을 익히고 태도를 형성하며 실천할 수 있도록 하고, 성인이 유아의 건강을 유지하고 증진시키며, 안전하고 건강한 물리적 환경과 정신적 환경을 제공하는 방식에 관한 교육과정이라고 할 수 있다(조경자, 이현숙, 2010).

1979년 대한가정학회에서 '우리는 자녀들을 건강하게 키우고 있는가?'를 주제로 질병치료나 관리가 아닌 발달적 · 교육적 차원에서 아동 건강에 대한 관심을 학술지에 처음 반영하였다. 건강습관을 측정하는 주요 지표로 식습관, 배설, 옷입고 벗기, 수면, 청결 등을 연구하였으며, 유아기 자녀를 둔 부모와 교사 관련 건강, 영양, 안전 연구도 이루어졌다. 영양실태에 대한 연구를 살펴보면, 1960년대부터 1990년에 이르기까지 인공영양의 비율이 증가한 반면, 도시 지역 영아의 모유 수유율은 상대적으로 낮았다고 보고되었다. 1990년대에는 1980년대와 달리 일반 유아를 대상으로 한 영양 실태 조사도 이루어졌으며, 도시지역 유아의 비만 문제가 보고되기 시작했다. 1980년 이전부터 지속적으로 유아의 식품기호나 결식과 편식률을 조사하는 연구들이 나타났으며, 이러한 식품기호도의 지역적 차이를 조사하는 연구도 등장하는 등 건강과 관련된 연구가 활발히 진행되었다.

건강교육 연구의 주요 영역을 영양교육, 안전교육, 정신건강교육으로 크게 나누어보면, 먼저, 영양과 발달 관련 연구로는 야채류 기호도가 높은 유아의 충치 발생률이 낮고 건강이 양호함을 밝힌 1980년대 연구가 있다. 1990~1994년 사이에 이루어진 연구는 주로 영아기 수유 및 이유방식과 성장 발달과의 관련성을 조사한 것으로 적어도 생후 3개월까지 모유를 섭취하고 적절한 시기에 이유식과 보충식을 섭취하는 것이 질병의 발생을 낮추고 유아의 발달에 긍정적인 영향을 미친다고 보고하였다. 1995~1999년 사이에는 영양섭취와 신체발달과의 관계에 대한 연구와 더불어 인지능력과 행동과의 관계, 영양장애의 영향, 이유식 섭식방법과 식습관 및 기호에 대한 것 등을 밝힌 연구들이 이루어졌다. 영양 인식 관련 연구에서는 새로운 식품을 소개할 때 맛을 보거나 먹어 보게 격려하고, 조리에 자녀를 참여시키거나 평소 어머니가 식품영양 정보를 자녀에게 들려주는 것이 유아의 영양 인식에 긍정적인 영향을 주는 요인임을 밝혔다. 유아교육기관의 급식과 간식에 대한 연구의 일환으로 1986년에 새마을유아원 급식을 위한 지도책자의 개발 및 평가연구가 진행되어 실질적인 건강 증진에 기여하였다. 또한 1987년 실태조사연구를 시작으로 꾸준한 연구를 통해, 유아의 영양 특성을 고려한 급식의 질 향상을 위한 정책적 · 재정적 지원이 필요함을 강조하였다.

영양교육과 관련하여 부모를 대상으로 한 연구는 1984년에 처음으로 이루어졌는데, 어머니가 영양교육을 받은 유아의 식생활 태도와 영양지식은 그렇지 않은 유아들보다 더 높은 경향이 있음을 보고하였다. 1990~1994년에 편식지도를 위한 영양교육 프로그램 개발 연구가 이루어졌고, 1995~1999년에는 보육시설 유아를 위한 영양교육 프로그램의 개발 및 효과 평가 연구가 이루어졌으며, 2000년 이후에는 유아 대상의 영양교육 프로그램 연구논문도 발표되었다. 특히 유아교육학자와 영양학자가 공동으로 유치원의 생활주제와 관련하여 영양교육을 실시하는 것이 유아의 영양지식과 식습관 태도 형성에 긍정적 효과가 있음(강현주, 김경미, 김경자, 류은순, 2000)도 검증하였다.

안전 관련 연구는 1995년에 들어서면서 건강이나 영양과 비교하여 증가

폭이 가장 컸으며, 2000년 이후로는 세 주제 중 연구가 가장 많이 이루어지고 있다. 특히 유아학대에 대한 연구가 2000년 이후 활발하게 이루어졌다. 유아안전교육 관련 연구논문의 범주를 살펴보면, 안전실태, 안전교육, 유아학대가 있다. 안전실태는 유아의 사고실태, 기관의 사고실태, 시설 및 용품 안전과 성인과 유아의 안전의식 및 지식, 행위관련 논문이 있으며, 안전교육은 실태와 프로그램 개발 및 효과 관련 논문이 있고, 유아학대는 실태, 인식, 교육 관련 논문 등이 있다. 안전실태 관련 논문은 1980년 이전에 이루어진 0~6세 유아의 가정사고의 원인과 예방에 대한 연구와 1990~1994년 사이에 이루어진 0~14세 유아를 대상으로 우발사고의 실태와 요인을 분석한 연구 등이 있다. 이상에서 공통적으로 나타난 결과는 유아의 안전사고가 가정에서 많이 발생하며 사고의 원인은 환경요인과 더불어 부모의 관리 감독 소홀과 같은 인적 요인이 주요하다는 것이다. 유아교육기관에서의 안전사고 실태를 분석한 연구는 1995~1999년도와 2000년 이후에 발표되었는데, 시설 · 설비의 안전관리와 보험체제의 보완 및 이에 대한 지원이 필요하며 체계적인 안전교육 등이 필요함을 시사하였다. 뿐만 아니라 유아 시설 및 용품의 안전과 관련하여 유아용 의류의 안전성과 놀이 시설물 및 안전보고제도에 관한 연구가 1995~1999년 사이에 이루어졌으며, 이를 계기로 유아의 사고 경향을 파악하기 위한 연구가 이루어져 유아들의 행동 특성이 사고에 취약함을 밝혔다.

특히, 유아학대 관련 연구는 보건복지부와 중앙아동학대예방센터에서 2000년 이후 매년 전국 학대예방센터의 상담 및 신고 사례를 토대로 「전국아동분석학대현황보고서」를 발간하고 3~5세 사이의 유아에 대한 학대의 심각성을 보여주고 있다. 한편 '어린이집안전공제회'는 2008년 「영유아보육법」 개정으로 설립근거 마련 후 보건복지부의 허가를 받아 2009년 11월에 법인으로 설립되었다. 초기에는 영아돌연사로 인한 어린이집의 피해복구를 지원하기 위해 설립되었으나, 어린이집 상호 간의 협동조직을 통해서 어린이집의 안전사고 보상과 배상은 물론 안전사고 예방 콘텐츠 개발 등으로 예방기관으로서의 역할도 하고 있다.

2019 개정 누리과정의 신체운동 · 건강 영역의 목표를 보면, 건강하고 안전한 생활습관을 길러 건강하고 안전한 생활을 하도록 하고 있다. 이를 위해 자신의 몸과 주변을 깨끗이 하며, 몸에 좋은 음식에 관심을 가지고 바른 태도로 즐겁게 먹고, 하루 일과에서 적당한 휴식을 취하며, 질병을 예방하는 방법을 알고 실천하고, 일상에서 안전하게 놀이하고 생활하며, TV, 컴퓨터, 스마트폰 등을 바르게 사용하는 내용을 포함하고 있으며, 교통안전 규칙을 지키고, 안전사고, 화재, 재난, 학대, 유괴 등에 대처하는 방법을 경험하는 내용으로 교육을 실시하도록 하고 있다.

유아 건강교육의 연구를 살펴보면 건강과 안전 관련 내용을 다루고 있으며, 안전교육 실태와 안전교육 프로그램 개발 및 효과를 검증하는 연구들이 주로 이루어지고 있다. 이는 영유아가 기관에서 보내는 시간이 늘어난 점을 감안할 때 유아교육기관에서도 유아와 가족의 건강을 지원하는 포괄적인 서비스 강화에 관한 연구가 보다 요구된다 하겠다. 또한 유아 건강을 위한 유아교육기관과 가정, 지역사회 간의 협력체제 구축과 정부의 행 · 재정적 지원과 관련 체계 구축에 관한 연구가 요구된다. 더불어 최근 부모의 이혼 증가 및 재혼문제, 과도한 조기교육 등에 따른 유아의 정신건강을 위협하는 요소에 대한 연구와 안정된 애착의 형성과 긍정적 자아개념 형성 및 원만한 대인관계 형성을 위한 다양한 지원 관련 연구는 물론 간호학, 영양학, 소아정신학 등 관련 학문과의 접목을 통한 시사점 도출 역시 필요하다.

5) 음악

국내 연구에서 유아 음악교육을 다룬 초기 연구들을 살펴보면, 학위논문으로는 이화여자대학교 교육대학원 석사학위논문인 '한국의 유치원 노래 교재에 관한 분석적 연구(김성렬, 1970)', '유아기의 Melody의 분석을 통한 음정감의 연령적 발달에 관한 연구(김신자, 1972)' '유아원 음악지도에 관한 일연구(윤의조, 1975)' 등이 있었으며, 학술지 논문으로는 중앙대학교 사범대학 보육연구에서 발행한 '유아기의 음악교육(이유선, 1968)', 공주교육대학교 초등연구원 공주교대논총에서 발행한 '유아음악재능의 초기계발과 적기지도에 관한 연구(윤경규, 1969)', 서울교육대학교 논문집에서 발행한 '음악적 능력에 미치는 조기교육의 효과(류영명, 1974)' 등의 연구를 찾아볼 수 있었다.

음악(音樂, music)은 '소리의 높낮이 · 장단 · 강약 등의 특성을 소재로 하여 목소리나 악기로 사상이나 감정을 표현하는 시간예술'로 정의되며, 음악교육(音樂敎育, music education)은 음악미(音樂美)의 이해 감득을 통해 높은 미적 정조(情操)와 풍부한 인간성의 육성을 목표로 행해지는 예술교육의 한 분야로 정의된다(교육학용어사전). 음악교육학(音樂敎育學, music education)은 '음악교육의 본질 · 목적 · 내용 · 방법과 교육제도 · 행정 등에 관한 이론을 연구하는 학문'이다. 넓은 의미로는 '음악을 통한 인간교육의 실현에 필요한 모든 전제조건 · 작용 · 영향 · 목적 · 가능성 등을 연구하는 학문'이고, 교육학의 좁은 범위에서는 '음악의 교습과 학습에 관한 모든 문제를 연구하는 학문'이다. 그러므로 음악교육학은 음악학의 모든 분야를 연구하는 동시에 교육학 외에도 철학 · 미학 · 심리학 · 예술학 · 역사학 · 사회학 등의 방법론을 받아들이는 복합성을 가진다(학문명백과).

고대와 근대 음악교육 사상을 살펴보면, 플라톤(B.C. 428~B.C. 348)은 음악과 도덕성의 관계에 주목하여 좋은 품성을 지닌 청년들을 길러내기 위해 좋은 음악교육을 해야 한다고 주장하였으며, 아리스토텔레스(B.C. 384~B.C. 322)는 플라톤보다는 음악에 덜 엄격한 시각으로 음악 외적인 것과 음악을 연결하여 음악 감상이 우리의 삶을 풍요롭게 하는 가치를 지녔다고 하였다. 페스탈로치(1746~1827)는 고아원을 설립하고 아이들에게 합창 등의 전인적인 발달을 위해 중요한 음악교육을 시키면서 인지적 · 신체적 · 정서적 발달을 목표로 수준 높은 교육을 하였다고 한다.

우리나라의 음악교육을 살펴보면 먼저, 개화기부터 일제 강점기와 해방 이후 음악교육과정의 변화로 나누어 볼 수 있다. '개화기'인 1880년대 미국의 선교사들이 포교활동을 위해 학교를 설립하였는데, 이때 찬송가 음악교육이 있었다. '일제 강점기(1910)'에도 음악교육이 있었으나 '보통 교육 창가집'을 사용하여 예술교육보다는 식민지화를 위한 사회 · 정치적 의도가 있는 음악교육을 하였다. 이 시기 뜻있는 작곡가들이 아동을 위한 최초의 동요 '반달'(1924)을 시작으로 동요를 만들기 시작하였으며, 해방 이후에는 서양의 음악 교육법에 영향을 받아 기본 개념들을 정리하는 수업인 개념적 접근법이 이루어졌다.

한편, 해방 이후 우리나라 음악교육은 하나의 교육과정에 의해 진행되었다. 제1차 초등 교육과정은 1955년에 처음으로 공포되었으며 그 안에 음악교육을 다루었다. 제1차 유치원 교육과정은 1969년 제2차 초등 교육과정과 더불어 공포되었으며, 5개 생활영역 자연, 언어, 건강, 사회, 예능 중 예능생활에 음악교육 내용을 포함하여 제시하였다. 이때 음악교육의 목표는 유아의 심리적 태도와 창조적 표현능력 계발에 두었다. 제2차 유치원 교육과정에서 제4차 유치원 교육과정까지는 전인적 발달에 초점을 맞추어 사회 · 정서 발달 영역 내에서 이루어졌고, 제5차 유치원 교육과정은 이전의 교육과정과 달리 처음으로 유아교육 전문연구진에 의하여 개발되었으며, 음악교육이 표현생활의 일부로 흡수되었다. 제6차 유치원 교육과정에서는 보다 구체화하여 음악을 소리와 음악, 악기에 대한 탐색, 음악을 감상하고 유아의 생각이나 느낌을 자발적으로 표현 및 재창조해 보는 표현생활을 강조하는 방향으로 전개되었다.

미국의 상황을 보면, '젊은 작곡가 프로젝트'(1959)를 실시하였고 자동차 회사 Ford가 음악교육에 거금을 투자하면서 학교에 젊은 작곡가를 파견하여 당시 어려움을 겪던 현대음악을 교육시키도록 도와주었다. 당시 소련이 미국보다 먼저 인공위성을 쏘아 올린 데 대한 충격과 그 대책으로 수학과 과학 수업시수를 늘리려다 보니 음악 수업에 위기가 생겼고, 이에 탱글우드 심포지엄이 열리게 되었다. '탱글우드 심포지엄(Tanglewood symposium)'(1967)은 미국 사회에서 음악교육의 역할을 논의 및 정의하고 음악수업의 효과를 향상시키기 위해 필요한 사항을 만드는 것이 목표였다. 이에 사회학자, 과학자, 교육자, 기업대표, 음악가 및 음악과 관련된 다양한 사람들이 참여하여, 클래식은 물론 각국의 민속음악, 대중음악과 모든 시대의 양식과 문화가 속한 음악을 교육과정에 반영하여 음악교육의 다양성을 증대시켰다. 또한 1965년 맨해튼빌 음악 교육과정 연구에서는 음악교육에 개념적 접근법, 나선형 교육과정 이론을 적용하였고, 1980년대에는 하워드 가드너의 다중지능 이론에 제시된 음악지능을 포함시켰으며, 1990년에는 국가표준화 운동을 통해 주마다 교육편차가 심했던 음악교육의 성취기준을 표준화하면서 음악교육의 질을 개선하는 등 음악교육 발전을 이끌어 냈다.

유아 음악교육의 목표는 유아의 음악적 소양과 음악 관련 능력 및 다양한 발달 영역의 향상이다. 이를 위해 유아가 능동적으로 참여하여 민감하게 반응 및 표현하고, 또래 유아 및 교사와의 질 높은 상호작용을 하면서 다감각적으로 경험하고 표현하는 과정이 필요하다. 유아 음악교육의 목적은 음악 감상, 노래 부르기, 악기 연주하기, 음악 만들기와 같은 음악활동 그 자체인 '음악하기'이며, 그 목적을 이루는 과정에서 음악성 발달이 이루어진다(Elliott, 1995; 석문주, 최은식, 함희주, 권덕원, 2006). 코메니우스(Comenius), 루소(Rousseau), 페스탈로치(Pestalozzi), 프뢰벨(Fröebel), 몬테소리(Montessori)는 음악교육의 중요성과 함께 음악감상, 노래 부르기, 악기 연주하기, 신체 표현하기 등의 환경을 제공하여 유아가 경험할 수 있어야 한다고 하였다. 또한 달크로즈(E. Jaques-Dalcroze), 코다이(Z. Kodály), 오르프(C. Orff), 고든(E. Gordon)은 모든 유아가 음악을 경험하고 교육받아야 한다고도 하였다. 특히, 고든은 3~5세를 음악성에 중요한 시기로 보고, 9세 이후는 음악 적성이 거의 고정되어 성장하기 어렵다고 하면서 음악교육의 적기적 중요성을 부각시키며 그 필요성을 강조하였다.

또한 유아 음악교육의 이해 영역에는 가락, 고저, 리듬, 박과 박자, 빠르기, 셈여림, 스타일, 아티큘레이션, 음색, 음색의 조합, 장단, 짜임새, 표현의 질, 프레이즈, 형식, 화성 등이 있으며, 유아 음악교육의 활동 영역으로는 게임, 노래 동화, 노래 부르기, 듣기, 듣기 감각 활동, 말 리듬, 비평하기, 소리 만들기, 소리 탐색하기, 손유희, 신체 표현하기, 악기 연주하기, 악보 읽기, 예술적 표현 존중하기, 오스티나토를 통한 활동, 음악 감상하기, 음악개념 활동, 음악 게임, 음악극, 음악 동화, 음악 만들기, 음악 분석하기, 음악에 반응하기, 음악을 이해하기, 음악 이야기, 일상적 음악, 청음학습, 통합적으로 표현하기 등이 있다. 유아 음악교육 프로그램으로는 달크로즈(E. Jaques-Dalcroze, 1865~1950)의 유리드믹스 프로그램(신체 움직임을 통한 리듬 감각 개발), 코다이(Z. Kodály, 1882~1967)의 음악교육 프로그램(민속 음악과 손기호를 활용한 음정 학습), 오르프(C. Orff, 1895~1985)의 음악교육 프로그램(언어, 음악, 신체활동의 통합적 접근-오르프 슐베르크), 고든(E. Gordon, 1927~2015)의 음악교육 프로그램(음악 적성 발달이 중요한 시기인 3~5세를 강조하며, 음감 및 리듬 감각 개발 중시) 등이 있으며, 국내에서 개발 및 보급된(예: 인천문화재단의 지원으로 개발된 '소리탐험대 탐험상자' 등) 다양한 유아 음악교육 프로그램 등이 있다.

유아음악교육은 별도의 교과로 분리되기보다는 조형, 동작, 극활동은 물론 타 영역과 통합하여 이루어지는 것이 바람직하므로 간학문적 접근을 통한 심도 있는 연구들이 필요하다고 보인다. 음악교육 교과내용에 있어서 음고 인지능력, 선율 지각능력, 리듬 감각, 음색 및 화음 등의 구별능력은 음악 외적 요소를 통해 향상시킬 수 있다. 예를 들어, 감상곡을 듣고 그 내용의 그림을 찾아내는 등의 활동은 음악과 도형의 조합을 가능하게 하며, 박과 리듬 등의 구조는 수학은 물론 과학과도 통합적 접근이 가능함을 보여준다. 나아가 음악교육은 감수성과 창의성 발달에 기여할 수 있으며, 유아 음악교육이 유아 발달에 미치는 교육적 의의는 전문적 음악 관련 소양뿐만 아니라 전인적 측면의 발달을 촉진할 수 있다. 그러므로 AI가 상용화되는 시대에 로봇이 대체할 수 없는 영역으로서의 감수성과 창의성 발달에 음악교육이 중요한 역할을 할 수 있을 것이다. 이러한 맥락에서 감성으로 공감하고 소통하는 능력 배양의 필요성에 모두 공감하는 바, 음악교과가 감성기반 인성교육과 어떻게 연계되는지 등의 깊이 있는 연구가 요구된다.

6) 미술

국내 연구에서 유아 미술교육을 다룬 초기 연구들을 살펴보면, 학위논문으로는 서울대학교 교육대학원 석사학위논문인 '아동의 조형활동과 그 지도에 관한 연구(정시화, 1966)'와 이화여자대학교 교육대학원 석사학위논문인 '취학전 아동의 미적 태도 분석(김병숙, 1981)', 중앙대학교 대학원 석사학위논문인 '유치원 미술활동의 지도방법에 관한 연구(정재원, 1982)' 등이 있었으며, 학술지 논문으로는 공주교육대학교 초등연구원 공주교대논총에서 발행한 '미술활동이 유아의 인지 및 사회성 발달에 미치는 영향(이현남, 1987)', 경북전문대학교 경북전문대학 논문집에서 발행한 '4~7세의 자유화에 나타난 표현분석: 영주시, 영풍군 내 거주아동 중심(이민자, 1987)' 등의 연구를 찾아볼 수 있었다.

미술은 '시각으로 파악할 수 있는 건축 · 회화 · 조각 등을 포함하는 예술'이며, 넓은 의미에서는 시각으로 파악할 수 있는 미적 표현 일체이고,

좁은 의미에서는 시각적 미술(visual arts)로 관례상 보통 건축 · 회화 · 조각 · 공예 같은 분야들을 포함한다(교육학용어사전). 미술교육은 주변 환경 및 미술작품이 지닌 아름다움을 느끼며 이를 이해하는 방법, 자신의 생각과 느낌, 경험을 다양한 재료로 표현하는 방법, 다양한 미술작품에 공감하며 소통하는 방법 등을 체득하게 돕는 총체적 교육과정(김성숙, 2007)이다.

근대 이전 미술교육은 처음에는 도제식의 훈련중심 기능교육 위주로 실시되어 오다가 점차 지성적 원리를 함께 교육하였다. 17~18세기에는 실기 위주의 미술교육이 다시 강화되었으며, 18세기 이후 산업혁명과 함께 회화, 조각 등 미술교육 전반에 걸쳐 기능적 측면이 더욱 강조되었다. 1950~1970년대에 이르러 미술의 사회 · 문화적 역할의 중요성이 부각되면서 미술사나 미술작품에 대한 비평적이고 분석적인 측면 등을 미술학습의 내용에 포함시키고자 하는 노력이 있었다. 코메니우스(1592~1670)는 『대교수학』에서 감각은 인식의 첫 단계이며 가장 확실한 도구이므로 모든 사물을 감각으로 파악하여야 한다고 하였으며, 페스탈로치(1746~1827)의 직관주의 교육은 코메니우스의 감각적 교수법을 중심에 두고 모든 교육이 감각적 인지에 기초하여 적절한 감각적 경험을 통해 잠재력을 개발시켜야 한다고 하였다. 듀이(1859~1952)는 교실에서 통합적인 미적 경험의 중요성을 강조하면서 유아가 직관을 통해 탐색하고 작업하는 미술활동이 이성적 사고와 연결되므로 중요한 역할을 한다고 보았다.

20세기 미술은 인본주의 영향으로 제작기능에 국한되지 않고, 교육학, 심리학, 미술교육 분야에서 교육적인 잠재력을 인정받으면서 미술을 통한 전인교육에 많은 관심이 모아졌다. 또한 자유로운 표현과 창의성을 중시하는 창의성중심 미술교육이 이시기에 대두되었다. 1960년대 이후 교육의 질에 대한 관심이 증가하면서, 창의성중심 미술교육이 방임에 가까운 표현중심으로 흐를 수 있다는 비판이 일자, 미술을 학문적으로 구조화하려는 학문중심 미술교육(Discipline-Based Art Education)이 태동하였다. 1980년대 DBAE는 12단계로 되어 있는 유치원 미술교육의 새로운 접근법으로, 미술이 주로 제작이 많고 비평이나 감상은 유아들에게 어렵다고 생각하여 잘 이루어지지 않는다는 점을 지적하면서 유치원 미술교육에 새로운 접근법으로 등장하였다. NAEA(미국미술교육협회)는 유치원부터 12학년까지 수학, 과학 같은 주요 교과를 배우듯 미술을 학습해야 한다고 보고, 미술을 교육과정에 포함시키면서 국가수준 미술교육지침(The National Visual Art Standards)을 발표(1994)하였다. 미술교육지침에는 단계별 미술교육지침 및 학습자 성취기준이 명확히 설정되어 효율적 운영이 가능하였다(손지현, 홍영은, 2011; NAEA, 1994). 1998년 이후 평면활동뿐 아니라 감상활동에 대한 관심도 높아져 3차원 작품을 감상한 연구도 이루어졌으며, 명화를 포함하여 자연물 감상을 주제로 한 연구도 이루어졌다. 2000년대 이후 전통미술에 대한 관심으로 우리나라의 전통미술에 대한 연구도 이루어지는 등 긍정적인 진전이 이루어졌다.

미술교육의 교수-학습 방향은 아동중심의 접근방법에서 점차 총체적 미술 이해에 기초한 구체적인 지도방법인 DBAE(Disipline-Based Art Education)로 변화하였다(Greer, 1984). DBAE(학문중심)는 미술교육이 창조적 제작활동과 더불어 질 높은 감상활동을 미술사, 미술비평, 미학 등의 분야들을 상호 보완하여 연계성을 가지고 통합적으로 실시하도록 하는 것으로, 가능한 수업시간 내 통합적인 실행이 필수적임을 강조하고 있다(이수경, 이주연, 1995). 이러한 DBAE 미술교육은 가정과 지역사회 및 다양한 인적 구성원들과의 관계와 연계를 통해 자연스럽게 CBAE로 연결되었다. CBAE(지역사회중심)는 현대 미술 교육과정의 중요한 측면으로서 지역환경이 미술활동의 중요한 자원이 되며 아동 고유의 미술적 유산과 지역사회의 미술적 유산이 미술 교육과정에서 통합되어 아동들이 많은 전통적 가치를 배우고 미술 자체에 대해 이해하며 미술작품을 만들게 된 경위, 인간 경험의 독특성, 미술작품을 만드는 다양한 방식 등을 미술교육에 활용하는 교수법이다. 이후 아동중심, 학문중심, 지역사회중심 미술교육이 통합된 레지오에밀리아 미술교육이 나타났다.

유아 미술교육 관련 논문 주제를 살펴보면, 미술발달, 미술 교육과정 및 프로그램, 교수-학습 방법, 미술환경재료, 교사 및 부모, 미술평가 등에 관한 연구들이 있다. 1995년부터 유아 미술교육 관련 논문이 증가하였고 2000년 이후에는 급증하였다. 구체적 연구주제 내용은 초기에는 표현중심 그리기 등의 평면적인 활동, 1900년대에는 만들기, 구성하기 등의 입체활동에 관한 연구들이 나왔으며, 1990년대 후반부터 2000년 전반에 이르기까지 입체와 평면자료에 대한 표현활동과 함께 감상활동에 관한 연구들이 이루어졌다. 더하여 DBAE 프로그램, 레지오에밀리아 접근법 등 다양한 접근법에 기초한 프로그램의 개발 연구, 박물관 활동 시 어머니와 함께 참여하는 지역사회중심의 미술교육, 미술평가에 대한 연구 등도 이루어졌으며, 미술교육적 경험의 미적 · 개인적 · 사회적 · 정치적 측면을 탐구하는 질적 연구도 수행되었다.

미술교육의 목표는 유아의 언어, 인지, 신체, 사회, 정서발달과 미술능력 및 기술을 증진하는 것이다. 2019 개정 누리과정에서 미술교육을 예술경험영역에 포함시켰으며, 미술교육의 목표는 예술경험 영역에 제시된 '아름다움과 예술에 관심을 가지고 창의적 표현을 즐긴다'이다. 내용범주로 아름다움 찾아보기, 창의적으로 표현하기, 예술 감상하기의 3가지를 제시하고 있으며, 내용으로는 '유아가 예술적 요소에 관심을 갖고 찾아본다', '다양한 미술재료와 도구로 자신의 생각과 느낌을 표현한다', '다양한 예술을 감상하고 상상하기를 즐긴다', '우리나라 전통 예술에 관심을 갖고 친숙해진다'를 제시하고 있다.

유아미술교육에서 다루어야 할 3가지 부분으로 미술창작하기, 감상과 토론하기, 일상생활에서 미술 인식하고 체험하기를 제시하고 있지만, 실제

교육현장에서는 창작활동을 제외한 감상과 토론을 통한 비평활동, 일상생활에서 미술 감상하기는 활발하게 이루어지지 않고 있는 실정이다. 서울교대 미술교육 연구회(2010)는 유아미술교육은 유아가 미술을 이해하고 감상하여 표현하도록 하기 위한 교육이면서, 유아의 삶 속에서 미술을 발견하고 적용하여 주변 환경을 미적으로 개선하는 태도를 갖게 하는 것이라고 하였다. 미국의 교육학자인 아더 웨슬리 도우(Dow, A. Wesely, 1857~1922)는 미술교육 개선을 위한 모임에서, 미술교육은 모든 어린이에게 민주 시민의 자질을 기르고, 전인적 발달을 도모하기 위해 가르쳐야 하며, 전통적 권유와 '교사중심'의 수동적이고 도구적인 교육 방법에서 벗어나 어린이의 흥미와 경험을 존중하며 지도해야 한다고 하였다. 그러므로 유아미술교육의 발전을 위해 유아의 흥미에 부합되면서 일상생활 경험 및 유아 교육과정의 통합교육, 미술을 이해하고 미적 가치와 태도를 길러줄 수 있는 총체적인 미술교육, 인적 · 문화적 자원과 연계한 미술교육, 다양한 매체를 활용하고 탐색하는 연구 등이 보다 활발히 이루어질 필요가 있다. 뿐만 아니라 미술과 문화 · 사회 간의 통합적인 접근을 비롯하여 미술과 다른 예술 분야 및 타 교과와의 통합적 접근에 대한 연구결과를 도출해 보는 노력도 요구된다.

7) 수학

국내 연구에서 유아 수학교육을 다룬 초기 연구들을 살펴보면, 학위논문으로는 이화여자대학교 대학원 교육학과 논문인 '유아의 도형의식 발달에 관한 일 연구(윤혜선, 1985), 이화여자대학교 교육대학원 논문인 '유치원과 국민학교 1학년 수학교육 과정의 연계성에 관한 연구(이성혜, 1985), 중앙대학교 교육대학원 석사학위논문인 '유치원과 국민학교 1학년 수학 프로그램의 연계성에 관한 연구: 과제분석을 중심으로(유흥옥, 1985) 등이 있었으며, 학술지 논문으로는 덕성여자대학교 덕성여대논문집에서 발행한 'Froebel과

Montessori의 유아 수학교육론의 비교(이영자, 1979'), 대구교육대학교 과학교육연구소 과학 · 수학교육연구에서 발행한 '유아들의 수개념발달에 관한 연구(신택균, 1979), 부산교육대학 부산교육대학 논문집에서 발행한 '유치원 교육 과정의 수업 목표의 세분화와 교재화: 논리 · 수학적 사고의 영역(박재규, 1979) 등의 연구를 찾아볼 수 있었다.

수학(數學)은 수와 양 및 공간의 성질에 관하여 연구하는 학문이다. 기본적인 학문적 수학은 산술, 대수학, 기하학, 해석학, 통계학 등을 말한다. 수학교육은 수학에 관한 교육 활동을 말하며, 수학과 관련된 이론, 실천, 역사 등을 배우는 것이다. 수학과교육(數學科敎育)은 수량에 관한 능력 신장과 이를 실생활에 적용하는 능력을 키우는 데 목적을 두고 있으며, '초등학교 수준의 산수과 교육, 중 · 고등학교 수준의 수학교육, 대학 수준의 전문적 수학교육을 통틀어 말하는 교육'이다(교육학용어사전).

수학의 역사가 고대 그리스시대부터이므로 수학교육도 같다고 이해될 수 있을 것이다. 고대 그리스, 로마, 이집트 등에서는 당시 석공, 상인, 대금업과 같은 직업 등이 있었으며, 직업을 위해 산술과 기하학을 습득하여야 했다. 다른 수많은 고대 문명들 역시 산술과 기하학이 기반이 되었다. 당시 교육의 대상은 부유층 남자로 제한되었으며, 특히 르네상스시대 수학은 무역 등 경제 활동에서 중시될 뿐, 17세기까지도 대학에서만 배울 수 있어 학문적 위상이 높지 않았다. 그러나 18세기 산업혁명으로 유럽의 인구가 급증하고 생활환경이 변화되면서 돈 계산, 시간 파악 등의 간단한 연산능력이 필수적인 능력으로 자리 잡으면서 수학의 중요성이 커졌다.

한편, '지구촌(the global village)'이라는 용어를 처음 사용한 것으로 유명한 허버트 마셜 매클루언(Herbert Marshall McLuhan, 1911~1980)은 수학교육이 지식 주입형에서 문제 해결형으로 변화되었다고 하였다. 당시 새로 도입된 학교교육제도 중 수학이 교과과정의 핵심 교과가 되었으며, 이러한 흐름은 20세기까지 모든 선진국에서 이루어졌다. 수학교육의 전통적인 접근법은 점진적이고 체계적으로 산술, 유클리드 기하학, 기초 대수학을 교육하는 것이었다. 그러나 수학교육은 시기와 문화 혹은 나라에 따라 다양한 목표를 추구하며 발전하였다. 1990년대 미국과학재단의 융합교육정책인 STEM(Science, Technology, Engineering, Math) 즉, 통합된 형태의 수학이 대표적인 예이다.

1950년대에 들어서 피아제의 초기 관찰들과 함께 유아의 기하학적 이해 발달을 밝히고자 하는 연구들이 시작되었다. 우리나라는 1962년 '한국수학교육학회'가 설립되면서 학교 수학교육을 위한 연구와 발표의 장이 마련되었다. 우리나라 유아의 수능력 발달 관련 연구를 살펴보면, 1980년대 중반 수 보존개념에 관한 연구들이 많이 이루어졌으며, 1980년 후반과 1990년 초반에 유아 수세기 능력에 관한 연구들이, 1990년대 초반 이후부터 더하기와 빼기 중심의 문제 해결 능력 및 전략에 관한 연구들이 시작되었다. 1995년 이후에는 다양한 주제의 연구들이 보다 활발히 진행되었으며, 2000년대 들어서는 수표상능력, 비형식적 수지식, 분수의 기초개념 등 다양한 주제로 연구가 실시되었다.

이러한 연구를 통해 대부분의 영유아들이(신생아부터 걸음마기) 물체의 수량화, 수량적 관계, 산술적 관계 이해 등의 기초 수학적 능력을 가지고 있음을 알게 되었다. 또한 영아는 2~3개의 물체를 세지 않고 바로 인식하는 즉지가 가능한데, NAEYC와 NCTM(2002)이 제시한 것과 같이 수를 위한 지각적 기초로서 유아의 수 학습에 좋은 출발점이 된다. 나아가 양에 대한 민감함을 갖고 태어난 영아들은 주변의 물리・사회적 환경과의 접촉을 통해 점차 수학적 사고방법인 수단어, 수세기, 더하기와 빼기 등의 능력을 획득(홍혜경, 2020)하게 된다.

유아의 수학적 능력으로 수능력, 공간능력, 기하능력, 측정능력, 분류 및 서열능력 등의 능력이 있다. 이러한 유아의 수능력 발달은 사회 문화적인 요인에 영향을 받는다. 예를 들어, 규칙적인 수단어 구성체계를 사용하는 중국유아들이 불규칙적인 수 단어 구성체계를 사용하는 미국의 유아들보다 수세기 능력, 산술 계산능력에서 앞선다는 연구결과(Fuson, 1990) 등은 유아의 수능력 발달이 수단어 체계의 규칙성 즉, 각기 다른 수 체계를 사용하는 환경과의 상호작용에 영향을 받고 있음을 보여준다. 또한 비형식적 더하기와 빼기 능력은 덧셈 상황에서 '전부 세기', '손가락 세기', '정신적 수세기 책략(첫째 수의 다음부터 세는 계속 세기, 두 수 중 큰 수 다음부터 세는 계속 세기)' 등을 사용하며, 뺄셈 상황은 덜어내는 전략, 더해 가는 책략, 피감수부터 감수까지 거꾸로 세어가는 전략 등을 보인다. 비형식적 곱하기와 나누기 능력은 유아들의 학습내용 영역으로 인식되고 있지 않았으나, 실제 유아들은 수세기 전략인 묶어 세기 전략, 반복적으로 덜어내는 전략, 덤핑전략, 중복전략 등을 사용하여 해결하기도 한다.

또한 공간능력에 대해 가드너는 '공간지능'이라는 용어를 사용하여, 공간에 대한 정신적인 상(image)을 구성 · 표상 · 변형 및 조작하고 이에 대한 공간적 추론을 수행할 수 있는 인지능력이라 하였다. 이때 사용되는 자기중심적 표상은 자기 자신과 관련지어 위치를 이해하는 것인데, 6개월 영아도 제시된 과제에 적절한 방향으로 갈 수 있게 한다. 구체적으로 주위 환경에 있는 다른 물체와 관련지어 나타내는 '지표물 중심적 표상', 지도의 활용처럼 객관적인 참조의 추상적 체계와 관련지어 나타내는 '타인 중심적 표상'으로 나누어 볼 수 있다. 그리고 기하능력에 관해 살펴보면, 어린 유아들도 나름대로 기하학적 도형에 대한 지식을 갖고 있으며, 위상학적 관계(안/밖, 열림/닫힘, 근접/분리 등)에서 유클리드 기하 개념(거리, 크기, 각도, 평행 등) 순으로 발달한다. 또한 측정능력은 '길이, 무게, 부피, 시간 등의 연속적인 물체의 속성을 다룰 때 분리된 양으로 만들어 수를 부여하여 양을 다루는 방법'이다. 아울러 피아제는 6세경 수의 보존개념을 가장 먼저 습득하고 8세경

부피의 보존개념을 이해하며 10세 이후 무게의 보존개념을 획득하게 된다고 하였으며(DeHarf, Sroufe, & Cooper, 2000), 시간개념은 경험적 시간에 기초한 논리적 시간의 이해로 발달한다고 하였다(Siegler, 1998). 분류 및 서열 능력은 피아제 이론에 기초한 유아 수학교육의 핵심이 되는 논리적 사고능력으로, 유아의 분류기준은 색, 모양, 크기 순으로 우선분류하며, 단순분류는 3세아도 가능하나 복합분류는 5, 6세에서 낮은 수준으로 가능한 것으로 보았다.

유아 수학교육은 '유아의 발달 수준을 고려하여 수학의 기초원리와 개념을 학습하도록 돕고, 수학적 기능을 통해 문제를 해결해 나가도록 배려하며 권장하는 환경을 구성하는 일'이다(권영례, 1997). 수학교육의 목적은 단순히 유아들에게 수학적 사실과 기술을 습득하게 하는 데 중점을 두기보다는 수학의 가치를 이해하고 수학적 문제해결 능력을 강조하는 수학적 소양 증진에 초점을 둔다. 또한 구성주의적 관점에서 유아들의 발달에 적합한 수학교육이 강조됨에 따라 유아의 인지적 능력, 문화적 배경, 사전 경험 및 학습유형의 차이 등에 따른 다양한 요구에 부응할 수 있는 교수-학습 방법의 필요성이 제기되고 있다.

2019 개정 누리과정에서 유아 수학교육 내용은 자연탐구영역의 '생활 속에서 탐구하기'에서 제시하고 있으며, 물체의 특성과 변화를 여러 가지 방법으로 탐색하며, 물체를 세어 수량을 알아보고, 물체의 위치와 방향, 모양을 알고 구별하면서, 일상에서 길이, 무게 등의 속성을 비교하는 내용을 포함하고 있다.

유아 수학교과 관련 연구는 유아가 지닌 수학적 능력 수, 공간 및 기하, 측정 등 다양한 분야에서 유아가 지닌 능력들을 연구해 오고 있으나 수에 대한 기본개념과 인식의 질적 영역에 대한 연구 역시 활발히 이루어질 필요가 있다. 유아의 단순한 수능력보다는 수를 이해하고 다루어가는 과정적 측면에 초점을 두는 접근이 요구된다.

8) 체육

국내 연구에서 유아 체육교육을 다룬 초기 연구들을 살펴보면, 학위논문으로는 '운동능력 발달에 관계되는 유치원 실외 유구(遊具, play materials)에 관한 일연구(이정환, 1968)', '유아를 위한 모자체조의 구성연구(정봉순, 1972)' 등이 있었으며, 학술지논문으로는 대구대학교의 전신인 한국사회사업대학 특수교육연구소에서 발행한 '지체부자유아의 체육지도에 관한 고찰(최성근, 1967)', 이화여자대학교 체육학과 체육연구에서 발행한 '놀이의 교육적 가치(김상미, 1978)' 등의 연구를 찾아볼 수 있었다.

체육(體育)은 '인간이 신체적 활동을 통하여 근육을 단련하고 사회가 요구하는 완성된 인격을 만들려는 교육이며 신체운동'을 말한다. 용어에 교육이라는 의미를 내포하고 있으며, 지(知)·정(情)·의(意) 및 신체 각 측면의 조화를 통한 참된 인간을 형성하는 것을 목적으로 한다(한국민족문화대백과, 한국학중앙연구원). 또한 체력이란 '생존의 기초가 되는 신체적 능력이며, 가장 효율적으로 신체를 활용할 수 있는 능력'을 말한다. 세계보건기구(1967)는 체력을 주어진 상태에서 근육 운동이 요구되는 작업을 만족스럽게 수행하는 데 필요한 능력이라고 정의하였다. 유아의 기초체력은 유아들이 생활 전반을 살아가는 데 기반이 되는 신체적 능력으로 정의한다. 즉, 유아의 기초체력은 '일상생활에서 유아가 환경의 변화에 대하여 자신의 건강을 유지하기 위해 신체적·정신적 스트레스에 견디는 능력의 총화로서 생활 전반의 기반이 되는 신체적 능력'이라고 볼 수 있다(서울대학교 체육연구소, 1991). 기초체력의 구성요소로는 근력, 근지구력, 심폐지구력, 유연성, 평형성, 속도, 순발력, 민첩성, 협응력 등이 있다. 또한 유아 체육교육이란 '유아들이 스스로의 흥미와 관심에 따라서 각종 운동 내용들의 특성을 설정하여 유아의 교육계획에 따라 활동함으로써 운동놀이로서의 기능을 발휘하고자 하는 것을 말하며, 놀이를 중심으로 하는 유아들의 모든 신체활동을 포함'하는 교육이다(이광욱, 2006).

우리나라의 유아 체육 관련 역사를 살펴보면, 1970년대 우리나라에 라반(Laban)의 '움직임교육(movement education)'이 소개되었는데, 획일적인 동작을 요구하는 교사중심적인 율동교육에 반대하며 아동 스스로 움직임을 이해하고 발견하는 아동중심 교수법을 강조한 교육이었다. 이 무렵 서울 YMCA가 아기스포츠단을 창단(1976)하였으며, 1980년대에는 미국에서 수동적으로 배워온 신체활동에 대한 반성으로 유아의 요구와 발달적 특징을 고려한 발달적 체육교육이 대두되었다. 발달적 체육교육의 목적은 움직이는 것을 학습하는 것으로 움직임과 체력을 향상시키며, 움직임을 통해 인지적이고 정의적인 학습을 하는 것이다.

한편, 미국체육교육협회(NASPE)와 미국유아교육협회(NAEYC)에서 아동의 연령과 개인의 적합성을 강조한 '발달에 적합한 유아 체육교육의 실제(1990년대)'를 개발하였다(Graham, 1992). 우리나라는 제5차 유치원 교육과정(1992)에서 유아의 신체활동에 관한 중요성을 강조하였으며, 경제적 성장과 생활수준이 향상함에 따라 유아들의 체력을 보완하고자 문화체육부에서 '취학 전 아동의 체격 및 체력 육성을 위한 체육 놀이 프로그램 개발'에 관한 연구서도 발간(1995)하였다. 또한 한국어린이육영회에서 '유아를 위한 신체활동의 바람직한 방향'이라는 주제의 워크숍(1998)을 열어 전국의 유아교육기관에 전파하였다. 이듬해 한국유아체육학회가 창립(1999)되면서 유아 체육에 관한 학술적 연구 활동이 체계적으로 이루어지게 되었다. 또한 대한체육회(2018)는 생애주기별 체육활동을 지원하고 유아 체육 활성화와 기초체력 향상을 위한 일환으로 전국 국공립 어린이집과 유치원 유아를 대상으로 유아 체육 활동 지원사업을 실시하였다. 정부는 「국민건강증진법」 일부 개정법률안을 공포(2019)하면서 법적 근거를 마련하여 신체활동 장려사업을 추진하였으며, 보건복지부와 한국건강증진개발원은 성장기 아이들의 활동 습관 형성 및 기초체력 향상을 위한 프로그램 제공(2020) 등의 노력을 기울였다.

우리나라 유아 교육과정에서는 유아체육교육을 5개 영역 중 '건강생활'과 '표현생활' 영역에서 다루고 있다. 제1차 교육과정부터 제5차 교육과정까지 '건강생활'과 '신체발달' 영역에서 주로 기초적 운동능력, 지각운동능력 배양을 목표로 하여 지각운동, 초보적 운동능력, 감각운동과 신체조절 등을 제시하였다. 제6차 교육과정은 건강생활영역과 표현생활영역 각각에서 기존과 비슷하게 감각 및 신체 인식, 기본운동능력, 안전, 동작의 탐색, 표현, 감상으로 구성하였으나 건강생활영역에서는 기초체력을 강조하고, 표현생활영역에서는 창의적 표현을 중시하였다. 또한 우리나라 유아 체육교육의 움직임 학습은 건강생활영역에서, 움직임을 통한 학습은 표현생활영역에서 다루고 있다.

유아 체육교육 분야 연구내용으로는 교육실태 및 발전 방향 연구(프로그램에 대한 교사의 인식, 유아 체육의 발전에 관한 연구 등), 체격(시대별, 지역별, 나이별 체격과 체력을 측정, 신장, 체중, 흉위, 좌고, 두위 등의 변인 측정 등)과 체력(순발력, 속력, 근지구력, 민첩성, 유연성, 평형성 등)에 관한 현황조사 연구, 신체활동의 효과(체격 발달, 운동능력 발달, 사회성 발달에 미치는 영향 등)에 대한 연구, 정서발달(만족감, 행복감, 정서의 순화 및 즐거움 등)에 미치는 영향, 인지발달에 미치는 영향, 창의성 발달에 미치는 영향(유아중심의 동작교육, 통합적 동작활동 프로그램과 표현능력 및 창의성 발달 등), 요인분석 연구(체격, 체력, 운동능력에 영향을 미치는 환경적 요소 등), 유아 체육 프로그램에 관한 연구(통합적 운동 프로그램, 놀이중심의 프로그램, 교사가 사용하기 쉬운 프로그램, 동화나 다른 활동을 이용한 프로그램 등), 특수유아(특수아의 언어, 인지, 지각, 사회성, 운동능력 등) 등이 있다.

한편, 유아 체육교육의 기본동작 요소에는 자기 몸을 둘러싸고 있는 개인 공간과 신체가 도달할 수 있는 주변 영역인 일반 공간, 동작의 속도를 포함한 시간, 신체의 움직임에 있어 위치 변화와 평형 상태를 유지할 때 필요한 근육의 수축 정도를 말하는 힘, 움직임의 계속성을 말하는 흐름이 있다. 또한 유아 체육 활동은 대도구 활동, 소도구 활동, 육상운동, 레크리에이션(게임), 율동체조로 나누어 볼 수 있으며(전인옥, 이현균, 2001), 유아기 기본운동 유형은 비이동운동(뻗기, 구부리기, 회전하기, 흔들기, 앉기, 구르기, 균형잡기, 재빨리 피하기), 이동운동(걷기, 달리기, 뛰기, 홉핑, 말뛰기, 미끄러지기, 뛰어넘기, 오르기), 조작적 운동(공 굴리기, 던지기, 차기, 치기, 공 받기, 공 멈추기)으로 나뉜다. 이들을 활용한 유아 체육 프로그램 종류로는 유아 기본신체놀이, 유아 스포츠율동, 유아 도구체육놀이, 유아 스포츠게임, 유아 민속놀이, 유아 계절환경체육놀이, 유아 통합교육체육놀이(정인태, 2002) 등이 있다.

2019 개정 누리과정의 신체운동 · 건강영역 중 체육교육에 해당되는 목표는 실내외에서 신체활동을 즐기고, 건강하고 안전한 생활을 하기 위해 신체활동에 즐겁게 참여하는 것이다. 이를 위한 내용범주로 신체활동 즐기기, 내용으로는 '신체를 인식하고 움직인다', '신체 움직임을 조절한다', '기초적인 이동운동, 제자리 운동, 도구를 이용한 운동을 한다', '실내외 신체활동에 자발적으로 참여한다'로 구성되어 있다. 유아 신체활동교육은 '동작 또는 움직임'과 '체육'에 기초한 접근방법으로 이루어져 왔으므로, 동작교육, 신체활동, 움직임교육, 신체표현활동, 유아 체육, 유아 놀이체육, 유아 체육활동, 유아 무용 등의 다양한 용어로 사용되어 왔다. 그러나 유아 신체활동시 손유희, 율동이 중시되는 재롱잔치 중심의 유아 무용적 접근이 주를 이루어왔으므로, 창의적인 신체활동이 보다 요구된다. 뿐만 아니라 유아가 일상생활 전반을 살아가는 데 기반이 되는 신체 및 각 측면의 체육교육이 되도록 유아의 발달과 흥미를 존중하는 기반 아래 체육교육의 내용체계를 포함하는 통합적 교육 프로그램에 대한 심도 있는 연구가 이루어질 필요가 있다. 발달적 특성을 고려한 움직임 접근법에 대한 연구는 물론 학령기 교육과의 연계를 고려한 내용체계 연구 및 변화하는 사회에서 다양한 기구와 새로운 매체를 활용하고 적용해 보는 연구도 요구된다.

9) 멀티미디어

국내 연구에서 유아 멀티미디어라는 용어를 사용한 초기 연구들을 살펴보면, 학위논문으로는 성균관대학교 교육대학원 석사학위논문인 '시청각 교수매체와 멀티미디어 교수매체의 영어조기교육 효과연구(변숙영, 1996)' 등이 있었으며, 학술지 논문으로는 한국열린유아교육학회에서 발행한 '하이퍼미디어, 자극물짝짓기, 멀티미디어 기법이 유아의 문자학습에 미치는 효과(유구종, 1996)' 등의 연구를 찾아볼 수 있었다. 또한 유아 컴퓨터교육을 다룬 초기 학위논문으로 이화여자대학교 교육대학원 석사학위논문인 '유치원의 컴퓨터 교육에 관한 현황 분석(김형숙, 1987)'과 중앙대학교 대학원 석사학위논문인 '유아의 수학습을 위한 마이크로 컴퓨터의 효과(박정숙, 1987)' 등의 연구를 찾아볼 수 있었으며, 학술지 논문으로는 부산유아교육학회 교육논총에서 발행한 '유아교육용 컴퓨터 소프트웨어의 평가준거 개발을 위한 조사연구(황해익, 이경화, 1992)', 인제대학교 인제논총에서 발행한 '유아교육에서의 컴퓨터: 교사들의 유아 컴퓨터 활동에 대한 인식(전례화, 1992)' 등의 연구를 찾아볼 수 있었다.

멀티미디어 교육은 교수목적을 달성하기 위하여 멀티미디어를 활용하여 교육하는 것이다. 멀티미디어(multimedia)의 어원은 'multi(다중)'라는 의미와 'media(매체)'라는 의미로서, 글자(text) · 그림(photo image & graphic) · 도표(chart & table) · 목소리(voice) · 음향(sound effect & music) · 애니메이션 · 동영상(video) 등을 디지털화시킨 복합 구성매체라고 할 수 있다. 다시 말해, 멀티미디어는 컴퓨터라는 의미를 내포하고 있으며, 컴퓨터를 이용해서 모든 시청각 정보를 통합 · 조정하는 새로운 개념이다. 컴퓨터는 '계산하다'라는 뜻을 가진 라틴어인 'computare'에서 유래한 단어로, 전자 회로를 이용한 고속의 자동 계산기, 숫자 계산, 자동 제어, 데이터 처리, 사무 관리, 언어나 영상 정보 처리 등에 광범위하게 이용되는 기기이다. 처음 컴퓨터는 텍스트 중심으로 비디오, 음향 등이 적절히 지원되지 않았으나, 멀티미디어 컴퓨터는 텍스트, 음향, 그래픽, 비디오 등을 활용하여 현실에 가까운 정보 전달이 가능해짐에 따라 정보 전달의 범위가 확장되는 특징을 갖게 되었다. 디지털 정보시대의 컴퓨터는 숫자 데이터와 문자 데이터를 처리하였지만, 멀티미디어 시대에서는 숫자, 문자, 시청각 데이터를 처리하며 통신망과 결합하는 등 한 단계 더 도약한 것이다.

근대적인 의미의 컴퓨터는 19세기부터 고안되기 시작했으며, 인류의 삶을 바꾼 위대한 기계라고 불렸고, 20세기 중반 디지털 데이터의 입력과 출력, 그리고 연산 및 저장 방식에 대한 원리가 확립되면서 비로소 오늘날의 컴퓨터를 의미하게 되었다. 1822년에 영국의 찰스 배비지(Charles Babbage, 1792~1871)가 기계식 디지털 계산기인 '차분기관'을 발표했고, 1939년 존 아타나소프(1903~1995)와 클리포드 베리(1918~1963)는 '아타나소프 베리 컴퓨터'라는 세계 최초의 완전한 전자식 컴퓨터를 발표했다. 1944년 영국 체신청의 기술자인 토미 플라워스(1905~1998)가 '콜로서스'라는 전자식 컴퓨터를 개발하였으며, 이는 2차 세계대전 중에 독일군의 암호를 해독하는 작업에 주로 쓰이는 등 많은 성과를 올려 세계 최초의 '실용화된' 컴퓨터로 분류된다. 1946년 존 에커트(1919~1995)와 존 모클리(1907~1980)가 이전 컴퓨터보다 1,000배 이상 높은 성능의 컴퓨터인 '에니악(Electronic Numerical Integrator and Calculator; ENIAC)'을 발표했으며, 1977년, 미국의 애플사에서 소형 컴퓨터 '애플 II'를 출시하며 컴퓨터의 대중화가 시작되었다.

1960년대부터 컴퓨터를 교육적 연구에 활용하기 시작하였는데, 일리노이대학에서 개발한 PLATO 프로젝트가 대표적이다. 1972년 미니 컴퓨터로 통제되고 마이크로 컴퓨터를 이용하는 CAI(학습관리 시스템: Computer Assisted Instruction)체제가 개발되었으며, 1990년대에는 문자중심이 아닌 하이퍼미디어, 멀티미디어 형태의 학습용 프로그램이 개발되었다. 1980년 초 미국에서 컴퓨터가 유아교육 현장에 소개되면서 유아의 컴퓨터 사용에 대한 논란도 대두되었다.

우리나라의 컴퓨터 교육은 1970년대 초에 전산교육 또는 컴퓨터 교육이라는 이름으로 출발하였다. 이후 한국교육개발원이 컴퓨터를 매개로 하여 컴퓨터 교육을 실시(1983)하였으며, 유아, 초·중·고등학생을 대상으로 기본적인 지식, 태도, 기능 등을 길러 주는 것을 목적으로 하였다. 본격적인 교육정보화는 1980년대 후반 교육개혁심의회의 정보화 사회 대응을 위한 제5차 교육과정부터 컴퓨터 교육 강화 정책으로 컴퓨터가 교육과정에 본격적으로 도입되었으며, 초등학교의 실과교과에 컴퓨터 교육이 도입되었다. 1980년대 유아교육에 컴퓨터를 도입해야 되는지 찬반에 대한 연구가 주류를 이루었으나, 1990년대에 들어서는 컴퓨터를 유아 교실과 교육과정에 성공적으로 통합하기 위한 적절한 소프트웨어의 선정과 활용에 대한 연구가 활발히 이루어졌다.

유아를 위한 컴퓨터 교육은 컴퓨터에 관한 교육과 유아용 소프트웨어를 이용한 컴퓨터를 통한 교육으로 나눠볼 수 있다. NAEYC가 제시한 0~8세 사이의 유아 발달에 적합한 실제에 관한 지침서에서 각 연령의 발달 수준에 적합한 실물적 대상을 조작할 수 있는 활동은 유아의 발달에 유익하다고 하였다(Bredekamp, 1987). 또한 1995년에는 유치원교사를 위한 컴퓨터 지도자료 「컴퓨터 교육 자료」가 제작 및 배포되고, 「교원정보화 연수 활성화 계획」이 발표되면서 전 교원에게 컴퓨터 활용이 필수적인 요소로 자리 잡게 되었다.

또한 컴퓨터가 교육에 활용되는 개념 중 하나인 CAI(Computer-assisted instruction)는 컴퓨터가 교사를 대신하여 교수-학습용 프로그램인 코스웨어를 통해 학습내용을 제시하고, 학습과정을 상호 작용적으로 지도 및 통제하며 학습결과를 평가하는 것이다. 그에 따라 학습자 개별 수준과 속도에 맞추어 학습을 진행할 수 있도록 해준다. CMI(Computer-managed instruction)는 컴퓨터가 직접 수업매체로 사용되지는 않으나 학습자에 관한 데이터 수집 처리와 수업 관련 정보나 자료의 기록 · 분석 · 종합 · 평가를 통해 교사를 지원하는 역할을 한다. 이 외에도 CMC(Computer-mediated communication)는 시공간을 초월하여 다른 사람과 공유할 수 있어 개별학습과 협동학습의 활성화를 도모하고 원격교육의 발전을 촉진하였다.

우리나라 유아 컴퓨터 교육 관련 논문은 컴퓨터 교육의 운영 실태(유치원의 컴퓨터 활동 현황, 인터넷 활용교육의 현황 및 문제점, 유아교실에서 ICT의 역할과 활용방향에 대한 고찰 등)와 활용방안을 주제로 1993년부터 이루어졌으며, 유아 발달(표상력 발달, 인지발달, 자기 통제력, 시각정보처리능력, 지능 및 문제행동, 공간기술과 단기기억, 미술, 창의력, 신체 개념 등)과 컴퓨터 활동의 효과 등이 1991년부터 연구되었다. 컴퓨터 환경 조성, 교사의 교육 문제, 컴퓨터 소프트웨어(발달에 적합한 유아교육용 소프트웨어의 개발, DB체계 개발, 멀티미디어 프로그램 개발과 운영 등) 연구는 1996년부터 증가 추세를 보이고 있으며, 인터넷 사용 관련 연구, 유아 컴퓨터 교육에 대한 교사교육과 부모교육(교사연수 프로그램 개발, 교사 자료형 웹 사이트 평가, 웹 토론방에서 유아교사의 상호작용 분석 및 반성적 사고 등)도 1996년부터 연구가 이루어지고 있다.

한편, 컴퓨터와 통신기술의 발달을 적용한 상호작용 비디오시스템이나 웹 기반에서의 하이퍼미디어, 사이버 현실과 화상(畵像)강의 등은 멀티미디어라는 명칭으로 컴퓨터의 다른 형상들을 보여준다. 4차 산업혁명시대는 과학기술 간의 경계, 현실의 경계, 기계와 생명의 경계가 없어지는 시대로, 혁명적인 속도로 변화하는 중이다. 이에 발맞추어 싱가포르 정보통신개발청(Infocomm Development Authority; IDA)은 2014년 4월, 코딩 교육 전파 계획을 세웠다. CODE@SG는 다양한 기관과 협업하여 어렸을 적부터 아이들에게 코딩을 가르쳐 컴퓨팅적 사고력을 기르도록 돕고, 코딩에 대한 관심을 유발시켜 향후 기술 및 소프트웨어 전문가로 성장할 수 있는 기반 마련을 목표로 하고 있다. 우리나라는 21세기 교육현장에 정보통신 기술과 유비쿼터스 사회를 도입하였으며, 2005년 10월 국민로봇사업, 2007년 4월 '2기 국민로봇사업', 2007년에는 'URC(Ubiquitous Robotic Companion)로봇 시범사업'을 시작하였다. 정부는 IT 신성장 동력으로 지능형 로봇 사업을 본격화하였으며, 2009년 교육과학기술부는 유아교육선진화 방안으로 교사보조로봇 등의 미래 지향적 교육과정 운영을 추진하였다. 이를 통해 교육용 로봇의 활용을 적극적으로 진행한 바, 한국과학기술연구원 로봇기반교육 추진지원단에서 선정한 유진로봇의 '아이로비 Q', 다사로봇의 '제니보'를 활용하여 교사를 보조하여 유아와 상호작용하도록 하였다.

최근 멀티미디어 도구는 더욱 다양화되었으며, 그중 AI기술을 활용한 콘텐츠는 학습자의 개별적 필요에 맞춘 맞춤형 교육을 제공하는 방향으로 확장되고 있다. 인공지능(Artificial Intelligence; AI)이라는 용어는 뉴 햄프셔 다트머스 대학의 존 맥카시(John McCarthy, 1927~2011)가 1955년 처음 사용하였으며, 다트머스 콘퍼런스(1956)에서는 인공지능연구에 대해 정의하였다. AI는 사람처럼 생각하고 행동하며 스스로 학습하는 방식이므로, 인간이 프로그래밍을 만들어주지 않아도 스스로 학습 및 발전할 수 있는 획기적인 기기이다. 이러한 AI는 이미 유아교육 현장에 사용되어지고 있으며, 관련 연구로 AI 스피커를 활용한 유아 놀이탐색과 유아 간 상호작용 분석, 언어능력 향상, AI 활용에 대한 유아교사 인식 및 유아 대상 AI 활용 학습콘텐츠에 관한 부모 인식 등 다양한 연구가 2020년부터 이루어지고 있다.

우리나라 교육부는 2020년 코로나 이후 미래교육 전환을 위한 10대 정책과제를 통해 미래형 유치원 교육과정 도입과제를 제시하였다. 유아는 자신을 둘러싼 영상, 색채, 소리 등의 환경 안에서 생활하고 다양한 감각을 통해 즐겨 배운다. 이러한 이유로 멀티미디어는 실제와 가장 유사한 환경 속에서 디지털화, 영상화, 쌍방향성, 상호작용성 등의 특징을 가지고 유아에게 다양한 감각자극을 동시에 제공할 수 있다. 4차 산업혁명시대 속에서 살아가는 유아는 '디지털네이티브'로 불리며, 그들에게 멀티미디어를 통한 다양한 경험은 특별한 일이 아닌 평범한 일상이다. 그러므로 멀티미디어의 적용 여부를 고민하기보다는 오히려 어떻게 반영하여야 할지 고민하는 것이 타당할 것이다. 이를 위해 유아의 발달에 적절한 멀티미디어를 여러 교과에 접목하는 시도가 필요할 것이며, 성공적인 유아용 소프트웨어의 적극적인 개발과 적용이 중요할 것이다. 더불어 교육과정 속에서 개별화된 인지적 발달을 도모하는 멀티미디어 기반 학습에 대한 정책연구들 역시 필요할 것이다. 그러나 물리적으로 풍부한 디지털매체가 준비된 환경이라도 올바른 디지털 역량을 기를 수 있도록 돕는 교사의 지원이 필요하다. 미디어의 역기능은 분명 존재하며, 인간중심의 사회를 위협하고 인간의 본래적 가치를 침해함으로써 개인은 물론 국가의 안전을 위협할 수 있다. 디지털 네이티브는 디지털 기술에 익숙하다는 의미이며, 디지털 역량인 비판적으로 사고하는 능력, 디지털 윤리와 시민성 및 개인보호 등의 의식을 가지고 태어난다는 의미는 아니다. 그러므로 유아 멀티미디어 과몰입 예방교육, 유아 정보윤리 교육 프로그램, 유아 인터넷 중독 예방 등의 교육을 다루는 연구와 이를 현장에 적용하는 다양한 시도들이 병행되어야 할 것이다.

3. 교과통합 연구의 과제

'통합(統合)'이란 둘 이상의 조직이나 기구 따위를 하나로 합치는 것이며, 다학문적 통합, 유아교육과 보육의 통합, 장애아 통합, 특수 통합 등 다양한 상황에서 사용된다. 데이터베이스 분야에서 통합은 새로운 시스템을 개발할 때 기존의 프로그램이 데이터베이스관리시스템에 적합하도록 변환하고 연계시키는 것이며, 뇌생리학에서 통합은 체내 다수의 감각수용기에서 입력된 정보를 적합한 신경경로로 출력·전달함으로써 생체활동의 전체성과 통일성을 나타내도록 하는 중추신경계의 기능을 말한다. 유아기는 전조작기(preoperational period), 자기중심적 사고로 대변되는 발달시기이므로 분과된 지식을 받아들여 내면적으로 통합하기 어렵다. 따라서 유아 발달을 고려할 때 교과통합은 학문적 체계로 분리 및 독립되어 있는 학문들을 상호 연관지어 유아에게 의미 있는 교육과정을 제공하는 것이므로 필수적이라 하겠다.

유아교육은 국가 유치원 교육과정 제정 이전부터 교과통합적 방향을 지향하였다. 유치원 교육과정에서 교육 활동 운영의 기본 방향 중 하나는 통합적 운영이다. 우리나라 유치원 교육과정은 제1차 교육과정부터 모두 통합성을 고려하여 구성하였고, 교사들에게 통합적으로 운영하도록 거듭 강조하여 왔다. 통합적 접근법은 유아의 전인적 성장을 교육목표로 세우고 유아의 경험을 통합시킬 수 있는 교육내용을 선정하며 교사와 유아 모두 학습에 적극적이고 능동적으로 참여하는 것이다. 유치원 교육과정과 초등교육과정을 연계하여 살펴보면, 유치원 교육과정은 제1차(1969~1979) 경험중심, 제2차(1979~1981) 학문중심, 제3차(1981~1987)부터 인간중심 통합교육과정을 명시하고 운영하였으며, 초등학교 교육과정은 제1차(1954~1963) 교과중심, 제2차(1963~1973) 경험중심, 제3차(1973~1981) 학문중심, 제4차(1981~1987)부터 인간중심 통합교육과정을 운영하고 있어 그 방향성이 통합에 있음을 알 수 있다.

2019 개정 누리과정 역시 유아가 놀이를 통해 심신의 건강과 조화로운 발달을 이루고 바른 인성과 민주시민의 기초 형성을 목적으로 5개 영역이 통합적으로 운영될 수 있도록 하고 있다. 유아교육은 다른 학령기 교육과정과 달리 분절된 개개의 교과로 다루어지기보다는 총체적 교수과정으로 진행된다. 교과통합은 요소들을 상호 관련 짓고 통합함으로써 하나의 의미 있는 체계로 발전시키는 것이다. 유아의 삶에 의미 있게 연계되는 통합은

유아 발달적 측면에서 매우 자연스러운 활동이며, 가장 효과적인 형태라고 할 수 있다.

‘유아 교과통합’ 관련 국내 연구를 확인하고자 한국교육학술정보원(KERIS)에서 운영하는 검색사이트(www.riss.kr)를 통해 2024년 12월까지의 국내 연구를 분석한 결과, 국내 학술지 287건, 학위논문 370건이 검색되었다. 대부분의 연구에서 대체로 프로그램, 활동, 교수-학습 모형, 지도방안 등의 키워드를 가지고 주제학습, 프로젝트 접근법 등을 시도하였다. 이들 통합적 적용은 대부분 방법적 측면에 치중되고 있었다. 그중 교과 내용에 대한 전문적인 기초를 기반으로 무엇을, 왜 통합할지의 관점을 다루는 연구는 2건이 검색되었으며, 구체적으로 살펴보면 사회교과와 수학교과의 통합적 적용을 위해 연계적 학습요소를 추출하고 교수-학습 방법을 개발한 연구(홍혜경, 김영옥, 2001)와 유아 과학교육과 수학교육의 통합적 적용을 위한 기초연구(홍혜경, 2005)가 있었다.

‘통합’은 각각의 사물이나 사건들이 학습자에게 총체적으로 의미 있게 경험되도록 돕는 과정이고, ‘교과’는 주제를 가르치기 위한 재료들의 분야별 묶음이다. 이러한 재료들을 통합하는 데 크게 ‘교과통합’과 ‘통합교육과정’으로 구분해 볼 수 있을 것이다. 교과통합이 구분된 각 교과의 중요한 내용들을 수업에서 다양한 방식으로 상호연관지어 계획, 실행, 평가하는 것이라면, 통합교육과정은 교육교과영역에 구애되지 않고 일정한 기준에 따라 학습 내용 및 경험을 선정 · 조직하려는 교육과정이다. 다시 말해, 교과의 통합 운영은 국가 수준 교육과정에서 명확히 구분된 교과들을 수업의 장면에서 다양한 방식으로 상호 연관을 지어서 계획하고 가르치며 평가하는 활동이다. 예를 들어, 과학과 수학의 내용을 관련지어 수업을 계획 · 실시 · 평가하는 활동인 것이다. 통합교육과정은 학생의 관심이나 흥미, 주제, 개념, 이슈 등을 중심으로 교육내용을 통합하여 조직하는 것이며, 경험

내용의 통일성을 강조하는 것이다.

통합에 대해 다양한 정의가 있으나 대체로 학습자중심, 학습경험의 통합, 전체로의 학습, 전인적 발달 등을 공통 요소로 하여 각 교과의 통합에 대한 필요성이 논의된다. 즉, 유아의 사전경험과 지식이 형식적 교육과 통합되고, 실제 문제상황이나 경험과 통합되어져야 한다는 것이다. 이는 통합적 적용을 통해 획득한 지식이 유아 자신의 실제 상황을 효과적으로 해결하는 능력 증진에 보다 도움이 되기 때문이다. 이러한 통합적 적용 중 방법의 통합이 아닌 내용에 대한 탐구를 통해 통합모형을 제시한 연구를 살펴보면, 유아교육과정 통합의 근거와 형태를 포가티(Forgarty)의 모형을 중심으로 탐색(김영옥, 2008b)하고 있으며, 포가티(Forgarty, 1991)가 제시한 8가지 통합모형에 기초하여 유아 교육과정에 적용하고 그 내용 및 실제를 구안하고 있다. 그중 '거미줄형(webbed)'은 특정한 주제를 중심으로 다양한 교과의 내용을 서로 연관시키는 통합의 형태로, [그림 3-3]에 제시된 바와 같이 유아교육 분야에서 가장 많이 활용되고 있는 간학문적 접근방법이다. 통합모형의 전반적인 형태는 제시된 바와 같다.

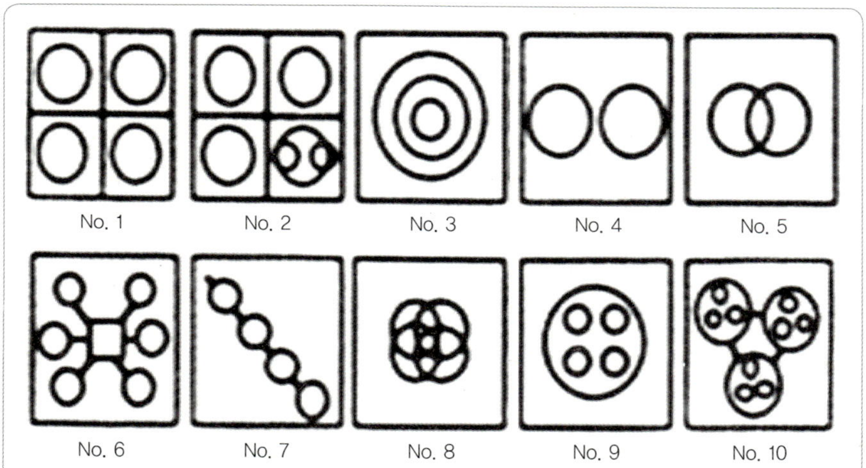

그림 3-2 포가티(Fogarty, 1991)의 통합모형

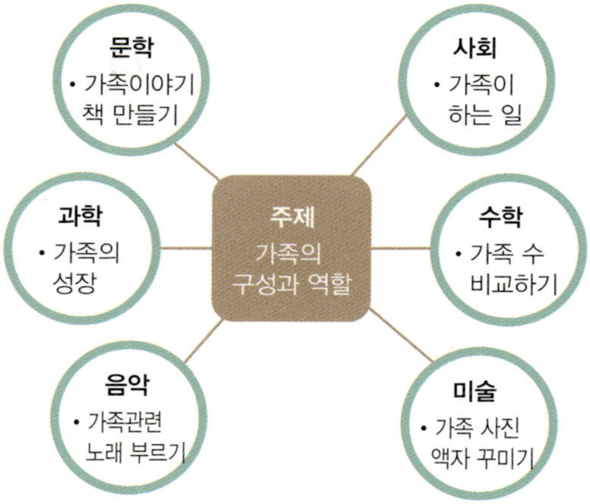

그림 3-3 통합모형 중 '거미줄형'의 현장사례

출처: 김영옥(2008b).

간략히 설명하면, No.1~3은 '단일 교과 내에서의 통합', No.4~8은 '여러 교과 간에 걸친 통합', No.9~10은 '학습자들 간의 통합'에 관한 모형이다. 이 모형은 다시 단일 교과 내에서의 통합과 여러 교과 간에 걸친 통합으로 나뉜다. 단일 교과 내에서 통합하는 방법으로 단절형(하나의 교과에 초점을 맞춤), 연관형(각 교과를 분리 조직해 가르치거나 특정 주제나 개념 및 아이디어를 서로 연결함), 둥지형(동심원 중앙에 가르칠 내용을 위치시키고 관련 내용을 점차 확대하면서 통합시키는 형태)이 있고, 여러 교과 간에 걸친 통합방법으로는 계열형(개별 교과영역이 유지된 채 서로 유사한 주제나 단원을 순서대로 확대하면서 통합하는 형태), 공유형(2개의 교과 내에서 중복되는 개념 및 아이디어 등을 통합하는 것으로 개념중심 통합 형태), 거미줄형(특정 주제를 중심으로 다양한 교과에서 관련 있는 내용을 추출해 통합하는 형태), 실로 꿰어진 형(특정 사고기능을 목표로 설정하고 이를 위해 모든 교과내용을 통합하는 형태), 통합형(티칭을 통해 각 교과내용에서 기본적 요소를 검색해 중복되는 것을 통합하는 것으로 개념중심 통합 형태), 몰입형(모든 교과내용을 학습자의 관심과 전문지식에서 보는 것으로 학습자 개인 관점의 교과 통합 형태), 네트워크형(학습자가 전문적 안

목을 가지고 다양한 학습을 여과하며, 외부 전문가들과 연계해 학습하는 통합 형태)이 있다.

교과통합의 궁극적 의미는 유아교육의 질적 완성일 것이다. 통합성(統合性)이 높다는 표현은 구성요소들 간의 모순이나 갈등 혹은 충돌이 없을 뿐만 아니라 응집력을 가진 상태를 의미한다. 교과통합에서 중요한 또 하나의 축은 이러한 내용을 전달할 교사 요인이다. 교과를 분리된 교과로 다루는 면에서 중 · 고등 교사의 안목과 교과통합 관점에서 교과 전체를 아우르는 유 · 초등 교사의 안목에는 다투기 어려운 다름이 있을 것이다. 유아에게 진정한 학습 상황은 밀접한 일상생활 속 문제중심 상황이며, 이를 해결하기 위해 유아는 교과 경계 없는 내용을 사용해야만 한다. 이때 교사는 학습안내자로서의 역할은 물론 유아의 협력자로서 역할을 할 수 있을 것이다. 또한 효율적인 운영을 위해 통합교육과정의 매뉴얼 숙지는 물론 교사 개개인의 체험을 통해 구축한 나름의 노하우 역시 필요할 것이다.

게슈탈트 심리학에서 '전체는 부분의 합 이상이다.'라고 잘 알려진 표현은 부분이 모여서 된 전체가 아니라, 완전한 구조와 전체성을 지닌 통합된 전체로서의 형상과 상태를 가리킨다. 통합은 산술적인 합(부분을 합쳐서 그대로 전체가 되는 양적 통합) 혹은 변환의 합(부분의 합 이상이 전체가 되는 질적 통합)으로 나누어 볼 수 있다. 양적 통합은 흔히 과일 칵테일에 비유되는데, 혼합물의 구성요소들이 고유의 형태와 성질을 유지하므로 각각이 식별 가능하나 질적 통합은 흔히 과일 케이크로 비유되며 구성요소들이 하나의 반죽으로 만들어져 식별이 어렵다(Drake, 1993). 여기서 주의를 기울여야 할 부분은 독립된 교과가 필요하지 않다는 의미가 아니라는 것이다. 양질의 케이크를 만들기 위해 좋은 재료가 전제되어야 하듯, 잘 정립된 재료로서의 독립 교과가 있어야 양질의 통합된 교육이 가능할 것이다. 뿐만 아니라 재료만으로 의미가 듬뿍 담긴 케이크를 상상하기 어려운 것처럼 잘 해석된 내용의 통합이 필요하다. 다시 말해, 초연결시대인 4차 산업혁명시대를 살아가는 유아에게는 보다 의미 있는 진보된 교과와 이를 통합한 다양한 내용에 대한 교과탐구가 필요하다. 소크라테스는 배움은 노는 것 같이 즐거워야 한다고 하였으며, 가르침 역시 강제적이거나 외부적인 보상으로만 설명될 수는 없다고 하였다(장성호, 2003). 시대에 맞게 정립된 교과와 잘 해석된 통합을 기반으로 하여 방법론적으로 다양하고 즐거운 통합수업이 구성될 때 급변하는 시대를 살아가는 유아들에게 보다 긍정적인 학습 성취를 기대해 볼 수 있을 것이다.

진정한 의미의 통합은 가능한가? 이를 위해 논리적 근거를 살펴볼 필요가 있다. 가르치고자 하는 지식이 무엇이며, 지식 각각이 어떻게 관련되어 있는가를 밝히는 관련성의 탐색이 필요하다. 사회는 삶의 개선을 위해 다양한 이슈와 문제들이 산적해 있으며, 그 해결책은 학문 각각의 단일적 접근이 아닌 통합적 접근을 통해 보다 효율적인 해결책에 근접할 수 있다. 이를 통해 통합의 가치를 발견할 수 있을 것이며, 급변하는 미래 사회에 대처할 수 있는 문제 해결 능력 등 궁극적으로 유아에게 필요한 역량의 배양을 도모할 수 있을 것이다.

미래 사회가 요구하는 창조적인 인간은 전통이나 현재에 얽매이지 않고 새로운 변화를 끊임없이 추구하는 사람이다. 다양한 교과의 통합적 접근을 위해 교과 간의 통합목표를 설정하고, 적합한 학습내용을 선정하며, 이 활동을 통해 유아가 효과적으로 학습할 수 있도록 하는 교사의 전문적 안목과 능력이 필요하다. 또한 교사는 교과 간 통합적 접근의 시도에 대한 깊이 있는 이해가 요구되는데, 이를 위해 필요한 것은 연구자들이 교과통합에 대한 이론들을 정확히 분석하고 분석한 결과를 토대로 교육 현장과 연계할 수 있는 다양한 모형들을 끊임없이 발표하며, 학문적인 토론과 심고를 통한 교과통합의 방법을 현장에 제시하는 것이다. 그렇다고 모든 교과를 통합적으로 적용해야 할 것인가는 숙고가 필요하다. 초등 교육과정을 살펴보면, 2009 개정 교육과정부터 주제별 통합교과서(바른생활, 슬기로운생활, 즐거운생활)를 적용하고 있으나 국어와 수학 교과는 독립 교과로 되어 있다. 국어와 수학에서 배우는 3Rs기능은 통합교과를 탐구하기 위해 필요한 기초적인 능력으로 이를 강조하여 배양하기 위함임을 알 수 있다. 균형있는 통합을 위해서는 개별 교과들의 단단한 기반 위에 통합이 의미 있게 융합되는 동반 성장이 필요하다는 것이다.

더불어 교과통합 교육은 교육학과 교과교육학이 만나는 접점(민용성, 2006; 유한구, 2008)이라고 하였듯이 아집과 편견을 버리고 조율과 통합을 추구할 때 최고의 가치를 찾을 수 있을 것이다. 열린 안목과 창의적 세계관을 가지고, 유아 교육과정 통합의 선택과 대안을 설명할 수 있는 근거를 마련하고 풍부한 통합의 장을 만듦으로써 유아교육의 독특성을 풍부하고 다양하게 담아낼 수 있을 것이다(김영옥, 2008a). 오늘날 우리는 기후 변화, 환경오염, 빈곤과 가난, 인권 유린과 불평등 등 전 지구적 문제를 함께 고민해야만 하는 시대에 살고 있다. 대표적 국제협력기구인 OECD는 1997년부터 2003년까지 DeSeCo(핵심역량 교육) 프로젝트를 통해 '학교교육의 중요성'을 알렸으며, 현재는 '교육2030' 프로젝트를 통해 '포용적 성장(inclusive growth)'을 제시하고 있다(이상은 외, 2018). 이는 학생들이 갖추어야 할 역량을 새롭게 규정하고 급변하는 사회적 요구를 반영하여 학생들의 교육적 방향을 명확히 하고 있는 것이다. 지속가능한 발전을 위해서는 환경 · 경제 · 사회가 조화와 균형을 이루는, 그래서 현재와 미래의 필요와 요구는 물론 가치에도 초점을 맞춘 교육이 이루어져야 한다. 다시 말해, 미래 세대에게 통합적인 안목을 가진 교육이 요구되는 것이다.

인간은 교육을 통하여 인격화되고 사회화된다. 유아교육의 정체성도 '교육은 백년지대계(教育百年之大計)'라는 긴 안목과 통찰을 바탕으로 비판적 탐색과 적용을 통해 결국은 우리가 만들어 가는 것이다. 유아 교육과정의 통합은 누구나 인정하지만, 유아교육 현장에서 통합의 개념은 상황이나 장면에 따라 달라진다. 그러므로 이론과 실제를 끊임없이 연계하고, 유아교육학을 교육학이나 인접학문과 접목하는 '통합'을 통한다면 모든 유아가 질 높은 교육과정의 혜택을 받을 수 있을 것이다(홍혜경, 김영옥, 2001). 최연철(2007)은 통합의 과정에서 고려해야 할 것으로 선택의 보장, 다양성의 존중, 그리고 모든 학습 구성원이 참여하는 통합을 강조하고 있다. 미래 세대에게 의미 있는 통합은 양극단이 아닌 다양한 면에서 균형을 이루며 조율하는 것이므로, 활발한 이론적 연구와 학문적 논의를 비롯한 합의과정이 필요할 것이다.

4. 논의 및 결론

제3장에서는 한국유아교육 교과영역의 확장 및 배경에 대해 살펴보았다. 교과란 시대에 맞추어 무엇을 가르쳐야 할 것인가에 대한 고민과 무엇을 어떻게 배워야 하는가에 대한 정제된 결과이다. 이러한 교과의 특성을 고려하여 유아교육학의 교과영역이 나누어지는 시점을 확인하고 연관되는 역사적 시작점과 변화들을 살펴보았다. 본 연구의 시작에서 한국 유아들을 위한 교육이 고대 초기 국가인 고조선 시기부터 이루어졌으며, 이때 '단동십훈'을 활용하여 유아의 소근육과 뇌발달을 포함한 신체적 발달은 물론 아기의 생명을 존중하는 의미도 포함하고 있어 현대 유아교육에 큰 시사점을 주고 있음을 확인하였다. 이후 고구려와 삼국시대 및 고려시대, 조선시대를 거치면서 다양한 교육이 국가 및 사립 교육기관에서 실시되었고, 민족의 암흑기였던 일제 강점기에도 〈어린이신문〉 발간 등을 통해 다양한 교육이 이루어졌으며, 전쟁으로 폐허가 된 시기에도 교육적 열망에 힘입은 교육이 이루어졌음을 확인하였다. 이러한 시대적 흐름과 변화를 배경으로 현재 대학에서 운영되는 유아교육학과 학부 교육과정 내 교과영역들을 간

략화시킨 교과 키워드로 분석 후 연구빈도가 높은 교과 순으로 그의 의미와 목적을 개괄적으로 살펴보았다. 이를 요약하여 제시하면 다음과 같다.

'**사회교육**'은 유아가 독특한 인격체로 발달하는 것뿐만 아니라 사회의 구성원이자 세계의 일원으로서 살아갈 수 있는 능력을 기르는 것을 목표로 하며, 궁극적으로는 '민주 시민을 양성하는 것'이라고 할 수 있다. 유아 사회교육 내용은 '사회성 내용', '사회과학지식'으로 구분하며, 사회성 내용은 사회적 능력, 기본생활습관, 자아개념, 자기조절, 도덕성, 우정 · 또래관계, 친사회성, 공격성, 사회인지, 성역할, 사회적 문제 해결, 애착 등의 내용을, 사회과학지식 내용은 사회, 정치, 경제, 역사, 지리, 환경, 다문화 · 반편견 등의 내용을 포함하고 있다. 그러므로 유아 사회교육이 유아들로 하여금 미래의 한국 사회를 이끌어 나갈 수 있는 사회적 능력을 가질 수 있도록 하기 위해서는 유아의 사회성 발달과 사회과학지식에 대한 이해, 그리고 효과적인 유아 사회교육 실천을 위한 사회교육 교수-학습 활동 전반에 대한 깊이 있는 연구가 필요하다.

'**언어교육**'은 '언어생활을 적절하게 유지하기 위해 필요한 언어기능(言語技能)의 습득을 목표로 하는 교육'이며, 언어(言語)는 '인간의 사상이나 감정을 표현하고, 의사를 소통하기 위한 소리나 문자 따위의 수단'이다. 유아 언어교육은 크게 언어발달과 언어교육의 두 부분으로 나누어볼 수 있었으며, 현대사회의 문해력 범위가 넓어지고 있는 실정에서 유아 언어를 어떻게 교육할 것인가 하는 적절한 언어교육 방법에 대한 방향점이 필요하였다. 또한 언어교과의 본질적 이해를 바탕으로 한 다양한 교육방법에 대한 고민이 요구된다.

과학은 세계의 구성과 변화 등에 관해 재검증 가능한 방법을 통해 합리적으로 이해하고자 하는 지적 탐구활동 또는 그 결과물로서의 학문이며, '**과학교육**'은 과학을 자연계와 관련된 '체계화된 지식'으로 보고 학습자에게 전수하는 입장과 물질 세계를 '탐구하는 과정'으로 보는 입장으로 나뉘었다. 오늘날 과학의 폭발적인 진보는 체계적 지식 전달보다는 학습자로 하여금 스스로 탐구를 통하여 과학적 지식, 기능, 태도를 학습하도록 목표하고 있음을 살펴보았다. 그러므로 유아가 일상생활 속에서 사람과 자연을 존중하면서 세계적 흐름에 발맞춘 과학, 기술, 사회교과에 대한 보다 폭넓은 이해를 기반으로, 과학적 소양과 과학적 문제 해결력을 가질 수 있도록 하는 다양한 시도가 필요하다.

건강은 복합적 개념으로, 세계보건기구는 '신체적 · 정신적 · 사회적으로 양호한 상태'로 정의하고 있다. '**건강교육**'은 건강에 관한 새로운 지식이나 기존에 가지고 있던 지식을 새롭게 이해하여 이를 바탕으로 바람직한 건강 증진 행위를 하도록 돕는 것임을 살펴보았다. 그러므로 유아 건강을 위한 유아교육기관과 가정, 지역사회 간의 협력체제 구축과 정부의 행 · 재정적 지원이 뒷받침되는 체계 구축이 요구되며, 유아의 정신건강을 위협하는 요소 및 지원 관련 연구는 물론 간호학, 영양학, 소아정신학 등 관련 학문과의 접목을 통한 시사점 도출 역시 요구된다.

음악은 '소리의 높낮이 · 장단 · 강약 등의 특성을 소재로 하여 목소리나 악기로 사상이나 감정을 표현하는 시간예술'이며, '**음악교육**'은 음악미의 이해 감득을 통해 높은 미적 정조(情操)와 풍부한 인간성의 육성을 목표로 행해지는 예술교육의 한 분야로 정의되었다. 유아 음악교육의 목표는 유아의 음악적 소양과 음악 관련 능력 및 다양한 발달영역의 향상이므로 음악교육은 감성 기반 인성교육의 출발점으로서 역할이 요구된다. 뿐만 아니라 전인적 측면의 발달을 촉진하여 공감하고 소통하는 능력 배양에 영향을 주므로 음악교과가 감성 기반 인성교육과 어떻게 연계되는지 등의 깊이 있는 연구가 필요할 것이다.

'**미술교육**'은 유아가 미술을 이해하고 감상하여 표현하도록 하기 위한 교육이면서, 유아의 삶 속에서 미술을 발견하고 적용하여 주변 환경을 미적으로 개선하는 태도를 갖게 하는 것이라고 하였다. 유아의 흥미에 부합되면서 일상생활 경험 및 유아교육과정의 통합교육, 미술을 이해하고 미적 가치와 태도를 길러줄 수 있는 총체적인 미술교육, 인적 · 문화적 자원과 연계한 미술교육, 다양한 매체를 활용하고 탐색하는 연구 등이 보다 활발히 이루어질 필요가 있었다. 더불어 미술과 다른 예술 분야 및 타 교과와의 통합적 접근, 흥미에 따른 생활주제와의 통합적 접근, 미술과 문화 · 사회 간의 통합적인 접근에 대한 깊이 있는 연구와 논의도 요구된다.

수학은 수와 양 및 공간의 성질에 관하여 연구하는 학문이며, '**수학교육**'은 수학에 관한 교육 활동으로, 수학과 관련된 이론, 실천, 역사 등을 배우는 것이었다. 수학교육은 유아의 발달 수준을 고려하여 수학의 기초원리와 개념을 학습하도록 돕고, 수학적 기능을 통해 문제를 해결해 나가도록 배려하고 권장하는 환경을 구성하는 일이므로, 수학교육의 목적은 단순히 유아들에게 수학적 사실과 기술을 습득하게 하는 데 중점을 두기보다는 수학의 가치를 이해하고 수학적 문제 해결 능력을 강조하는 수학적 소양 증진을 위한 교육이 요구된다. 나아가 유아의 수에 대한 인식을 질적으로 살펴보는 연구가 보다 활발히 이루어져 유아의 단순한 수능력보다는 수를 이해하고 다루어가는 과정적 측면에 초점을 두는 작업도 필요할 것이다.

'**체육교육**'은 '인간이 신체적 활동을 통하여 근육을 단련하고 사회가 요구하는 완성된 인격을 만들려는 교육이며 신체운동'이다. 체육교육은 지 · 정 · 의 및 신체 각 측면의 조화를 통한 참된 인간을 형성하는 것을 목적으로 함을 살펴보았다. 유아가 일상생활 전반을 살아가는 데 기반이 되는 신체 및 각 측면의 체육교육이 되도록, 유아의 발달과 흥미를 존중하는 기반 아래 체육교육의 내용체계를 포함하는 통합적 교육 프로그램에 대한 깊이 있는 연구가 필요하다. 또한 발달적 특성을 고려한 움직임 접근법에 대한 연구는 물론 학령기 교육과의 연계를 고려한 내용체계 연구, 변화하는 사회에서 다양한 기구와 새로운 매체를 활용 및 적용하는 연구도 요구된다.

'**멀티미디어 교육**'은 교수목적을 달성하기 위하여 멀티미디어를 활용하여 교육하는 것이다. 4차 산업혁명시대 속에서 살아가는 유아를 위해 다양한 정보들을 어떻게 선별하여 활용할 것인지, 이의 교육적 적용과 범위 및 건강한 활용에 대한 고민이 필요하다. 또한 멀티미디어 교육을 통해 인간의 기초 토대를 형성하는 유아기에 전인적 발달을 도모할 수 있도록 유아 멀티미디어 과몰입 예방교육, 유아 정보윤리 교육프로그램, 유아 인터넷 중독 예방 등의 교육이 병행되어야 한다. 이를 위해 교사가 관련 도구와 매체를 잘 활용할 수 있도록 능력을 배양하고 고무하는 정책적인 지원도 필요할 것이다.

'**교과통합 연구의 과제**'에서는 교과통합이 학문적 체계로 분리 및 독립되어 있는 학문들을 상호 연관 짓고 통합함으로써 유아에게 의미 있는 교육과정을 제공할 필요가 있음을 확인하였다. 또한 초연결시대인 4차 산업혁명시대를 살아가는 유아에게 보다 의미 있는 적용을 위해 연구자들이 방향성을 가지고 교과 탐구 및 교과 간 통합을 깊이감 있게 연구하는 것이 필요하며, 현장 교사가 이를 교육 현장에 적용하면서 끊임없이 이론과 실제를 체계화하는 순환적 과정도 요구된다.

지금까지 시대적이고 환경적인 변화에 따른 유아교육 교과영역의 변천과 통합적 접근에 대해 살펴보았다. 현재 우리나라는 개발도상국을 넘어 선진국 반열에 올라 있다. 1951년 〈뉴욕타임즈〉 기사에 보도된 우리나라에 대한 묘사를 살펴보면, '많은 학교 파괴에도 불구하고 한국은 교육에 매진(Education pushed by South Korean despite destruction of many schools)'하고 있다고 표현하였다. 미국 오바마 대통령은 취임사를 비롯한 다양한 강연에서 한국 교육 시스템의 우수성을 언급한 바 있다. 새로운 미래는 어떻게 대비하여야 하는가? 어제와는 전혀 다른 오늘이 매일매일 펼쳐지고 있다. 우리나라는 전 세계에서 7번째로 양자 컴퓨터를 들여왔으며, 이를 통해 금융, 과학, 물리학, 수학, 의료 등에서 획기적인 발전을 이룰 수 있을 것으로 예측된다. 우리나라의 유아들은 이러한 시대적 환경에서 태어나 유년기를 보내고 있으며, 엄청난 속도의 발전을 가져온 기존 지식과 그 발전의 산물인 지식은 물론 다양한 기술과 태도를 배워야만 하는 삶을 맞이하고 있다. 하지만 한국 교육 시스템이 세계적으로 긍정적 평가를 받고 있으나 교육 현장에 적용한 연구는 많지 않으며 그 방향성과 범위에 대한 고민도 필요하다. 유아교육의 다양한 교과영역들은 현장에서 통합적으로 이루어지고 있으나 그 통합에 대한 근거와 이론에는 아쉬움이 많다. 그러므로 연구를 통하여 교과의 통합과 현장 적용에 대한 근거와 연계를 탄탄하게 하고 유아교육의 독특성을 부각할 필요가 있다. 이를 위해 끊임없이 이론과 실제를 체계화하는 순환적 과정이 필요하며, 이를 고무하는 정책적인 지원도 요구된다.

참고문헌

강현주, 김경미, 김경자, 류은순 (2000). 유치원 영양지원을 위한 영양교육 프로그램 개발과 효과 평가. **한국영양학회지, 33**(1), 68-79.

곽노의 (2005). **유치원과 초등학교 연계교육론**. 서울: 창지사.

교육부 (1998). **유치원 교육과정 해설**. 교육부.

교육부, 보건복지부 (2019). **2019 개정 누리과정 해설서**. 교육부, 보건복지부.

김명순, 성지현 (2002). 1세 영아의 언어와 놀이의 관계. **아동학회지, 23,** 19-34.

김미현, 류정숙 (1962). Watson의 유아들의 행동에 관한 실험적 연구. **심리연구,** (3), 93-108.

김병숙 (1981). 취학전 아동의 미적 태도 분석. 이화여자대학교 교육대학원 석사학위논문.

김상미 (1978). 놀이의 교육적 가치. **체육연구, 12**, 1-8.

김선희 (1975). 정상아와 지진아의 언어연구. 이화여자대학교 대학원 석사학위논문.

김성렬 (1970). 한국의 유치원 노래교재에 관한 분석적 연구. 이화여자대학교 교육대학원 석사학위논문.

김성숙 (1973). 유아원 아동이 기억에 사용하는 단서의 효과: 언어적 · 비언어적 · 공간위치적 단서를 중심으로. **심리연구,** (14), 50-55.

______ (2007). 문화예술교육에서 미술교육의 역할 -생명력 회복을 위한 미술교육의 제안. **조형교육, 30,** 1-20.

김신숙 (1969). 상징어에 관한 일 연구: 한국 동요 동시를 중심으로. 이화여자대학교 교육대학원 석사학위논문.

김신자 (1972). 유아기의 Melody의 분석을 통한 음정감의 연령적 발달에 관한 연구. 이화여자대학교 교육대학원 석사학위논문.

김영옥 (2008a). 유아교육 실제에 있어서 통합의 의미와 과제. **유아교육연구, 20**(6), 5-25.

______ (2008b). 유아교육과정 통합의 근거와 형태 탐색: Forgarty모형을 중심으로. **유아교육연구, 28**(5), 77-92.

______ (2014). **유아사회교육**. 경기: 양서원.

______ (2019). 유아중심 관점의 국가수준 유아교육과정에대한사유(思惟). **유아교육연구, 39**(2), 5-22.

______ (2020). 국가수준 유아교육과정 변천과 개정누리과정의 과제 탐색. **열린유아교**

육연구, 25(1), 75-103.
______ (2021). **유아교육과정.** 경기: 공동체.
______ (2022). '누리과정'의 태동과 과제. **한국교육학회 소식지. 58**(4), 1-8.
______ (2023). 유보통합에 대비한 안전사고 보상 및 예방 체제. **한국유아교육학회 소식, 80**(0), 1-23.
김영호 (1981). 기초과학교육 지도를 위한 사례연구: Activities as Scientific plays 유치원 과학 놀이 중심으로. **과학교육연구지, 6**, 57-92.
김정화, 이문정 (2003). 소리 내어 책읽기에서 나타나는 실수를 통한 유아의 읽기 전략 분석. **아동학회지, 24**(5), 91-104.
김종영 (1977). 유아의 음운습득 고찰 : 5세까지의 난음분석을 중심으로. 계명대학교 교육대학원 석사학위논문.
김한걸 (1963). Havighurst의 「유아기의 발달과업과 그 지도론」 개관. **교육학연구, 1**(1), 33-49.
김형숙 (1987). 유치원의 컴퓨터 교육에 관한 현황 분석. 이화여자대학교 교육대학원 석사학위논문.
류영명 (1974). 음악적 능력에 미치는 조기교육의 효과. **논문집, 7**, 353-383.
문 용 (1970). 幼兒文法 노우트(1). **어학연구, 6**(2), 85-96.
민용성 (2006). 교육대학에서의 '통합교과 프로그램' 편성운영 실태 및 재구성 방안 탐색. **교육과정연구, 24**(3), 107-124.
박연숙 (1979). 유아의 자연학습지도에 관한 연구. 이화여자대학교 교육대학원 석사학위논문.
박정숙 (1987). 유아의 수학습을 위한 마이크로 컴퓨터의 효과. 중앙대학교 대학원 석사학위논문.
박준희 (1973). 환경교육. **환경교육시리즈**, 5-40.
방은영 (2017). 영아 음악발달을 위한 단동십훈(檀童十訓)의 교육적 함의 및 가치탐색과 활용방안. **영유아교육: 이론과 실천, 2**(2), 87-110.
서울대학교 사범대학 교육연구소 (1993). **교육학용어사전**. 서울: 서울대학교.
석문주, 최은식, 함희주, 권덕원 (2006). **음악교육의 이해와 실천**. 경기: 교육과학사.
손지현, 홍영은 (2011). 미국의 미술 교사 교육 실태에 관한 연구 -다문화 미술 교육과정 개발 사례를 중심으로. **조형교육, 39**, 99-124.
유한구 (2008). 아동 문학 중심 통합 교육 방법 연구 I -교과 간 통합을 중심으로-. **국어교육연구, 43**, 225-248.
윤경규 (1969). 유아음악재능의 초기계발과 적기지도에 관한 연구. **공주교대논총, 6.**

윤남식, 박준희, 임미자 (1975). 서울시내 유아 운동능력의 발달. **한국문화연구원 논총, 26**, 257-273.

윤의조 (1975). 유아원 음악지도에 관한 일연구. 이화여자대학교 교육대학원 석사학위논문.

이광욱 (2006). 유아체육의 학문적 연구동향 분석. **한국여성체육학회지, 20**(4), 99-109.

이민자 (1987). 4-7세의 자유화에 나타난 표현분석: 영주시, 영풍군 내 거주아동 중심. **경북전문대학 논문집,** 7(1), 473-496.

이상은, 김은영, 김소아, 유예림, 최수진, 소경희, 신연재 (2018). **OECD교육 2030 참여 연구: 역량의 교육정책적 적용 과제 탐색.** 한국교육개발원.

이수경, 이주연 (1995). DBAE에 기초한 다문화 미술교육프로그램 개발 연구. **미술교육논총, 4**, 17-34.

이유선 (1968). 유아기의 음악교육. **보육 연구, 1968**(1), 34-47.

이은화, 김영옥 (1993). **유아사회교육**. 서울: 양서원.

이정환 (1968). 운동능력 발달에 관계되는 유치원 실외 유구에 관한 일연구. 이화여자대학교 대학원 석사학위논문.

이현남 (1987). 미술활동이 유아의 인지 및 사회성 발달에 미치는 영향. **공주교대논총, 23**(1), 83-94.

임부연 (2020). 「2019 개정 누리과정」에서 놀이와 교육내용의 연계성 탐구. **영유아교육과정연구, 10**(2) 5-32.

장상호 (2003). **학문과 교육(상) 학문이란 무엇인가?**. 서울: 서울대학교 출판부.

장윤정 (1982). 유아원 과학교육 프로그램에 관한 연구. 이화여자대학교 교육대학원 석사학위논문.

전례화 (1992). 유아교육에서의 컴퓨터 : 교사들의 유아 컴퓨터 활동에 대한 인식. **인제논총, 8**(2), 555-564.

전인옥, 이현균 (2001). **(유아교육기관 교사를 위한) 유아체육활동의 이론과 실제**. 서울: 양서원.

정봉순 (1972). 유아를 위한 모자체조의 구성연구. 이화여자대학교 교육대학원 석사학위논문.

정시화 (1966). 아동의 조형활동과 그 지도에 관한 연구. 서울대학교 교육대학원 석사학위논문.

정인태 (2002). **유아체육교수 학습방법론**. 서울: 창지사.

정재원 (1982). 유치원 미술활동의 지도방법에 관한 연구. 중앙대학교 대학원 석사학위논문.

제희선, 한현정 (2020). 한국의 영유아기 능력에 관한 인식의 변천연구: 유아교육과정 (1969~2019)을 중심으로. **학습자중심교과교육학회, 20**(5), 675-701.

조경자, 이현숙 (2010). **유아건강교육(제3판)**. 서울: 학지사.

조명한, 정복선 (1975). 아동의 언어발달 단계에 관한 심리학적 연구 I : 초기 언어. **응용 언어학, 7**(1), 11-27.

조선하, 우남희 (2004). 한국 유아의 창안적 글자쓰기 발달 과정 분석. **유아교육연구, 24**(1), 315-339.

조홍자, 김영옥 (2011). 과학활동 중 접하게 되는 오개념에 대한 유아교사의 인식. **열린유아교육연구, 16**(6), 1-23. (전남대학문후속세대양성장학사업 지원연구)

__________ (2015). 유아 과학적 탐구능력 검사도구 개발 및 타당화 연구. **열린유아교육연구, 20**(6), 119-154.

천두현 (1962). 언어형성기의 언어발달에 대하여: 국어과교육의 과학적 토태를 위하여. **어문학**, (8), 92-103.

천영자 (1979). 가족 패턴의 변화와 그것이 아동의 건강과 발달에 미치는 영향. **고려대 의대 잡지, 16**(2).

최경자 (1973). 한국 영 · 유아의 대소변 가리기 훈련습성에 관한 일연구. **이화간호학회지**, 7, 69-83.

최성근 (1967). 지체부자유아의 체육지도에 관한 고찰. **논문집, 3**, 271-280.

최연철 (2007). 유아교육에서의 '통합'에 대한 논의. **교원교육, 23**(3), 115-124.

하병권 (1978). 유치원을 위한 기초과학교육과정 개발연구. **서울교육대학교 과학교육연구소. 4,** 37-75.

한국유아교육학회 (2005). **유아교육학의 이해-한국유아교육학의 학문적 정체성과 과제**. 서울: 양서원.

홍혜경 (2005). 유아 과학교육과 수학교육의 통합적 접근을 위한 기초 연구. **유아교육학논집, 9**(4), 153-169.

_____ (2020). **영유아 수학교육**. 경기: 정민사.

홍혜경, 김영옥 (2001). 유아사회교육과 수학교육의 통합적 접근을 위한 기초 연구. **유아교육연구, 21**(1), 27-50.

황해익, 이경화 (1992). 유아교육용 컴퓨터 소프트웨어의 평가준거 개발을 위한 조사연구. **유아교육논총, 2,** 135-159.

Bennett, K. K., Weigel, D. J., & Martin, S. S. (2002). Children's acquisition of early literacy skills: Examining family contributions. *Early Childhood Research Quarterly, 17*(3), 295-317.

Bredekamp, S. (1987). *Developmentally appropriate practice in early childhood programs serving children from birth through age 8*. Washington, DC: National Association for the Education of Young Children.

Drake, S. M. (1993). *Planning Integrated Curriculum: The Call to Adventure*. Alexandria, Va.: Association for Supervision and Curriculum Development.

Elliott, D. J. (1995). *Music matters: A new philosophy of music education*. New York and Oxford: Oxford University Press.

Graham, G. (1992). *Teaching Children Physical Education: Becoming a Master Teacher*. Human Kinetics, IL: Champaign.

Greer, W. D. (1984). *Art as a serious subject of study, research readings for Discipline-Based Art Education*: A Journey Beyond Creating, NAEA.

Israel, B. A., Checkoway, B., Schulz, A., & Zimmerman, M. (1994). Health Education and Community Empowerment: Conceptualizing and Measuring Perceptions of Individual, Organizational, and Community Control. *Health Education & Behavior, 21*, 149-170.

Melendez, W. R., Beck, V., & Fletcher, M. (2000). *Teaching social studies in early education*. Albany, NY: Delmar.

National Art Education Association (1994). *The national visual arts standards*. Reston, VA.

Paris, A. H., & Paris, S. G. (2003). Assessing narrative comprehension in young children. *Reading Research Quarterly, 38*(1), 36-76.

DAUM 백과 https://100.daum.net

NAVER 지식백과 https://terms.naver.com

네이버 학문명백과 http://terms.naver.com/list.nhn?cid=44410&categoryId=44410

두산백과 https://www.doopedia.co.kr

한국민족문화대백과사전 https://encykorea.aks.ac.kr

한국학중앙연구원 https://www.aks.ac.kr

CHAPTER 4

기술 통계를 활용하여 살펴본 유아교육 연구 동향

제4장에서는 유아교육 분야에서 이루어진 연구 동향을 분석하고 한국유아교육의 시대적 관심과 변화과정을 살펴보았다. 이를 위해 1970년대부터 2024년 8월 말까지 발간된 국내 학술지와 국내 석·박사 학위논문을 대상으로 연구 시기에 따른 동향을 분석하고, 1970년부터 2019년까지 10년 단위로 연구유형, 연구방법, 그리고 연구대상에 따른 유아교육 연구 동향을 체계적으로 분석하였다. 특히, 1990년대 이후 급격히 증가한 연구 양상은 한국유아교육의 지속적인 성장과 발전을 반영한다.

본 장에서 제시된 연구 동향 분석은 50년 동안의 연구의 변화를 되돌아보고, 향후 유아교육의 연구 방향을 설정하는 데 중요한 자료를 제공한다는 점에서 의의가 높다. 기술 통계를 활용하여 살펴본 유아교육 연구 동향은 유아교육 연구영역과 방법의 변화 탐색과 더불어 정책적·제도적 개선에도 기여할 것이며, 유아교육의 질적 향상을 위한 실천적 방안을 제시할 것이다. 이러한 점에서 본 장은 미래 유아교육 연구의 방향성을 제시하는 중요한 나침반 역할을 할 뿐만 아니라, 한국유아교육의 이론적 기반을 확장하는 데 있어 중요한 자료가 될 것이다.

1. 유아교육의 연구 동향 분석방법

1) 분석대상

본 연구에서는 연구 대상 논문을 선정하기 위하여 1970년부터 2024년 8월 말까지 '유아교육'을 키워드로 발간된 연구물을 수집하였다. 이를 위해 먼저, 학술연구정보서비스(www.riss4u.net)에서 제목의 키워드 '유아교육'을 필수 키워드로 하고, OR 주제어 '유아교육', AND 작성언어 '한국어'로 검색하여 1차 자료를 선정하였다. 1차 검색된 자료에서 중복 등록된 석·박사 학위논문(24편)과 국내학술지(14편)를 제외한 자료는 〈표 4-1〉과 같이

석 · 박사 학위논문 9,066편과 국내 등재학술지 논문 4,359편으로 총 13,425편이었다.

표 4-1 1차 검색된 자료 현황

N = 13,425(%)

유형 \ 시기	1970년대 (1970~ 1979)	1980년대 (1980~ 1989)	1990년대 (1990~ 1999)	2000년대 (2000~ 2009)	2010년대 (2010~ 2019)	2020년대 2020~ 2024)	전체
석사	10 (0.13)	252 (3.21)	761 (9.70)	3,422 (43.61)	2,585 (32.94)	816 (10.40)	7,846 (58.44)
박사	0 (0)	19 (1.56)	60 (4.92)	320 (26.23)	526 (43.11)	295 (23.77)	1,220 (9.09)
학술지	1 (0.02)	8 (0.18)	159 (3.65)	610 (13.99)	2,489 (57.10)	1,092 (25.05)	4,359 (32.47)
전체	11 (0.08)	279 (2.08)	980 (7.30)	4,349 (32.39)	5,603 (41.74)	2,203 (16.41)	13,425 (100)

본 연구의 분석대상은 1970년대부터 2019년까지 발표된 논문으로, 2020년대 발표된 논문 2,203편을 제외한 11,222편이었다. 분석대상은 학위논문으로 발표된 논문이 학술지에도 게재되어 있는 경우 학술지에서는 제외하고 학위논문으로 산정하였다. 본 연구의 최종 분석대상은 〈표 4-1〉과 같이 11,222편 중 학위논문과 학술지에 중복 게재된 논문과 전자도서관을 이용해 열람이 불가한 논문을 포함하여 784편을 제외하고 최종적으로 총 10,438편이었다.

2) 분류기준

본 연구에서는 연구시기, 연구유형, 연구방법, 연구대상에 대한 연구 동향을 분석하기 위하여 각각의 분류기준을 선행연구와 문헌고찰을 통해 설정하였다.

(1) 연구시기 분류기준

연구시기에 따른 연구 동향 분류기준은 유아교육 분야의 연구에 대한 분위기가 싹트기 시작하는 1970년을 기점으로, 시기별 동향을 보다 구체적이고 세밀하게 파악하기 위하여 연구진들은 논의를 통해 10년 단위(1970년대, 1980년대, 1990년대, 2000년대, 2010년대)로 설정하였다. 특히, 2020년대의 자료는 연구가 폭발적으로 급증한 시기이며, 이에 대한 논문 전체 발표 수를 파악하기 위해 2024년 8월 말까지 게재된 논문을 1차 검색하였다. 2020년대 발표논문은 발표 수만 산정하였으며, 시기별 분석대상 논문은 최종적으로 1970년부터 2019년까지 발표된 논문을 10년 단위로 분류기준을 설정하여 분석하였다.

(2) 연구유형 분류기준

연구유형에 따른 연구 동향 분류기준은 신지혜, 최혜순(2014)의 연구에서 사용된 베스트와 칸(Best & Kahn, 1989)의 분류기준과 연구 동향을 분석한 연구(박환보, 조혜승, 2016; 심희정, 김찬미, 2018; 양진희 외, 2020; 양진희, 2024; 정슬기, 2023)를 참고하여 유아교육의 기초연구, 실천연구, 개발연구로 〈표 4-2〉와 같이 분류하였다.

표 4-2 연구유형 분류기준

연구유형	세부분류	내용
기초연구	철학 및 이론 탐색	유아교육 관련 철학적 사상과 주요 개념, 이론을 체계적으로 탐구하여, 이론적 틀과 방향성을 설정하는 연구
	연구 동향 분석	유아교육 관련 연구의 흐름과 주요 경향을 체계적으로 조사하고 분석하여, 연구 현황, 발전 과정, 미래의 연구 방향을 제시하는 연구
	관계분석	두 개 이상의 개념, 변수, 또는 이론 간의 상호작용, 연관성, 또는 인과성을 탐구하여 이론적 틀을 확립하거나 확장하는 연구

연구유형	세부분류	내용
실천연구	인식 및 실태	유아교육 관련 주제나 현상에 대해 대상 집단의 인식, 태도, 행동, 현황 등을 파악하기 위해 설문조사, 인터뷰, 관찰 등을 활용하여 데이터를 수집하고 분석하는 연구
	교육과정 내용 분석	유아교육 교과 및 일반영역 관련 내용 분석 연구, 유아교육과 관련된 교육의 목표, 내용, 방법, 평가 등을 비교, 고찰하여 교육과정을 모색한 연구
개발연구	프로그램 개발 및 적용	특정 목표를 달성하기 위해 프로그램을 개발하고, 이를 실제 환경에 적용하여 실행 및 효과를 평가하는 연구
	교수방법 개발 및 적용	교수 전략, 기법, 자료 등을 체계적으로 설계하고, 이를 교육 현장에 적용하여 실행 및 효과를 평가하는 연구
	척도 및 평가 도구 개발	특정 개념, 특성, 능력, 또는 행동을 객관적이고 신뢰성 있게 측정하기 위해 체계적이고 과학적인 도구(척도 또는 평가도구)를 설계, 검증, 보완하는 연구

〈표 4-2〉와 같이, 기초연구는 유아교육 관련 철학 및 이론 탐색, 연구 동향, 관계분석으로 분류하였으며, 실천연구는 인식 및 실태 조사와 교육과정(교과영역, 일반영역) 내용 분석으로 분류하였고, 개발연구는 유아교육 분야의 특성상 유아교육 현장에 적용할 수 있는 모형과 프로그램을 개발하고 이를 적용하여 그 효과를 검증하는 개발연구가 활발하게 이루어지고 있는 점을 고려하여(정슬기, 2023), 프로그램 개발 및 적용 효과, 교수 방법 및 교육 활동 개발과 적용 효과, 그리고 척도 및 평가 도구 개발로 분류하였다. 실천연구의 교육과정(교과영역, 일반영역) 내용 분석은 〈표 4-3〉과 같이 본 연구에 적합하도록 1차 유치원 교육과정부터 2019 개정 누리과정까지 영역의 변화 흐름을 분류한 4장의 분류기준에 의해 분류하였다. 교과영역은 건강, 사회, 자연, 언어, 예능 영역에서, 2019 개정 누리과정의 신체운동·건강, 의사소통, 사회관계, 예술경험, 자연탐구영역으로 분류한 교육과정을 바탕으로 대학에서 운영하는 유아교육학의 세부적인 교과영역을 분류기준으로 설정하였다.

표 4-3 유아교육 영역 관련 변인(유아교육 교과영역, 일반영역)

영역	내용
교과영역	건강교육(안전교육), 사회교육(환경교육, 민주 · 시민교육, 평화교육, 통일교육, 인권교육 등), 언어교육(아동문학), 과학교육(창의성교육), 음악교육, 수학교육, 미술교육, 멀티미디어, 유아 동작교육
일반영역	교육과정(프로그램), 교사교육, 부모교육, 정책 및 제도, 기타(유아교육 철학 및 사상, 발달이론, 유아놀이, 장애유아 통합교육, 평가, 영역 혼합 등)

유아교육의 내용은 건강교육, 사회교육, 언어교육, 과학교육, 음악교육, 수학교육, 미술교육, 멀티미디어, 유아 동작교육의 9개의 교과영역과 교육과정(프로그램), 교사교육, 부모교육, 정책제도, 기타(발달이론, 유아놀이, 장애유아 통합교육, 평가, 일반영역 혼합 등)의 일반영역으로 분류하였다. 유아문학은 유아 언어교육에, 안전교육은 유아 건강교육에, 창의성교육은 유아 과학교육에, 환경교육, 시민교육, 평화교육, 통일교육 등은 유아 사회교육에 포함시켰으며, 혼합된 영역은 기타로 분류하였다.

(3) 연구방법 분류기준

연구방법에 따른 연구 동향 분류기준은 김민우와 강승지(2019), 신지혜, 최혜순(2014), 양진희(2024), 이은해, 이미리, 박소연(2006), 정슬기(2023), 정희영(2010), 그리고 정희영, 방승미, 유희진(2012)의 분석기준을 수정 · 보완하여 〈표 4-4〉와 같이 양적연구, 질적연구, 문헌연구, 혼합연구로 분류하였다. 양적연구는 실험연구와 조사연구로 구분하였으며, 질적연구는 연구시기에 따라 분석 수의 차이는 있으나, 1970년에서 1990년대 사이 연구량이 양적연구와 문헌연구에 비해 상대적으로 적어, 근거이론연구, 사례연구, 실행연구, 내러티브 연구 등으로 세분화하여 분석하던 데이터를 통합하여 하나로 분류하였다. 문헌연구는 문헌고찰 및 수집, 분석, 평가하는 연구를, 혼합연구는 양적연구, 질적연구, 문헌연구를 병행한 연구를 의미한다. 연구방법을 보다 명확히 구분하기 위하여 김미애와 나인선(2018)의 분류기준에 따라, 내용분석 및 연구방법이 명확히 드러나지 않는 논문의 경우 연구결과를 검토하여 빈도 등 통계처리 혹은 수량화한 연구는 양적연구로, 내용에 대한 의미를 파악하고 연구자의 해석을 중심으로 분석하여 면담이나 사례분석, 유목화 등이 이루어진 연구는 질적연구로 구분하였다. 또한, 여러 문헌의 내용을 고찰 및 수집, 분석, 평가하는 연구는 문헌연구로, 양적연구, 질적연구, 문헌연구 등 하나 이상의 연구방법을 병행한 경우 혼합연구로 분류하였다.

표 4-4 연구방법 분류기준

유형	세부분류	내용
양적연구	실험연구	연구자가 독립변수를 체계적으로 조작하여 종속변수에 미치는 영향을 관찰하고, 통제된 조건 하에서 인과관계를 검증하는 연구
	조사연구	사람들의 신념, 태도, 경험, 특성, 또는 행동 등을 알아보기 위해 질문지, 면담, 관찰 등을 통해 자료를 수집하고 분석하는 연구
질적연구		내용에 대한 의미를 파악하고 연구자의 해석을 중심으로 분석하여 면담이나 사례 분석, 유목화 등이 이루어진 연구(문화기술적 연구, 사례연구, 실행연구, 내러티브 등)
문헌연구		특정 주제나 연구 문제와 관련된 기존 문헌, 연구결과, 이론, 개념 등을 체계적으로 수집, 정리, 분석, 종합하여 해당 분야의 지식과 연구 현황을 파악하는 연구
혼합연구		양적연구와 질적연구를 통합하여, 복잡한 연구 문제를 보다 깊이 이해하거나 포괄적으로 분석하기 위해 두 방법의 장점을 결합하는 연구

(4) 연구대상 분류기준

연구대상에 따른 연구 동향 분류기준은 신지혜, 최혜순(2014), 양진희 외(2020), 양진희(2024). 그리고 정희영 외(2012)의 분류를 참고하여 〈표 4-5〉와 같이 수정·보완하였다. 연구대상의 유형을 인적 대상과 물적 대상으로 나누었고, 인적 대상에는 유아, 교사(기관장), 부모(부, 모, 조부모), 혼합(유아와 교사, 유아와 부모, 교사와 부모, 기타 대상 혼합 등)으로 나누고, 물적 대상은 환경, 문헌 및 자료, 매체로 분류하였다.

표 4-5 연구대상 분류기준

대상	내용
인적 대상	유아(만 3, 4, 5세, 혼합), 예비유아교사, 유아교사, 기관장, 부모(부, 모), 혼합(유아와 교사, 유아와 부모, 교사와 부모, 교사와 기관장, 부모와 기관장)
물적 대상	환경(가정, 기관), 문헌 및 자료(보고서 및 연구물 등), 매체(프로그램 등)

3) 분석방법

본 연구는 1970년부터 2019년까지 연구된 유아교육 관련 논문을 연구시기, 연구유형, 연구방법, 연구대상별로 나누어 SPSS WIN 22.0 프로그램을 사용하여 각각의 분석기준에 따라 빈도와 백분율을 산출하였다.

2. 유아교육의 연구 동향분석

유아교육의 연구 동향을 보다 체계적으로 분석하기 위하여 본 연구에서는 연구시기, 연구유형, 교육과정에 따른 교과영역, 연구방법, 연구대상의 5가지 범주로 나누어 살펴보았다. 연구시기를 기준으로 각 시기별 연구의 양적 변화와 주요 특징을 분석하고, 연구유형을 통해 유아교육 분야에서 다루어진 주요 연구주제와 흐름을 검토하였다. 또한, 교육과정에 따른 연구내용을 분석하여 유아교육 연구가 교과별, 교육과정별로 어떻게 발전해왔는지 탐색하고, 연구방법의 변화를 통해 유아교육 연구에서 사용된 연구설계와 방법론의 경향을 살펴보았다. 끝으로, 연구대상의 변화를 분석함으로써 연구가 유아, 부모, 교사 및 전문가 등의 특정 집단의 인적 환경이나 가정이나 기관, 문헌 및 보고서, 프로그램 및 매체 등의 물리적 환경에 따른 확장 및 심화 과정을 고찰하였다.

1) 연구시기에 따른 유아교육 연구 동향

유아교육 연구 동향의 시기별 구분은 유아교육 연구가 시작되는 최초의 시기인 1970년을 기점으로 유아교육 연구가 활발하게 이뤄지고 있는 2010년대까지의 동향을 자세히 분석하여, 유아교육 관련 연구의 변화과정을 구체적으로 파악하였다. 이 과정을 통해 검색된 연구물의 시기별 연구 동향 분석 결과는 10년 단위의 분류 기준에 따라 제시하면 〈표 4-6〉과 같다.

표 4-6 연구시기에 따른 연구 동향

N=10,438(%)

유형 \ 시기	1970년대 (1970~1979)	1980년대 (1980~1989)	1990년대 (1990 ~1999)	2000년대 (2000~2009)	2010년대 (2010~2019)	전체
석사	6 (0.06)	207 (1.98)	699 (6.70)	3,072 (29.43)	2,391 (22.91)	6,375 (61.07)
박사	0 (0.00)	16 (0.15)	56 (0.54)	313 (3.00)	514 (4.92)	899 (8.61)
학술지	1 (0.01)	8 (0.08)	134 (1.28)	572 (5.48)	2,449 (23.46)	3,164 (30.3)
전체	7 (0.07)	231 (2.21)	889 (8.52)	3,957 (39.91)	5,354 (51.29)	10,438 (100.0)

〈표 4-6〉에 제시한 바와 같이, 유아교육 프로그램과 관련된 연구는 석사, 학술지, 박사논문 순으로 1990년대 점차 증가하기 시작하였으며, 2000년대에 급증세를, 그리고 2010년대에 가장 높은 증가율을 보였다. 연구물은 전체적으로 2020년대까지 꾸준히 증가 추세를 보이고 있다. 2020년대는 현재 2024년까지 5년간의 짧은 기간으로 인해 낮은 수치를 보이고

있으나, 전체적 짧은 기간의 비율로 보아서는 가장 높은 증가율을 보이고 있다. 특히 논문 유형의 변화를 살펴보면, 1970년대는 박사학위논문은 0편, 학술지는 1편, 석사 10편이었으나, 1980년대부터 석사학위논문은 252편으로 급증하였으며 2000년대에 3,419편으로 가장 높은 증가율을 보이다 2010년부터는 점진적으로 감소되는 현상을 보이고 있다. 학술지는 2000년대까지 꾸준히 증가 추세를 보이다가 2010년대에 최대 증가율을 보이며 석사학위와 비슷한 비율을 보여주었다. 석사학위는 2000년대에 급증하다 2000년대 이후 2010년까지 감소 추세를 보이고 있어 2020년대에는 학술지 논문보다 낮은 수치를 보여주고 있으며, 10년 단위를 기준으로 분석한 다른 시기에 비하여 5년의 자료에 대한 분석이라는 점에서 증가 폭과 해석에서는 차별화되어야 한다. 연구시기별 변화를 도표로 제시하면 [그림 4-1]과 같다.

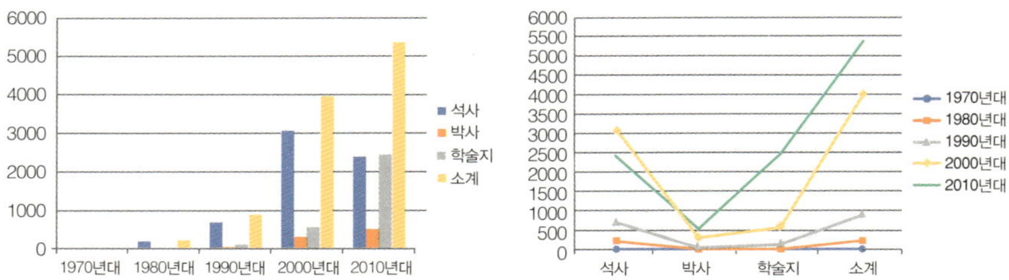

그림 4-1 연구시기에 따른 발표 논문 변화

연구논문의 유형에 따른 시기별 발표 분포를 살펴보면, 석사학위논문은 2000년부터 2009년까지 가장 높은 비율(43.58%)의 증가율을 보였으며, 2010년부터 2020년 사이는 약 33%로 감소 추세를 보였다. 다음으로는 학술지가 4,359편(32.47%)으로 높은 증가를 나타냈으며, 특히 2010년대에는 2,489편(57.10%)으로 매우 급격한 증가율을 보였다. 박사학위논문은 전체 약 9.1%로 50년 동안 가장 낮은 증가율을 보이고 있으나, 1980년대 19편의 논문을 시작으로 낮은 비율이지만 꾸준히 증가 추세를 보였다. 석사학위논문이 2010년대 이후 급감소한 현상은 유아교육에 대한 사회적 인식의 변화와 그 흐름을 파악함으로써 구체적인 이유에 대해 해석할 수 있을 것이다. 이 감소 추세의 원인을 찾는 일은 유아교육 양성과정이나 제도상의 문제 등 다양한 요소들을 분석함으로써 유아교육의 발전 방향을 모색하는 유용한 자료로 활용될 수 있다.

2) 연구내용에 따른 유아교육 연구 동향

(1) 연구유형에 따른 연구 동향

연구유형은 연구의 목적과 접근 방식에 따라 기초연구, 실천연구, 개발연구의 3가지로 분류하였으며, 각 유형 내에서 보다 세부적인 연구 분야를 설정하여 연구 동향을 분석하였다. 연구유형별 동향을 분석한 결과는 〈표 4-7〉과 같다.

첫째, 기초연구는 총 2,549편(24.39%)으로 확인되었으며, 이 중 연구 동향 분석이 1,873편(17.93%)으로 가장 높은 비중을 차지하였다. 연구 동향 분석 연구는 유아교육의 발전 과정과 연구 흐름을 살펴보고, 학문적 기초를 확립하는 데 중요한 역할을 한다. 이는 특정 연구 주제나 교육정책, 교육과정의 변화 등을 중심으로 연구의 흐름과 주요 이슈를 파악하는 연구들로 구성되었다. 특히, 2000년대 이후 유아교육의 다양한 연구 분야가 확장되면서 연구 동향 분석 연구도 함께 증가하는 경향을 보였다. 철학 및 이론 연구는 419편(4.01%)으로 확인되었으며, 유아교육의 철학적 배경과 교육 사상, 이론적 기초를 탐색하는 연구들이 포함되었다. 특히, 유아교육의 근본적인 개념을 고찰하거나 교육철학과 이론을 정립하는 연구들이 주로 이루어졌으며, 1980년대부터 지속적으로 증가하는 경향을 보였다.

표 4-7 연구유형에 따른 연구 동향

N=10,438(%)

시기	유형	기초연구				실천연구			개발연구				전체 (%)
		철학 이론	연구 동향	관계 분석	소계	인식 실태	교육 영역	소계	프로 그램	교수 방법	척도 도구	소계	
1970년대	석사	1 (0.01)	0 (0.00)	3 (0.03)	4 (0.04)	2 (0.02)	0 (0.00)	2 (0.02)	0 (0.00)	0 (0.00)	0 (0.00)	0 (0.00)	6 (0.06)
	박사	0 (0.00)	0 (0.00)	0 (0.00)	0 (0.00)	0 (0.00)	0 (0.00)	0 (0.00)	0 (0.00)	0 (0.00)	0 (0.00)	0 (0.00)	0 (0.00)
	학술지	1 (0.01)	0 (0.00)	0 (0.00)	1 (0.01)	0 (0.00)	0 (0.00)	0 (0.00)	0 (0.00)	0 (0.00)	0 (0.00)	0 (0.00)	1 (0.01)
	소계	2 (0.02)	0 (0.00)	3 (0.03)	5 (0.05)	2 (0.02)	0 (0.00)	2 (0.02)	0 (0.00)	0 (0.00)	0 (0.00)	0 (0.00)	7 (0.07)
1980년대	석사	6 (0.06)	4 (0.04)	33 (0.32)	43 (0.41)	81 (0.78)	36 (0.34)	117 (1.12)	40 (0.38)	7 (0.07)	0 (0.00)	47 (0.45)	207 (1.98)
	박사	3 (0.03)	0 (0.00)	2 (0.02)	5 (0.05)	5 (0.05)	1 (0.00)	6 (0.06)	5 (0.05)	0 (0.00)	0 (0.00)	5 (0.05)	16 (0.15)
	학술지	4 (0.04)	0 (0.00)	0 (0.00)	4 (0.04)	0 (0.00)	4 (0.04)	4 (0.04)	0 (0.00)	0 (0.00)	0 (0.00)	0 (0.00)	8 (0.08)
	소계	13 (0.12)	4 (0.04)	35 (0.34)	52 (0.50)	86 (0.82)	41 (0.39)	127 (1.22)	45 (0.43)	7 (0.07)	0 (0.00)	52 (0.50)	231 (2.21)
1990년대	석사	47 (0.45)	5 (0.05)	132 (1.26)	184 (1.76)	248 (2.38)	81 (0.78)	329 (3.15)	114 (1.09)	66 (0.63)	6 (0.06)	186 (1.78)	699 (6.70)
	박사	10 (0.10)	0 (0.00)	15 (0.14)	25 (0.24)	9 (0.09)	6 (0.06)	15 (0.14)	7 (0.07)	8 (0.08)	1 (0.01)	16 (0.15)	56 (0.54)
	학술지	71 (0.68)	0 (0.00)	5 (0.05)	76 (0.73)	37 (0.35)	0 (0.00)	37 (0.35)	17 (0.16)	3 (0.03)	1 (0.01)	21 (0.20)	134 (1.28)
	소계	128 (1.23)	5 (0.05)	152 (1.46)	285 (2.75)	294 (2.82)	87 (0.83)	381 (3.65)	138 (1.32)	77 (0.74)	8 (0.08)	223 (2.14)	889 (8.52)
2000년대	석사	9 (0.09)	15 (0.14)	431 (4.13)	455 (4.36)	1,103 (10.57)	495 (4.74)	1,598 (15.31)	548 (5.25)	449 (4.30)	22 (0.21)	1,019 (9.76)	3,072 (29.43)
	박사	10 (0.10)	0 (0.00)	42 (0.40)	52 (0.50)	59 (0.57)	22 (0.21)	81 (0.78)	128 (1.23)	37 (0.35)	15 (0.14)	180 (1.72)	313 (3.00)
	학술지	104 (1.00)	13 (0.12)	49 (0.47)	166 (1.59)	214 (2.05)	30 (0.29)	244 (2.34)	109 (1.04)	46 (0.44)	7 (0.07)	162 (1.55)	572 (5.48)
	소계	123 (1.08)	28 (0.27)	522 (5.00)	673 (6.45)	1,376 (13.18)	547 (5.24)	1,923 (18.42)	785 (7.52)	532 (5.10)	44 (0.42)	1,361 (13.04)	3,957 (39.91)
2010년대	석사	67 (0.64)	52 (0.50)	758 (7.26)	877 (8.40)	963 (9.23)	225 (2.16)	1,188 (11.38)	171 (1.64)	142 (1.36)	13 (0.12)	326 (3.12)	2,391 (22.91)
	박사	12 (0.11)	6 (0.06)	24 (0.23)	49 (0.40)	115 (1.10)	36 (0.34)	151 (1.45)	277 (2.65)	18 (0.17)	26 (0.25)	321 (3.08)	514 (4.92)
	학술지	74 (0.71)	163 (1.56)	379 (3.63)	616 (5.90)	1,205 (11.54)	206 (1.97)	1,411 (13.52)	304 (2.91)	63 (0.60)	55 (0.53)	422 (4.04)	2,449 (23.46)
	소계	153 (1.47)	218 (2.09)	1,160 (11.11)	1,535 (14.70)	2,283 (21.87)	467 (4.47)	2,750 (26.35)	752 (7.20)	223 (2.14)	94 (0.90)	1,069 (10.24)	5,354 (51.29)

시기	유형	기초연구				실천연구			개발연구				전체 (%)
		철학 이론	연구 동향	관계 분석	소계	인식 실태	교육 영역	소계	프로 그램	교수 방법	척도 도구	소계	
전체	석사	130 (1.25)	76 (0.73)	1,357 (13.00)	1,563 (14.97)	2,397 (22.96)	837 (8.02)	3,234 (30.98)	873 (8.36)	664 (6.36)	41 (0.39)	1,578 (15.12)	6,375 (61.07)
	박사	35 (0.34)	6 (0.06)	83 (0.80)	124 (1.16)	188 (1.80)	65 (0.62)	253 (2.42)	417 (4.00)	63 (0.60)	42 (0.40)	522 (5.00)	899 (8.61)
	학술지	254 (2.43)	176 (1.69)	433 (4.15)	863 (8.26)	1,456 (13.95)	240 (2.30)	1,696 (16.25)	430 (4.12)	112 (1.07)	63 (0.60)	605 (5.80)	3,164 (30.30)
	소계	419 (4.01)	258 (2.47)	1,873 (17.93)	2,550 (24.43)	4,041 (38.71)	1,142 (10.94)	5,183 (49.66)	1,720 (16.48)	839 (8.04)	146 (1.40)	2,705 (25.91)	10,438 (100.00)

〈표 4-7〉과 같이, 관계 분석 연구는 258편(2.47%)으로 나타났으며, 주로 유아의 발달과 교육 효과에 영향을 미치는 다양한 요인 간의 관계를 분석하는 연구들로 구성되었다. 예를 들어, 유아의 사회성 발달과 부모 양육 태도 간의 관계, 교사의 교수 전략과 유아의 학습 성과 간의 관계 등을 탐색하는 연구들이 포함되었다. 관계 분석 연구는 1990년대 이후 실증적 연구 방법이 확장되면서 증가하기 시작하였으며, 특히 2000년대 이후 다양한 변인 간의 관계를 분석하는 연구가 급증하는 경향을 보였다.

둘째, 실천연구는 전체 연구의 49.66%(5,183편)를 차지하며, 가장 높은 비중을 보였다. 실천연구 중에서는 교육영역 연구가 3,234편(30.98%)으로 가장 많이 수행되었으며, 실태 및 인식 연구가 1,142편(10.94%)으로 뒤를 이었다.

셋째, 개발연구는 총 2,705편(25.91%)으로, 연구유형 중 두 번째로 높은 비율을 차지하였다. 세부적으로 살펴보면, 척도 및 도구 연구가 1,578편(15.12%)으로 가장 높은 비율을 보였으며, 프로그램 개발 연구(1,720편, 16.48%)와 교수 방법 연구(839편, 8.04%)도 활발히 이루어졌다.

연구유형별 동향을 시기별로 분석한 결과, 1970년대부터 2010년대까지 연구의 양적 증가와 함께 연구유형별 변화가 뚜렷하게 나타났다. 연구 편수는 지속적으로 증가했으며, 연구의 초점 또한 학문적 탐색에서 실천 및 개발 중심으로 확장되는 경향을 보였다. 또한, 석사학위논문, 박사학위논문, 학술지 논문의 게재 현황을 함께 분석하여 연구유형별 특성을 보다 구체적으로 분석하면 다음과 같다.

1970년대는 연구가 본격적으로 시작된 시기로, 전체 연구 편수는 7편(0.07%)에 불과했다. 기초연구는 5편(0.05%)으로 연구 동향 분석 연구(3편), 철학 및 이론 연구(2편) 등이 수행되었으며, 실천연구는 실태 및 인식 연구와 교육 영역 연구가 각각 1편씩 이루어졌다. 1970년대는 대표적으로 관계 분석 연구, 철학 및 이론 연구, 그리고 인식 및 실태 연구가 주를 이루었으며, 반면, 개발연구는 수행되지 않았다. 석사논문이 6편(0.06%)으로 대부분을 차지했으며, 박사논문은 발표되지 않았다. 또한, 학술지 논문은 단 1편(0.01%)만 게재되었으며, 연구의 기반이 아직 형성되지 않은 단계로, 개별연구가 소규모로 이루어진 수준이었다.

1980년대는 실천연구(127편, 1.22%)가 가장 많았으며, 기초연구와 개발연구는 52편(0.50%)이 수행되었다. 기초연구는 관계 분석 연구(35편, 0.34%)가 가장 많았고, 철학 및 이론 연구(13편, 0.12%)와 연구 동향 분석 연구(4편, 0.04%)도 일부 수행되었다. 실천연구는 인식 및 실태 연구(86편, 0.82%)가 가장 많았으며, 교육영역 연구(41편, 0.39%)도 일부 수행되었다. 개발연구는 프로그램 개발연구(45편, 0.43%)가 대부분을 차지했다. 1980년대 전체적으로 가장 높은 비율을 차지하는 연구유형은 인식 및 실태 연구, 프로그램 개발 연구, 교육영역 연구, 관계 분석 연구 순이었다. 논문유형별 연구유형에 따른 연구동향을 살펴보면, 석사논문(207편, 1.98%), 박사논문(16편, 0.15%), 학술지(8편, 0.08%) 순으로 많았으며, 석사논문은 실천연구(117편, 1.12%), 개발연구(47편, 0.45%), 기초연구(43편, 0.41%) 순으로, 박사논문은 실천연구(6편, 0.06%), 기초연구와 개발연구(5편, 0.05%) 순으로, 그리고 학술지는 기초연구와 실천연구(4편, 0.04%) 순으로 많았으며, 개발연구는 수행되지 않았다. 이 시기는 연구 활동이 점진적으로 증가했으며, 실천연구와 연구 동향 분석이 주요 연구 분야로 자리 잡기 시작했다.

1990년대는 실천연구(381편, 3.65%)가 가장 많았으며, 기초연구(285편, 2.75%), 개발연구(223편, 2.14%) 순으로 많았다. 기초연구는 관계 분석 연구(152편, 1.46%)가 가장 높은 비중을 차지하였고, 철학 및 이론 연구(128편, 1.23%)와 연구 동향 분석 연구(5편, 0.05%)도 증가하였다. 실천연구는 인식 및 실태 연구(294편, 2.82%)가 가장 많았으며, 교육영역 연구(87편, 0.83%)가 포함되었다. 개발연구는 프로그램 개발 연구(138편, 1.32%)가 가장 많았으며, 다음으로 교수 방법 연구(77편, 0.74%), 척도 및 도구 개발 연구(8편, 0.08%) 순으로 이뤄졌다. 1990년대 전체적으로 가장 높은 비율을 차지하는 연구유형은 1980년대와 같이 인식 및 실태 연구로 나타났으며, 다음은 관계 분석 연구, 프로그램 개발 연구, 철학 및 이론 연구 순으로 높았다. 논문유형별 연구유형에 따른 연구동향을 살펴보면, 석사논문(699편, 6.70%), 학술지(134편, 1.28%), 박사논문(56편, 0.54%) 순으로 많았으며, 석사논문은 실천연구(329편, 3.15%), 개발연구(186편, 1.78%), 기초연구(184편, 1.76%) 순으로, 학술지는 기초연구(76편, 0.73%), 실천연구(37편, 0.35%), 개발연구(21편, 0.20%) 순으로, 그리고 박사논문은 기초연구(25편, 0.24%), 개발연구(16편, 0.15%), 실천연구(15편, 0.14%) 순으로 많았다. 이 시기는 연구가 본격적으로 확장되었으며, 실천연구의 증가와 함께 개발연구의 비중도 점차 확대되었다.

2000년대는 실천연구(1,923편, 18.45%)가 가장 많았으며, 개발연구(1,361편, 13.04%), 기초연구(673편, 6.45%) 순으로 많았다. 기초연구는 관계 분석 연구(522편, 5.00%)가 주를 이루었으며, 철학 및 이론 연구(123편, 1.08%)와 관계 분석 연구(28편, 0.27%)도 지속적으로 수행되었다. 실천연구는 인식 및 실태 연구(1,376편, 13.18%)가 압도적으로 많았으며, 교육영역 연구(547편, 5.24%)도 증가하였다. 개발연구는 프로그램 개발 연구(785편, 7.52%)와 교수 방법 연구(532편, 5.10%)가 두드러지게 증가하였다. 2000년대 전체적으로 가장 높은 비율을 차지하는 연구유형은 1980년대, 1990년대와 같이 인식 및 실태 연구로 나타났으며, 다음은 관계 분석 연구, 프로그램 개발 연구, 철학 및 이론 연구 순으로 높았다. 논문유형별 연구유형에 따른 연구동향을 살펴보면, 석사논문(3,072편, 29.43%), 학술지(572편, 5.48%), 박사논문(313편, 3.0%) 순으로 많았으며, 석사논문은 실천연구(1,598편, 51.31%), 개발연구(1,019편, 9.76%), 기초연구(453편, 4.36%) 순으로, 학술지는 실천연구(244편, 2.34%), 기초연구(166편, 1.59%), 개발연구(162편, 1.55%) 순으로, 그리고 박사논문은 개발연구(180편, 1.72%), 실천연구(81편, 0.78%), 기초연구(52편, 0.50%) 순으로 많았다. 이 시기는 연구의 질적 · 양적 성장 시기이며, 실천연구와 개발연구가 빠르게 증가하였다.

2010년대는 실천연구(2,750편, 26.35%)가 가장 많았으며, 기초연구(1,535편, 14.70%), 개발연구(1,069편, 10.24%) 순으로 많았다. 기초연구는 관계 분석 연구(1,160편, 11.11%)가 압도적으로 많았으며, 철학 및 이론 연구(153편, 1.47%)와 연구동향 분석 연구(218편, 2.09%)도 증가하였다. 실천연구는 인식 및 실태 연구(2,283편, 21.87%)가 지속적으로 높은 비율을 보였으며, 교육영역 연구(467편, 4.47%)도 꾸준히 수행되었다. 개발연구는 프로그램 개발 연구(752편, 7.20%)와 교수 방법 연구(223편, 2.14%)가 많았다. 2010년대 전체적으로 가장 높은 비율을 차지하는 연구유형은 1980년대, 1990년대, 2000년대와 같이 여전히 인식 및 실태 연구로 나타났으며, 다음은 관계 분석 연구, 프로그램 개발 연구, 교육영역 연구 순으로 높았다. 논문유형별 연구유형에 따른 연구동향을 살펴보면, 학술지(2,449편, 23.46%), 석사논문(2,391편, 22.91%), 박사논문(514편, 4.92%) 순으로 많았으며, 학술지는 실천연구(1,411편, 13.52%), 기초연구(616편, 5.90%), 개발연구(422편, 4.04%) 순으로, 석사논문은 실천연구(1,188편, 2.34%), 기초연구(877편, 8.40%), 개발연구(326편, 3.12%) 순으로, 그리고 박사논문은 개발연구(321편, 3.08%), 실천연구(151편, 1.45%), 기초연구(42편, 0.40%) 순으로 많았다. 이 시기는 연구의 정착기이며, 연구유형이 다양화되고 실용적 연구가 증가하는 경향을 보였다.

연구유형별 동향을 종합적으로 살펴보면, [그림 4-2]를 통해서 분석할 수 있다.

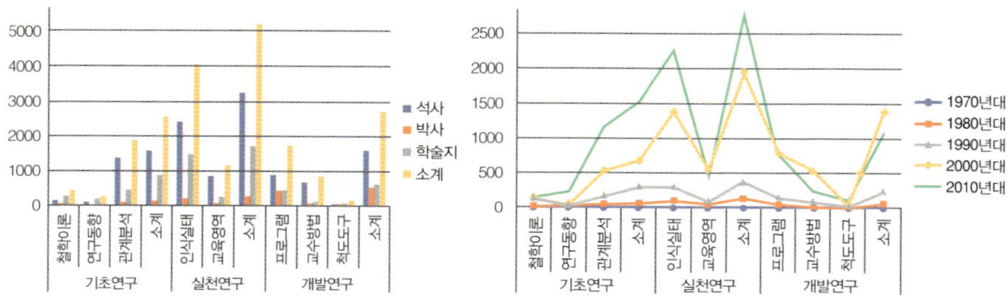

그림 4-2 연구유형에 따른 연구논문 비교

연구유형별 초기에는 기초연구가 중심이 되었으나, 1990년대 이후 실천연구와 개발연구의 비중이 증가하는 경향을 보였다. 1970~1980년대에는 유아교육의 이론적 기초를 확립하는 연구가 많았으며, 연구 동향 분석과 철학 · 이론 연구가 주를 이루었다. 그러나 1990년대 이후 교육 현장의 실질적인 변화와 개선을 목표로 하는 실천연구와 개발연구가 증가하기 시작하였다.

특히, 2000년대 이후 연구방법론의 발전과 함께 실천연구 및 개발연구의 비율이 높아졌으며, 유아 교육과정 개정과 교육정책 변화에 따라 연구가 활성화되었다. 실천연구의 증가는 교육 현장에서의 요구와 정책적 변화가 반영된 결과로 해석되며, 실태 조사 및 교육과정 연구가 활발히 이루어졌다. 개발연구의 경우, 유아교육 프로그램 및 교수 방법 개발, 평가도구 개발 등의 연구가 2010년대 이후 꾸준히 증가하였다. 이는 유아교육의 효과성을 측정하고 실질적인 교육적 개입을 가능하게 하는 연구가 증가하고 있음을 보여준다. 특히, 최근에는 놀이중심 교육, 창의성 개발, 디지털 기술 활용 교육 등과 관련된 연구가 활발하게 진행되고 있다.

향후 연구에서는 실천연구와 개발연구가 지속적으로 이루어져야 하며, 특히 유아교육의 질적 향상을 위한 실증적 연구와 평가 연구가 강화될 필요가 있다. 또한, 기초연구의 지속적인 수행을 통해 유아교육의 학문적 기반을 더욱 공고히 하고, 실천 및 개발 연구와의 균형을 맞추는 것이 중요할 것이다. 이러한 연구 동향 분석을 바탕으로, 향후 유아교육 연구는 보다 실용적이고 현장중심적인 방향으로 발전할 것으로 기대된다.

(2) 교육과정 영역에 따른 연구 동향

본 연구는 유아교육 연구에서 교육과정의 영역별 연구 동향을 분석하기 위해 건강교육, 사회교육, 언어교육, 과학교육, 음악교육, 수학교육, 미술교육, 멀티미디어, 동작교육 등 교과영역과 일반영역(교육과정, 교사교육, 부모교육, 정책제도, 기타)을 포함하여 시기별 연구 경향을 살펴보았으며, 그 결과는 〈표 4-8〉과 같다. 이를 바탕으로 연구 내용의 변화와 특징을 분석하였다.

표 4-8 교육과정 영역에 따른 연구 동향

N=10,438(%)

시기	유형	교과영역										일반영역						전체
		건강교육	사회교육	언어교육	과학교육	음악교육	수학교육	미술교육	멀티미디어	동작교육	소계	교육과정	교사교육	부모교육	정책제도	기타	소계	
1970년대	석사	0 (0.00)	1 (0.01)	0 (0.00)	1 (0.01)	1 (0.01)	0 (0.00)	0 (0.00)	0 (0.00)	1 (0.01)	4 (0.04)	1 (0.01)	1 (0.01)	0 (0.00)	0 (0.00)	0 (0.00)	2 (0.02)	6 (0.06)
	박사	0 (0.00)	0 (0.00)	0 (0.00)	0 (0.00)	0 (0.00)	0 (0.00)	0 (0.00)	0 (0.00)	0 (0.00)	0 (0.00)	0 (0.00)	0 (0.00)	0 (0.00)	0 (0.00)	0 (0.00)	0 (0.00)	0 (0.00)
	학술지	0 (0.00)	0 (0.00)	1 (0.01)	0 (0.00)	0 (0.00)	0 (0.00)	0 (0.00)	0 (0.00)	0 (0.00)	1 (0.01)	0 (0.00)	0 (0.00)	0 (0.00)	0 (0.00)	0 (0.00)	0 (0.00)	1 (0.01)
	소계	0 (0.00)	1 (0.01)	1 (0.01)	1 (0.01)	1 (0.01)	0 (0.00)	0 (0.00)	0 (0.00)	1 (0.01)	5 (0.05)	1 (0.01)	1 (0.01)	0 (0.00)	0 (0.00)	0 (0.00)	2 (0.02)	7 (0.07)

시기	유형	교과영역										일반영역						전체
		건강교육	사회교육	언어교육	과학교육	음악교육	수학교육	미술교육	멀티미디어	동작교육	소계	교육과정	교사교육	부모교육	정책제도	기타	소계	
1980년대	석사	4 (0.04)	24 (0.23)	12 (0.11)	7 (0.07)	25 (0.24)	6 (0.06)	5 (0.05)	3 (0.03)	3 (0.03)	89 (0.85)	34 (0.33)	23 (0.22)	10 (0.10)	9 (0.09)	42 (0.40)	118 (1.13)	207 (1.98)
	박사	1 (0.01)	2 (0.02)	0 (0.00)	0 (0.00)	1 (0.01)	0 (0.00)	0 (0.00)	0 (0.00)	0 (0.00)	4 (0.04)	8 (0.08)	2 (0.02)	0 (0.00)	0 (0.00)	2 (0.02)	12 (0.11)	16 (0.15)
	학술지	0 (0.00)	0 (0.00)	2 (0.02)	0 (0.00)	0 (0.00)	0 (0.00)	0 (0.00)	0 (0.00)	2 (0.02)	4 (0.04)	0 (0.00)	0 (0.00)	0 (0.00)	0 (0.00)	4 (0.04)	4 (0.04)	8 (0.08)
	소계	5 (0.05)	26 (0.25)	14 (0.13)	7 (0.07)	26 (0.25)	6 (0.06)	5 (0.00)	3 (0.03)	5 (0.05)	97 (0.93)	42 (0.40)	25 (0.24)	10 (0.10)	9 (0.09)	48 (0.46)	134 (1.28)	231 (2.21)
1990년대	석사	14 (0.13)	66 (0.63)	60 (0.57)	26 (0.25)	85 (0.81)	19 (0.18)	27 (0.26)	28 (0.27)	33 (0.32)	358 (3.43)	85 (0.81)	54 (0.52)	39 (0.37(	46 (0.44)	117 (1.12)	341 (3.27)	699 (6.70)
	박사	1 (0.01)	10 (0.10)	3 (0.03)	1 (0.01)	4 (0.04)	0 (0.00)	2 (0.02)	0 (0.00)	0 (0.00)	21 (0.20)	8 (0.08)	4 (0.04)	1 (0.01)	4 (0.04)	18 (0.18)	35 (0.34)	56 (0.54)
	학술지	6 (0.06)	17 (0.16)	2 (0.02)	2 (0.02)	3 (0.03)	5 (0.05)	0 (0.00)	4 (0.04)	3 (0.03)	42 (0.40)	34 (0.33)	10 (0.10)	5 (0.05)	10 (0.10)	33 (0.32)	92 (0.88)	134 (1.28)
	소계	21 (0.20)	93 (0.89)	65 (0.62)	29 (0.28)	92 (0.88)	24 (0.23)	29 (0.28)	32 (0.31)	36 (0.34)	421 (4.03)	127 (1.22)	68 (0.65)	45 (0.43)	60 (0.57)	168 (1.61)	468 (4.48)	889 (8.52)
2000년대	석사	81 (0.78)	261 (2.50)	341 (3.27)	134 (1.27)	268 (2.57)	106 (1.02)	128 (1.23)	87 (0.83)	139 (1.33)	1,545 (14.80)	275 (2.63)	84 (0.80)	150 (1.44)	95 (0.91)	923 (8.84)	1,527 (14.63)	3,072 (29.43)
	박사	10 (0.10)	44 (0.42)	28 (0.27)	29 (0.28)	16 (0.15)	14 (0.13)	12 (0.11)	8 (0.08)	15 (0.14)	176 (1.69)	22 (0.21)	16 (0.15)	29 (0.28)	15 (0.14)	55 (0.53)	137 (1.31)	313 (3.00)
	학술지	24 (0.23)	92 (0.88)	15 (0.14)	38 (0.36)	18 (0.17)	18 (0.17)	6 (0.06)	30 (0.29)	21 (0.20)	262 (2.51)	66 (0.63)	23 (0.22)	59 (0.57)	37 (0.35)	125 (1.20)	310 (2.97)	572 (5.48)
	소계	115 (1.10)	397 (3.80)	384 (3.68)	201 (1.93)	302 (2.89)	138 (1.32)	146 (1.40)	125 (1.20)	175 (1.68)	1,983 (19.00)	363 (3.48)	123 (1.18)	238 (2.28)	147 (1.41)	1,103 (10.57)	1,974 (18.91)	3,957 (37.91)
2010년대	석사	212 (2.03)	216 (2.07)	188 (1.80)	181 (1.73)	177 (1.70)	71 (0.68)	106 (1.002	57 (0.55)	87 (0.83)	1,295 (12.41)	423 (4.05)	159 (1.52)	218 (2.09)	178 (1.71)	118 (1.13)	1,096 (10.50)	2,391 (22.91)
	박사	39 (0.37)	89 (0.85)	21 (0.20)	61 (0.58)	25 (0.24)	32 (0.31)	34 (0.33)	8 (0.08)	15 (0.14)	324 (3.10)	55 (0.53)	17 (0.16)	46 (0.44)	39 (0.37)	33 (0.32)	190 (1.82)	514 (4.920)
	학술지	190 (1.82)	187 (1.79)	127 (1.22)	208 (1.99)	99 (0.95)	96 (0.92)	96 (0.92)	64 (0.61)	83 (0.80)	1,150 (11.020	243 (2.33)	172 (1.65)	48 (0.46)	131 (1.26)	705 (6.75)	1,299 (12.44)	2,449 (23.46)
	소계	441 (4.22)	492 (4.71)	336 (3.22)	450 (4.31)	301 (2.88)	199 (1.91)	236 (2.26)	129 (1.24)	185 (1.77)	2,769 (26.52)	721 (6.91)	348 (3.33)	312 (2.99)	348 (3.33(	856 (8.20)	2,585 (24.77)	5,354 (51.29)
전체	석사	311 (2.98)	568 (5.44)	601 (5.76)	349 (3.34)	556 (5.33)	202 (1.94)	266 (2.55)	175 (1.68)	263 (2.52)	3,291 (31.53)	818 (7.84)	321 (3.08)	417 (4.00)	328 (3.14)	1,200 (11.50)	3,084 (29.55)	6,375 (61.07)
	박사	51 (0.49)	145 (1.39)	52 (0.50)	91 (0.87)	46 (0.44)	46 (0.44)	48 (0.46)	16 (0.15)	30 (0.29)	525 (5.03)	93 (0.89)	39 (0.37)	76 (0.73)	58 (0.56)	108 (1.03)	374 (3.58)	899 (8.61)
	학술지	220 (2.11)	296 (2.84)	147 (1.41)	248 (2.38)	120 (1.15)	119 (1.14)	102 (0.98)	98 (0.94)	109 (1.04)	1,459 (13.98)	343 (3.29)	205 (1.960	112 (1.07)	178 (1.71)	867 (8.31)	1,705 (16.33)	3,164 (30.31)
	소계	582 (5.58)	1,009 (9.67)	800 (7.66)	688 (6.59)	722 (6.92)	367 (3.52)	416 (3.99)	289 (2.77)	402 (3.85)	5,275 (50.54)	1,254 (12.01)	565 (5.41)	605 (5.80)	564 (5.40)	2,175 (20.84)	5,163 (49.46)	10,438 (100.0)

〈표 4-8〉과 같이, 교육과정 연구 동향을 교과영역과 일반영역으로 구분하여 분석한 결과, 총 10,438편의 연구 중 교과영역 연구는 5,275편(50.54%), 일반영역 연구는 5,163편(49.46%)을 차지하였다. 이는 연구의 절반 이상이 특정 교과 내용을 중심으로 이루어졌으며, 나머지는 교육과정 전반이나 정책, 교사 및 부모교육과 관련된 연구가 수행되었음을 의미한다.

교과영역에서 가장 많이 연구된 분야는 사회교육(1,009편, 9.67%)과 언어교육(800편, 7.66%)으로 나타났다. 이는 유아 및 아동 교육에서 사회성과 의사소통 능력 발달이 중요한 요소로 다루어지고 있음을 반영한다. 그 외에도 음악교육(722편, 6.92%), 과학교육(688편, 6.59%), 건강교육(582편, 5.58%) 분야 순으로 많은 연구가 이루어졌다. 이는 유아 및 초등 교육에서 창의성과 신체활동을 강조하는 경향과 일치하는 결과로 볼 수 있다.

일반영역에서는 교육과정 관련 연구(1,254편, 12.01%)와 부모교육 연구(605편, 5.80%)가 가장 높은 비중을 차지하였다. 이는 유아 및 아동 교육에서 학습과정 설계 및 부모참여의 중요성이 지속적으로 강조되고 있음을 시사한다. 또한, 교사교육(565편, 5.41%)과 정책 및 제도 연구(564편, 5.40%)도 중요한 연구 분야로 다루어졌다. 정책 연구는 교육 개혁과 제도적 변화에 대한 관심이 증가하면서 꾸준히 이루어졌으며, 교사교육 연구는 교사의 역량 강화와 직무 만족도 향상을 위한 다양한 방안을 탐색하는 데 초점을 맞추고 있다.

특히, 기타 교육 관련 연구(2,175편, 20.84%)가 증가하는 경향을 보였다. 이는 기존의 전통적인 교육과정 연구에서 벗어나 보다 다양한 교육 접근 방식과 융합교육에 대한 관심이 높아지고 있음을 보여준다. 전체적인 흐름은 [그림 4-3]과 같다.

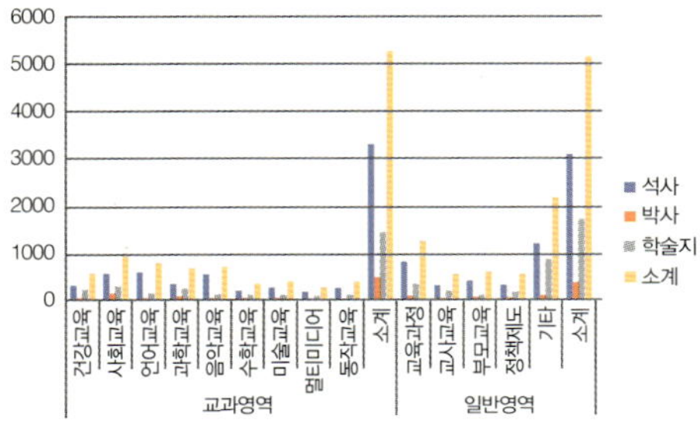

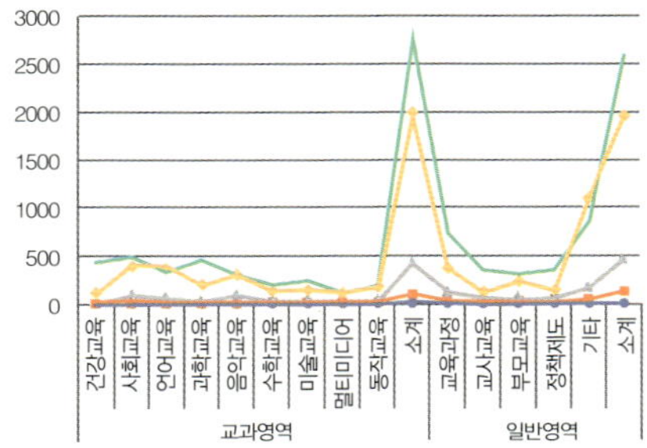

그림 4-3 교육과정(영역)에 따른 연구논문 비교

연구의 전체적인 흐름은 초기에는 교육과정과 정책연구 중심으로 이루어졌으나, 이후 교과영역 연구가 점진적으로 증가하면서 다양한 교육 분야에서의 연구가 활성화되는 경향을 보였다. 특히, 2000년대 이후 연구 편수가 급격히 증가하면서 실천적 연구와 개발 연구의 비중이 확대되었으며, 2010년대는 연구의 적용성과 다각화가 더욱 강조되었다.

다음에서는 연구의 시대적 변화를 보다 구체적으로 살펴보기 위해 시기별 연구 동향을 분석하였다.

1970년대는 연구가 시작되는 단계로, 전체 연구 편수가 7편(0.07%)에 불과하였다. 교과영역에서는 사회교육, 언어교육, 과학교육, 음악교육, 동작교육 등에서 소수의 연구가 이루어졌으며, 일반영역에서는 교육과정 및 교사 교육 연구가 2편 수행되었다. 박사논문은 발표되지 않았으며, 대부분 석사논문(6편, 0.06%)과 학술지 논문(1편, 0.01%)으로 발표되었다. 논문유형별 교육과정에 따른 연구동향을 살펴보면, 석사논문은 교과영역 연구(4편, 0.04%), 일반영역 연구(2편, 0.02%) 순으로 많았으며, 학술지는 교과영역 연구(1편, 0.01%)만 수행되었다.

1980년대는 교과영역 연구(97편, 0.93%)와 일반영역 연구(134편, 1.28%)가 비슷한 비율로 수행되었다. 교과영역 연구는 사회교육과 음악교육 분야의 연구(26편, 0.25%)가 가장 많았으며, 언어교육(14편, 0.13%), 과학교육(7편, 0.07%) 순으로 많았다. 일반영역 연구는 교육과정 연구(42편, 0.40%)와 교사교육 연구(25편, 0.24%)가 중요한 연구 주제로 다루어졌다. 논문유형별 교육과정에 따른 연구동향을 살펴보면, 일반영역 연구는 석사논문(118편, 1.28%), 박사논문(12편, 0.11%), 학술지(4편, 0.04%) 순으로 많았으며, 교과영역 연구는 석사논문(89편, 0.85%), 박사논문과 학술지(4편, 0.04%) 순으로 많았다.

1990년대는 일반영역 연구(468편, 4.48%)와 교과영역 연구(421편, 4.03%) 순으로 많았으나, 거의 비슷한 비율로 다양한 연구 분야가 활성화되었다. 교과영역 연구는 사회교육(93편, 0.62%), 음악교육(92편, 0.88%), 언어교육(65편, 0.62%) 순으로 연구가 활발하게 이루어졌다. 일반영역 연구는 교육과정 연구(127편, 1.22%), 교사교육 연구(68편, 0.65%) 순으로 높은 비중을 차지하였다. 논문유형별 교육과정에 따른 연구동향을 살펴보면, 일반영역 연구는 석사논문(341편, 3.27%), 학술지(92편, 0.88%), 박사논문(35편, 0.34%) 순으로, 교과영역 연구는 석사논문(368편, 3.43%), 학술지(42편, 0.40%), 박사논문(21편, 0.20%) 순으로 많았다.

2000년대는 교과영역 연구(1,983편, 19.00%)와 일반영역 연구(1,974편, 18.91%)가 균형을 이루었다. 교과영역 연구는 사회교육(397편, 3.80%), 언어교육(384편, 3.68%), 음악교육(302편, 2.89%), 과학교육(201편, 1.93%) 순으로, 일반영역 연구는 교육과정 연구(363편, 3.48%), 부모교육 연구(238편, 2.28%) 순으로 많은 연구가 이뤄졌다. 논문유형별 교육과정에 따른 연구동향을 살펴보면, 일반영역 연구는 석사논문(1,527편, 14.63%), 학술지(310편, 2.97%), 박사논문(137편, 1.31%) 순으로 많았으며, 교과영역 연구는 석사논문(1,545편, 14.80%), 학술지(262편, 2.51%), 박사논문(176편, 1.69%) 순으로 연구가 많이 이뤄졌다.

2010년대는 교과영역 연구(2,756편, 26.40%)와 일반영역 연구(2,585편, 24.77%) 모두 크게 증가하였다. 교과영역 연구는 사회교육(492편, 4.71%), 언어교육(441편, 4.22%), 과학교육(450편, 4.31%), 언어교육(336편, 3.22%) 순으로, 일반영역 연구는 교육과정 연구(721편, 6.91%), 교사교육과 정책 및 제도 연구(348편, 3.33%) 순으로 많은 연구가 이뤄졌다. 논문유형별 교육과정에 따른 연구동향을 살펴보면, 교과영역 연구는 석사논문(1,295편, 12.41%), 학술지(1,150편, 11.02%), 박사논문(324편, 3.10%) 순으로, 일반영역 연구는 학술지(1,299편, 12.44%), 석사논문(1,096편, 10.50%), 박사논문(190편, 1.82%) 순으로 많이 수행되었으나, 전반적으로 학술지 논문의 비중이 더욱 확대되었다.

1970~1980년대는 연구의 초점이 교육과정과 교사교육에 맞추어졌으며, 교과영역 연구는 상대적으로 적었다. 1990년대 이후부터 교과영역 연구가 급증하며 다양한 교육 분야에서 연구가 수행되기 시작하였다. 2000년대 이후 연구의 양적 증가가 두드러졌으며, 교과영역과 일반영역 연구가 균형을 이루는 형태로 발전하였다. 2010년대는 연구의 다양성과 적용성이 더욱 확대되었으며, 학술지 논문의 비중이 증가하면서 연구의 질적 수준도 향상되었다. 앞으로의 연구에서는 융합교육, 창의성교육, 디지털 기술을 활용한 교육 프로그램 개발 등 새로운 연구 방향을 고려하는 것이 중요할 것으로 보인다.

3) 연구방법에 따른 유아교육 연구 동향

연구방법에 따른 연구 동향은 양적연구, 질적연구, 문헌연구, 혼합연구로 분류하였다. 양적연구는 실험연구와 조사연구로 구분하였으며, 질적연구는 근거이론연구, 사례연구. 실행연구, 내러티브 연구를 포함하였다. 석·박사 학위논문과 학술지 논문의 전반적인 연구방법을 분석한 결과를 살펴보면 〈표 4-9〉와 같다.

표 4-9 연구방법에 따른 연구 동향

N=10,438(%)

시기	유형	양적연구			질적연구	문헌연구	혼합연구	전체(%)
		실험연구	조사연구	소계				
1970년대	석사	1 (0.01)	3 (0.03)	4 (0.04)	0 (0.00)	1 (0.01)	1 (0.01)	6 (0.06)
	박사	0 (0.00)	0 (0.00)	0 (0.00)	0 (0.00)	0 (0.00)	0 (0.00)	0 (0.00)
	학술지	0 (0.00)	0 (0.00)	0 (0.00)	0 (0.00)	1 (0.01)	0 (0.00)	1 (0.01)
	소계	1 (0.01)	3 (0.03)	4 (0.04)	0 (0.00)	2 (0.02)	1 (0.01)	7 (0.07)
1980년대	석사	25 (0.24)	109 (1.04)	134 (1.28)	5 (0.05)	54 (0.52)	14 (0.13)	207 (1.98)
	박사	2 (0.02)	6 (0.06)	8 (0.08)	1 (0.01)	6 (0.06)	1 (0.01)	16 (0.15)
	학술지	0 (0.00)	1 (0.01)	0 (0.00)	0 (0.00)	7 (0.07)	0 (0.00)	8 (0.08)
	소계	27 (0.26)	116 (1.11)	143 (1.37)	6 (0.06)	67 (0.64)	15 (0.14)	231 (2.21)
1990년대	석사	168 (1.61)	363 (3.48)	531 (5.09)	9 (0.09)	140 (1.34)	19 (0.18)	699 (6.70)
	박사	19 (0.18)	22 (0.21)	41 (0.39)	1 (0.01)	14 (0.13)	0 (0.00)	56 (0.54)
	학술지	16 (0.15)	32 (0.31)	48 (0.46)	4 (0.04)	77 (0.74)	5 (0.05)	134 (1.28)
	소계	203 (1.94)	417 (4.001)	620 (5.94)	14 (0.13)	231 (2.21)	24 (0.23)	889 (8.52)
2000년대	석사	814 (7.80)	1,492 (14.29)	2,306 (22.09)	109 (1.04)	561 (5.37)	96 (0.92)	3,072 (29.43)
	박사	140 (1.34)	114 (1.09)	254 (2.43)	29 (0.28)	18 (0.17)	12 (0.11)	313 (3.00)
	학술지	91 (0.87)	244 (2.34)	335 (3.21)	84 (0.80)	147 (1.41)	6 (0.06)	572 (5.48)
	소계	1,045 (7.78)	1,850 (17.72)	2.895 (27.74)	222 (2.13)	726 (6.96)	114 (1.09)	3,957 (37.91)
2010년대	석사	644 (6.17)	993 (9.51)	1,637 (15.68)	329 (3.15)	387 (3.71)	38 (0.36)	2,391 (22.91)
	박사	276 (2.64)	86 (0.82)	362 (3.47)	67 (0.64)	49 (0.47)	36 (0.34)	514 (4.92)
	학술지	541 (5.18)	615 (5.89)	1,156 (11.07)	554 (5.31)	697 (6.68)	42 (0.40)	2,449 (23.46)
	소계	1,461 (14.00)	1,694 (16.23)	3,155 (30.23)	950 (9.10)	1,133 (10.85)	116 (1.11)	5,354 (51.29)

시기	유형	양적연구			질적연구	문헌연구	혼합연구	전체(%)
		실험연구	조사연구	소계				
전체	석사	1,652 (15.83)	1,617 (15.49)	3,269 (31.32)	452 (4.33)	1,143 (10.95)	168 (1.61)	6,375 (61.07)
	박사	437 (4.19)	228 (2.18)	665 (6.37)	98 (0.94)	87 (0.83)	49 (0.47)	899 (8.61)
	학술지	648 (6.21)	892 (8.55)	1,539 (14.74)	642 (6.15)	929 (8.90)	53 (0.51)	3,164 (30.31)
	소계	2,737 (26.22)	4,080 (39.09)	6,817 (65.30)	1,192 (11.42)	2,159 (20.68)	270 (2.59)	10,438 (100.0)

연구방법별 동향을 분석한 결과, 전체 연구 10,438편 중 양적연구(6,817편, 65.30%)가 가장 높은 비중을 차지하였으며, 그 뒤를 이어 문헌연구(2,159편, 20.68%), 질적연구(1,192편, 11.42%), 혼합연구(270편, 2.59%) 순으로 나타났다. 이는 연구가 발전하면서 실증적 연구와 다양한 방법론이 결합된 연구가 증가하고 있음을 보여준다.

양적연구는 조사연구(1,850편, 17.72%), 실험연구(1,045편, 7.78%) 순으로 많았다. 조사연구는 특정 집단을 대상으로 한 설문조사 및 통계 분석을 포함하며, 실험연구는 연구 변인을 통제하여 인과관계를 규명하는 연구로 이루어졌다. 질적연구는 심층 면담, 사례 연구, 참여 관찰 등의 방법을 활용하여 교육 및 심리학적 현상을 탐색하는 연구로 이루어졌으며, 전체 연구 중 11.42%를 차지하였다. 문헌연구는 특정 주제에 대한 기존 연구를 종합적으로 검토하는 방법으로, 연구 비율이 20.68%로 나타났다.

혼합연구는 양적연구와 질적연구를 결합하여 연구의 신뢰도를 높이고 심층적 해석을 제공하는 방법으로, 전체 연구 중 2.59%를 차지하였다. 이는 혼합연구가 최근에서야 활발하게 이루어지고 있으며, 연구방법론의 다양성이 증가하고 있음을 시사한다. 연구방법의 전체적인 흐름은 [그림 4-4]와 같다.

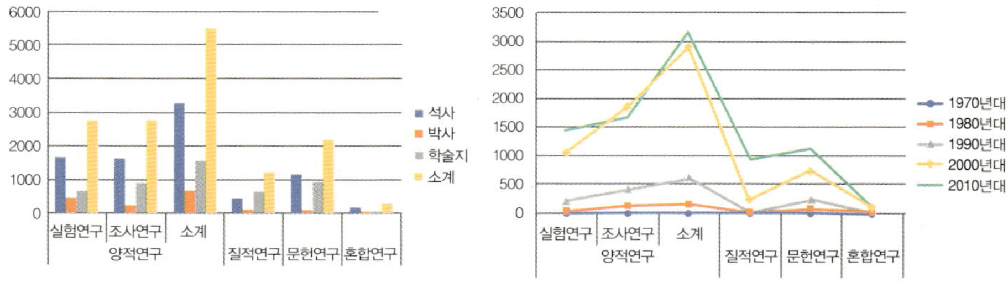

그림 4-4 연구방법에 따른 연구논문 비교

[그림 4-4]와 같이, 연구의 시대적 변화를 보다 구체적으로 살펴보기 위해 시기별 연구 동향을 분석한 결과, 1970년대에는 전체 연구가 7편(0.07%)에 불과하였으며, 연구방법 또한 제한적이었다. 양적연구(4편, 0.04%)와 문헌연구(2편, 0.02%)가 대부분을 차지했으며, 질적연구와 혼합연구는 수행되지 않았다. 논문유형별 연구방법에 따른 연구동향을 살펴보면, 석사논문은 양적연구(4편, 0.04%), 문헌연구와 혼합연구 각각 1편(0.01%) 순으로 많았으며, 학술지는 문헌연구(1편, 0.01%)만 수행되었다.

1980년대는 양적연구(143편, 1.37%)가 가장 많았으며, 다음으로 문헌연구(67편, 0.64%), 혼합연구(15편, 0.14%) 순으로 많았다. 양적연구는 조사연구(116편, 1.11%), 실험연구(27편, 0.26%) 순으로 많았다. 논문유형별 연구방법에 따른 연구동향을 살펴보면, 석사논문은 양적연구(134편, 1.28%), 문헌연구(54편, 0.52%), 혼합연구(14편, 0.13%) 순으로 많았으며, 박사논문은 양적연구(8편, 0.08%), 문헌연구(6편, 0.06%), 질적연구와 혼합연구(1편, 0.01%) 순으로 많았으며, 학술지는 문헌연구(7편, 0.07%), 양적연구(1편, 0.01%) 순으로 많았다.

1990년대는 양적연구(620편, 5.94%)가 가장 높은 비율을 차지했으며, 다음으로 문헌연구(231편, 2.21%), 혼합연구(24편, 0.23%) 순으로 많았다. 양적연구는 조사연구(417편, 4.01%), 실험연구(203편, 1.94%) 순으로 많았다. 논문유형별 연구방법에 따른 연구동향을 살펴보면, 석사논문은 양적연구(531편, 5.09%), 문헌연구(140편, 1.34%), 혼합연구(19편, 0.18%) 순으로 많았으며, 학술지는 문헌연구(77편, 0.74%), 양적연구(48편, 0.46%) 순으로, 박사논문은 양적연구(41편, 0.39%), 문헌연구(14편, 0.13%) 순으로 많았다.

2000년대는 양적연구(2,895편, 27.74%), 문헌연구(726편, 6.96%), 질적연구(222편, 2.13%) 순으로 많았으며, 양적연구는 조사연구(1,850편, 17.72%), 실험연구(1,045편, 7.78%) 순으로 많았다. 논문유형별 연구방법에 따른 연구동향을 살펴보면, 석사논문은 양적연구(2,306편, 22.09%), 문헌연구(561편, 5.37%), 질적연구(109편, 1.04%) 순으로 많았으며, 학술지는 양적연구(335편, 3.21%), 문헌연구(147편, 1.41%), 질적연구(84편, 0.80%) 순으로, 박사논문은 양적연구(254편, 2.43%), 질적연구(29편, 0.28%) 순으로 많았다.

2010년대는 양적연구(3,155편, 30.23%)가 가장 높은 비율을 차지하였으며, 다음으로 문헌연구(1,133편, 10.85%), 질적연구(950편, 9.10%) 순으로 많았다. 양적연구는 조사연구(1,694편, 16.23%), 실험연구(1,461편, 14.00%) 순으로 많았다. 논문유형별 연구방법에 따른 연구동향을 살펴보면, 학술지는 양적연구(1,156편, 11.07%), 문헌연구(697편, 6.68%), 질적연구(554편, 5.31%) 순으로, 석사논문은 양적연구(1,637편, 15.68%), 문헌연구(387편, 3.71%), 질적연구(329편, 3.15%) 순으로, 그리고 박사논문은 양적연구(362편, 3.47%), 질적연구(67편, 0.64%), 문헌연구(49편, 0.47%) 순으로 많았다. 학술지 논문의 증가가 두드러졌다.

1970~1980년대에는 연구가 제한적이었으며, 양적연구가 중심을 이루었다. 1990년대 이후 양적연구의 비중이 더욱 증가하였으며, 질적연구와 문헌연구도 점진적으로 확대되었다. 2000년대 이후 연구의 양적 증가가 두드러지면서 혼합연구도 활성화되기 시작하였다. 2010년대에는 연구방법의 다양성이 강조되면서 질적연구와 혼합연구가 꾸준히 증가하는 경향을 보였다. 앞으로의 연구에서는 양적 · 질적 방법의 균형 있는 활용과 함께 다양한 연구방법론의 적용이 필요할 것으로 보인다.

4) 연구대상에 따른 유아교육 연구 동향

연구대상에 따른 유아교육의 연구 동향은 연구대상의 유형을 인적 대상과 물적 대상으로 분류하였다. 인적 대상은 유아, 부모, 교사, 원장, 혼합으로 나누고, 연구대상이 문헌이나 연구물, 매체, 환경인 경우에는 물적 대상으로 분류하였다. 연구대상별 동향을 분석한 결과는 <표 4-10>과 같다.

표 4-10 연구대상에 따른 연구 동향

N=10,438(%)

시기	유형	인적 대상						물적 대상				인적물적혼합	전체(%)
		유아	부모	교사	원장	혼합	소계	환경	문헌자료	프로매체	소계		
1970년대	석사	3 (0.03)	1 (0.01)	0 (0.00)	0 (0.00)	0 (0.00)	4 (0.04)	0 (0.00)	2 (0.02)	0 (0.00)	2 (0.02)	0 (0.00)	6 (0.06)
	박사	0 (0.00)	0 (0.00)	0 (0.00)	0 (0.00)	0 (0.00)	0 (0.00)	0 (0.00)	0 (0.00)	0 (0.00)	0 (0.00)	0 (0.00)	0 (0.00)
	학술지	1 (0.01)	0 (0.00)	0 (0.00)	0 (0.00)	0 (0.00)	1 (0.01)	0 (0.00)	0 (0.00)	0 (0.00)	0 (0.00)	0 (0.00)	1 (0.01)
	소계	4 (0.04)	1 (0.01)	0 (0.00)	0 (0.00)	0 (0.00)	5 (0.05)	0 (0.00)	2 (0.02)	0 (0.00)	2 (0.02)	0 (0.00)	7 (0.07)
1980년대	석사	63 (0.60)	21 (0.20)	16 (0.15)	2 (0.02)	18 (0.17)	120 (1.15)	11 (0.11)	46 (0.44)	21 (0.20)	78 (0.75)	9 (0.09)	207 (1.98)
	박사	5 (0.05)	1 (0.01)	0 (0.00)	0 (0.00)	2 (0.02)	8 (0.08)	1 (0.01)	3 (0.03)	3 (0.03)	7 (0.07)	1 (0.01)	16 (0.15)
	학술지	4 (0.04)	0 (0.00)	0 (0.00)	0 (0.00)	2 (0.02)	6 (0.06)	2 (0.02)	0 (0.00)	0 (0.00)	2 (0.02)	0 (0.00)	8 (0.08)
	소계	72 (0.69)	22 (0.21)	16 (0.15)	2 (0.02)	22 (0.21)	134 (1.28)	14 (0.13)	49 (0.47)	24 (0.23)	87 (0.83)	10 (0.10)	231 (2.21)
1990년대	석사	232 (2.22)	70 (0.67)	96 (0.92)	11 (0.11)	77 (0.74)	486 (4.66)	21 (0.20)	150 (1.44)	16 (0.15)	26 (0.25)	213 (2.04)	699 (6.70)
	박사	24 (0.23)	1 (0.01)	3 (0.03)	1 (0.01)	5 (0.05)	34 (0.33)	4 (0.04)	13 (0.12)	4 (0.04)	21 (0.20)	1 (0.01)	56 (0.54)
	학술지	14 (0.13)	7 (0.07)	17 90.13)	1 (0.01)	13 (0.12)	52 (0.50)	2 (0.02)	22 (0.21)	55 (0.53)	79 (0.76)	3 (0.03)	134 (1.28)
	소계	270 (2.59)	78 (0.75)	116 (1.11)	13 (0.12)	95 (0.91)	572 (5.48)	27 (0.26)	185 (1.77)	75 (0.72)	126 (1.21)	217 (2.08)	889 (8.52)

시기	유형	인적 대상						물적 대상				인적 물적 혼합	전체 (%)
		유아	부모	교사	원장	혼합	소계	환경	문헌 자료	프로 매체	소계		
2000년대	석사	1,093 (10.47)	297 (2.85)	608 (5.82)	27 (0.26)	288 (2.76)	2,313 (22.16)	41 (0.39)	578 (5.54)	21 (0.20)	640 (6.13)	119 (1.14)	3,072 (29.43)
	박사	133 (1.27)	13 (0.12)	45 (0.43)	4 (0.04)	72 (0.69)	267 (2.56)	3 (0.03)	18 (0.17)	2 (0.02)	23 (0.22)	23 (0.22)	313 (3.00)
	학술지	107 (1.03)	46 (0.44)	162 (1.55)	4 (0.04)	31 (0.30)	350 (3.35)	14 (0.13)	176 (1.69)	24 (0.23)	214 (2.05)	8 (0.05)	572 (5.48)
	소계	1,333 (12.77)	356 (3.41)	815 (7.81)	35 (0.34)	391 (3.75)	2,930 (28.07)	58 (0.56)	772 (7.40)	47 (0.45)	877 (8.40)	150 (1.44)	3,957 (37.91)
2010년대	석사	850 (8.14)	268 (2.57)	670 (6.42)	32 (0.31)	192 (1.84)	2,012 (19.28)	8 (0.08)	323 (3.09)	21 (0.20)	352 (3.37)	27 (0.26)	2,391 (22.91)
	박사	244 (2.34)	22 (0.21)	123 (1.18)	8 (0.08)	46 (0.44)	443 (4.24)	1 (0.01)	59 (0.57)	1 (0.01)	61 (0.58)	10 (0.10)	514 (4.92)
	학술지	501 (4.80)	126 (1.21)	879 (8.42)	41 (0.39)	136 (1.30)	1,683 (16.12)	11 (0.11)	719 (6.89)	15 (0.14)	745 (7.14)	21 (0.20)	2,449 (23.46)
	소계	1,595 (15.28)	416 (3.99)	1,672 (16.02)	81 (0.78)	374 (3.58)	4,138 (39.64)	20 (0.19)	1,101 (10.5)	37 (0.35)	1,158 (11.09)	58 (0.56)	5,354 (51.29)
전체	석사	2,241 (21.47)	657 (6.29)	1,390 (13.32)	72 (0.69)	575 (5.51)	4,935 (47.29)	81 (0.78)	1,099 (10.53)	79 (0.76)	1,098 (10.52)	368 (3.53)	6,375 (61.07)
	박사	406 (3.89)	37 (0.35)	171 (1.64)	13 (0.12)	125 (1.20)	752 (7.20)	9 (0.09)	93 (0.89)	10 (0.10)	112 (1.07)	35 (0.34)	899 (8.61)
	학술지	627 (6.01)	179 (1.71)	1,058 (10.14)	46 (0.44)	182 (1.74)	2,092 (20.04)	29 (0.28)	917 (8.79)	94 (0.90)	1,040 (9.96)	32 (0.31)	3,164 (30.31)
	소계	3,274 (31.37)	873 (8.36)	2,619 (25.09)	131 (1.26)	882 (8.45)	7,779 (75.53)	119 (1.14)	2,109 (20.21)	183 (1.75)	2,250 (21.56)	435 (4.17)	10,438 (100.0)

〈표 4-10〉과 같이, 전체 연구 10,438편 중 인적 대상 연구가 7,779편(75.53%)으로 가장 높은 비중을 차지하였으며, 물적 대상 연구는 2,250편(21.56%), 인적 · 물적 혼합연구는 435편(4.17%)으로 나타났다. 인적 대상 연구는 유아를 대상으로 한 연구가 3,274편(31.37%)으로 가장 많았으며, 교사를 대상으로 한 연구는 2,619편(25.09%)으로 뒤를 이었다. 부모 대상 연구는 873편(8.36%), 원장 대상 연구는 131편(1.26%)으로 상대적으로 낮은 비중을 차지하였다. 연구대상이 다양한 인적 요소를 포함한 혼합연구는 882편(8.45%)이었다. 물적 대상 연구는 문헌 및 자료를 대상으로 한 연구(2,109편,

20.21%)로 가장 많았으며, 프로그램 및 매체 대상 연구(183편, 1.75%), 환경을 대상으로 한 연구(119편, 1.14%) 순으로 많았다.

다음으로 연구대상의 시대적 변화를 보다 구체적으로 살펴보기 위해 시기별 동향을 분석하였다. 그 결과, 1970년대는 연구 편수가 7편(0.07%)에 불과하였으며, 연구대상도 제한적이었다. 인적 대상 연구는 5편(0.05%)으로, 유아(4편, 0.04%)와 부모(1편, 0.01%)를 대상으로 한 연구가 이루어졌다. 물적 대상 연구는 2편(0.02%)으로 문헌을 분석한 연구와 프로그램을 평가한 연구가 포함되었다. 논문유형별 연구대상에 따른 연구동향을 살펴보면, 석사논문은 유아(3편, 0.03%), 문헌 및 자료(2편, 0.02%), 부모(1편, 0.01%) 순으로 많았으며, 학술지는 유아(1편, 0.01%)만 수행되었다.

1980년대는 인적 대상 논문은 인적 대상 연구(134편, 1.28%), 물적 대상 연구(87편, 0.83%) 순으로 많았다. 인적 대상 연구는 유아(72편, 0.69%), 부모와 혼합(22편, 0.21%), 교사(16편, 0.15%) 순으로, 물적 대상 연구는 문헌 및 자료 연구(49편, 0.47%), 프로그램 및 매체(24편, 0.23%) 순으로 많았다. 논문유형별 연구대상에 따른 연구동향을 살펴보면, 석사논문은 인적 대상 연구(120편, 1.15%), 물적 대상 연구(78편, 0.75%) 순으로 많았으며, 인적 대상 연구는 유아(63편, 0.60%), 부모(21편, 0.20%) 순으로, 물적 대상은 연구는 문헌 및 자료(46편, 0.44%), 프로그램 및 매체(21편, 0.20%) 순으로 많았다. 박사논문은 인적 대상 연구(8편, 0.08%), 물적 대상 연구(7편, 0.07%) 순으로, 인적 대상 연구는 유아(5편, 0.05%), 혼합(2편, 0.02%) 순으로 많았다. 학술지는 인적 대상 연구(6편, 0.06%), 물적 대상 연구(2편, 0.02%) 순으로, 인적 대상은 유아(4편, 0.04%), 혼합(2편, 0.02%), 물적 대상 연구는 환경(2편, 0.02%) 순으로 많았다.

1990년대는 인적 대상 논문이 572편(5.48%)으로 가장 높은 비율을 차지했으며, 물적 대상 연구(287편, 2.74%) 순으로 많았다. 인적 대상 연구는 유아(270편, 2.59%), 교사(116편, 1.11%) 순으로, 물적 대상 연구는 문헌 및 자료 연구(185편,

1.77%), 프로그램 및 매체(75편, 0.72%) 순으로 많았다. 논문유형별 연구대상에 따른 연구동향을 살펴보면, 석사논문은 인적 대상 연구(486편, 4.66%), 물적 대상 연구(187편, 1.79%) 순으로, 인적 대상 연구는 유아(232편, 2.22%), 교사(96편, 0.92%) 순으로, 물적 대상 연구는 문헌 및 자료(150편, 1.44%), 환경(21편, 0.20%) 순으로 많았다. 박사논문은 인적 대상 연구(34편, 0.33%)가 가장 많았으며, 인적 대상 연구는 유아(24편, 0.23%), 혼합(5편, 0.05%) 순으로, 물적 대상 연구는 문헌 및 자료(13편, 0.12%), 환경과 프로그램 및 매체(4편, 0.04%) 순으로 많았다. 학술지는 물적 대상 연구(55편, 0.53%)와 인적 대상 연구(52편, 5.48%)가 주를 이루었으며, 인적 대상 연구는 교사(17편, 0.13%), 유아(14편, 0.13%) 순으로, 물적 대상 연구는 프로그램 및 매체(55편, 0.33%) 순으로 많았다.

2000년대는 인적 대상 논문은 2,930편(28.07%)으로 가장 높은 비율을 차지했으며, 물적 대상 연구(877편, 8.40%), 물적 · 인적 혼합연구(119편, 1.14%) 순으로 많았다. 인적 대상 연구는 유아(1,333편, 12.77%), 혼합(391편, 3.75%), 부모(815편, 7.81%) 순으로, 물적 대상 연구는 문헌 및 자료(772편, 7.40%), 환경(58편, 0.56%) 순으로 많았다. 논문유형별 연구대상에 따른 연구동향을 살펴보면, 석사논문은 인적 대상 연구(2,313편, 22.16%)가 가장 많았으며, 인적 대상 연구는 유아(1,093편, 10.47%), 교사(608편, 5.82%), 부모(297편, 2.85%) 순으로, 물적 대상 연구는 문헌 및 자료(578편, 5.54%), 환경(41편, 0.39%) 순으로 많았다. 박사논문은 인적 대상 연구(267편, 2.56%)가 가장 많았으며, 유아(133편, 1.27%), 교사(45편, 0.43%) 순으로, 물적 대상 연구는 문헌 및 자료(18편, 0.17%), 환경(3편, 0.03%) 순으로 많았다. 학술지는 인적 대상 연구(350편, 3.35%)가 가장 많았으며, 교사(162편, 1.55%), 유아(107편, 1.03%), 부모(46편, 1.55%) 순으로 많았다.

2010년대는 인적 대상 연구(4,138편, 39.64%), 물적 대상 연구(1,158편, 11.09%), 물적 · 인적혼합 연구(58편, 0.56%) 순으로 많았으며, 인적 대상 연구는 물적 대상 연구는 문헌 및 자료 연구(719편, 6.89%), 프로그램 및 매체(15편, 0.14%) 순으로 많았다. 논문유형별 연구대상에 따른 연구동향을 살펴보면, 석사논문은 인적 대상 연구(2,012편, 19.28%), 물적 대상 연구(352편, 3.37%) 순으로 많았으며, 인적 대상 연구는 유아(850편, 8.14%), 교사(670편, 6.42%), 부모(268편, 2.57%) 순으로, 물적 대상 연구는 문헌 및 자료(323편, 3.09%), 프로그램 및 매체(21편, 0.20%) 순으로 많았다. 박사논문은 인적 대상 연구(443편, 4.24%), 물적 대상 연구(61편, 0.58%) 순으로 많았으며, 인적 대상 연구는 유아(244편, 2.34%), 교사(123편, 1.18%) 순으로, 물적 대상 연구는 문헌 및 자료 대상 연구(59편, 0.57%)가 가장 많았다. 학술지는 인적 대상 연구(1,683편, 16.12%), 물적 대상 연구(1,158편, 11.09%) 순으로, 인적 대상 연구는 교사(879편, 8.42%), 유아(501편, 4.80%), 부모(126편, 1.21%) 순으로 많았으며, 물적 대상 연구는 문헌 및 자료 대상 연구(719편, 6.89%)가 가장 많았다. 이러한 연구대상의 시대적 흐름의 변화는 [그림 4-5]와 같다.

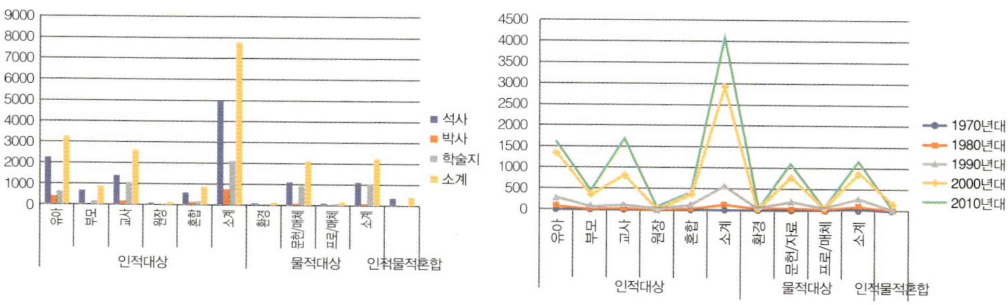

그림 4-5 연구대상에 따른 연구논문 비교

[그림 4-5]와 같이 변화의 흐름을 살펴보면, 1970~1980년대에는 연구가 제한적이었으며, 연구대상도 주로 유아와 부모를 중심으로 이루어졌다. 1990년대 이후 연구가 본격적으로 확장되면서 교사와 원장을 대상으로 한 연구도 점차 증가하였다. 2000년대 이후 연구의 양적 증가가 두드러졌으며, 인적 대상 연구가 더욱 강조되었고, 물적 대상 연구도 확대되었다. 2010년대에는 연구의 다양성이 더욱 강조되면서 교사와 부모를 대상으로 한 연구가 증가하는 경향을 보였다. 앞으로의 연구에서는 유아뿐만

아니라 교사, 부모, 원장 등 다양한 인적 대상을 포함하는 연구가 지속적으로 필요하며, 물적 대상 연구와의 균형을 맞추는 방향으로 나아갈 필요가 있다.

3. 논의 및 결론

본 연구는 1970년대부터 2024년 8월까지 발표된 유아교육 연구의 동향을 분석하여, 유아교육 연구의 발전과정과 주요 변화 양상을 체계적으로 살펴보았다. 연구 동향 분석을 통해 연구의 양적 · 질적 성장과 변화과정을 확인하고, 연구대상의 다양화, 연구방법론의 발전, 연구내용의 변화 등을 포괄적으로 검토하였다. 이를 바탕으로 유아교육 연구가 나아가야 할 방향을 논의하고, 미래 유아교육 연구의 지향점을 제시하고자 하였다.

연구결과를 종합적으로 분석한 결과, 유아교육 연구는 1970년대부터 점진적으로 성장해 왔으며, 1990년대 이후 급격한 증가세를 보였다. 특히, 2000년대 이후 연구 편수가 4,000편 이상으로 늘어났으며, 2010년대에는 5,300편 이상의 연구가 발표되었다. 이러한 증가세는 유아교육에 대한 정책적 지원 확대와 연구자 및 연구기관의 증가와 밀접한 관련이 있다. 1991년 「유아교육진흥법」 제정, 1998년 만 5세 무상교육 도입, 2004년 이후 누리과정 도입 등의 정책 변화는 연구 활성화의 중요한 계기가 되었다. 또한, 1990년대 후반부터 유아교육 관련 석 · 박사 과정이 확장되면서 연구자 수가 증가하였고, 다양한 학술지가 창간되면서 연구 발표의 기회가 확대되었다. 그러나 2020년대 연구는 2024년까지의 연구만 포함되었으며, 연구기간이 짧아 명확한 경향성을 파악하기 어려운 한계가 있었다. 향후 2020년대 후반까지의 연구가 추가적으로 분석되어야 보다 정확한 동향을 평가할 수 있을 것이다.

이상과 같이 연구의 급증은 유아교육을 둘러싼 정책적 환경 변화와 사회

구조의 변동에 따른 반응으로 해석된다. 특히 1990년대 이후 유아교육의 공공성 확대가 본격화되면서 국가 수준의 유아교육제도 정비와 재정 지원이 확대되었고, 이는 학문적 연구 수요를 촉진 시켰다고 볼 수 있다. 1991년 유아교육진흥법 제정, 1998년 만 5세 무상교육 도입, 2004년 이후 누리과정 시행 등은 연구의 주제 및 방법론에 직접적 영향을 주는 제도적 계기라 볼 수 있다. 또한, 2000년대 이후 석 · 박사 과정의 양적 확대와 대학원 기반의 연구인력 증가, 유아교육 관련 학술지의 다수 창간은 연구 발표의 기회를 구조적으로 넓히는 배경이 되었다. 이는 곧 실천적 과제에 대한 연구 수행의 기반을 마련하고, 교육과정 실행, 교사 역량, 부모 참여, 유보통합 등 정책 중심 주제에 대한 연구 비중을 증가시키는 동력으로 작용하였다. 한편, 저출산으로 인한 유아 인구의 지속적 감소, 유보통합 논의의 장기화, 교사 양성체제의 개편 움직임 등은 유아교육 현장의 구조적 변화를 유발하였고, 이는 연구자들로 하여금 새로운 교육철학, 정책 평가, 다학제적 접근을 요구하는 방향으로 전환하게 하는 사회적 영향력이라 할 수 있다.

연구방법의 변화를 살펴보면, 초기에는 문헌연구와 조사연구가 중심을 이루었으나, 1990년대 이후 실험연구와 양적 분석기법이 본격적으로 활용되기 시작하였다. 특히, 2000년대 이후 질적연구가 점진적으로 증가하였으며, 2010년대에는 양적연구와 질적연구를 결합한 혼합연구가 활발하게 이루어졌다. 이러한 변화는 연구의 신뢰성과 타당성을 높이는 방향으로 진행되었으며, 실험연구와 조사연구의 증가, 질적연구의 발전, 혼합연구의 증가라는 특징을 보였다. 연구대상의 확대와 함께 심층적인 분석을 위한 실험 및 조사 연구가 증가하였으며, 개별 사례 분석, 실행 연구, 내러티브 연구 등 질적 접근이 중요해짐에 따라 연구방법이 다양화되었다. 또한, 양적연구와 질적연구의 장점을 결합하여 보다 정교한 분석을 수행하려는 경향이 증가하였다.

1976년부터 2005년 기간의 연구동향을 분석한 연구(유수경, 황해익, 2007)에 따르면, 1990년대 이후 단순 문헌 분석에서 벗어나 다양한 질적연구가 본격적으로 시도되기 시작하였으며, 이는 심층적 맥락 이해를 위한 연구 패러다임의 전환과 맞닿아 있다. 또한, 1995부터 2011년 연구에서 교육정책과 관련된 연구방법론이 변화된 것으로 보고된 바 있듯, 교육 경험과 효과를 과학적으로 검증하고자 하는 정책 수요, 예컨대 누리과정 강화, 유보통합 추진, 교사 역량 강화 등의 영역에서 실험 및 양적연구가 부각되었다. 최근에는 질적 깊이와 양적 객관성을 병합하려는 노력이 학계에서 주류로 자리 잡고 있으며, 이것은 후기질적(post-qualitative) 연구 흐름과도 연결된다. 이연선(2023)은 이러한 혼합 및 내러티브 중심의 후기질적 방법론이 이론적·철학적 기반 위에서 연구자와 현장 참여자의 상호작용을 중시하는 방향으로 진화하고 있음을 강조하고 하였다.

교과영역별 연구를 살펴보면, 사회교육과 언어교육이 가장 많이 연구된 분야로 나타났다. 이는 유아 및 아동 교육에서 사회성과 의사소통 능력 발달이 중요한 요소로 다루어지고 있음을 반영한다. 과학교육, 건강교육, 음악교육, 수학교육, 미술교육, 멀티미디어 교육, 동작교육 등의 분야에서도 연구가 꾸준히 이루어졌으며, 이는 유아 및 초등 교육에서 창의성과 신체활동을 강조하는 경향과 일치하는 결과로 볼 수 있다. 특히, 멀티미디어 교육과 관련한 연구는 2000년대 이후 증가하는 추세를 보이며, 디지털 학습도구와 기술 기반 학습환경이 유아교육에 미치는 영향을 다루는 연구가 많아졌다. 이는 4차 산업혁명시대의 도래와 함께 유아교육에서 정보통신기술(Information and Communication Technology, ICT)의 활용이 확대되는 흐름을 반영한 결과라고 할 수 있다. 반면, 전통적인 교과영역인 음악교육, 미술교육, 수학교육 연구는 상대적으로 적은 비율을 차지하고 있으며, 특히 수학교육 연구는 여전히 제한적인 편이다. 향후 연구에서는 다양한 교과영역을 균형

있게 다루고, 유아교육에서 창의성과 문제 해결 능력을 촉진할 수 있는 융합적 접근이 필요하다.

연구대상의 변화를 살펴보면, 1970~1980년대까지는 주로 유아를 대상으로 한 연구가 중심을 이루었으며, 연구의 초점도 유아의 발달과 교육 효과에 맞춰져 있었다. 그러나 1990년대 이후 교사, 부모, 원장 등 교육 현장의 다양한 주체들을 대상으로 한 연구가 증가하였다. 특히, 교사를 대상으로 한 연구가 2010년대 이후 큰 폭으로 증가하였으며, 이는 교사의 전문성 개발과 역할 변화에 대한 사회적 요구가 반영된 결과로 볼 수 있다. 교사교육 및 전문성 향상과 관련된 연구는 1990년대까지 100편 미만이었으나, 2000년대 이후 1,600편 이상 수행되었으며, 교사의 교수 전략, 자기효능감, 직무 스트레스 등이 주요 연구 주제로 다루어졌다. 부모를 대상으로 한 연구도 2000년대 이후 꾸준히 증가하였으며, 이는 가정환경이 유아 발달에 미치는 영향에 대한 관심이 높아졌기 때문으로 분석된다. 부모의 양육 태도, 부모교육 프로그램 개발, 가정과 유아교육기관의 연계 방안 등이 주요 연구 주제로 다루어졌으며, 부모의 양육 방식이 유아의 정서 발달과 학습 태도에 미치는 영향 관련 연구도 활발하게 이루어졌다. 반면, 원장을 대상으로 한 연구는 상대적으로 적은 편이지만, 2010년대 이후에는 기관 운영 방식, 리더십, 조직 문화, 평가 체계 등을 다루는 연구가 증가하는 경향을 보였다. 1990년대 이후 유아교육이 아동 중심에서 관계 중심 교육으로 전환되면서, 교사, 부모, 원장 등 다양한 교육 주체를 대상으로 한 연구가 증가하였다. 특히 교사의 전문성과 리더십에 대한 사회적 요구, 부모 참여 확대, 기관장의 책무성 강화가 연구 주제 확장의 배경이 되었다. 이는 유아 발달이 '가정-기관-교사'의 상호작용에 의해 영향을 받는다는 생태학적 접근의 확산과도 맞닿아 있다. 향후 연구는 주체 간 협력과 상호작용을 중심으로, 다주체 기반의 통합적 분석이 필요하다.

본 연구는 1970년대부터 2024년까지 한국유아교육 연구의 동향을 체계적으로 분석하고, 이를 바탕으로 유아교육 연구가 나아갈 방향을 논의하였다. 연구의 양적 · 질적 성장, 연구대상의 확대, 연구방법론의 발전 등을 포괄적으로 검토함으로써, 유아교육 연구의 발전 과정과 변화 양상을 명확히 조망하였다. 연구 동향을 통해 살펴본 결과, 유아교육 연구는 1990년대 이후 급격한 증가세를 보였으며, 정책적 지원과 연구 인프라의 확대가 연구 활성화의 주요 요인으로 작용하였다. 연구방법론의 측면에서는 문헌연구와 조사연구 중심에서 실험연구와 혼합연구로 발전하였으며, 특히 질적연구의 증가가 두드러졌다. 또한, 연구대상 역시 유아중심에서 교사, 부모, 원장 등으로 확장되면서 교육 현장의 다양한 주체들을 포함하는 방향으로 변화하였다.

한편, 본 연구는 방대한 연구 축적을 구조적으로 분석함으로써 유아교육학의 흐름을 조망하고자 하였으나, 2020년대 자료는 2024년까지로 한정되어 있어 시기별 분석은 2019년까지에 한정되어 있다. 이에 향후 2029년을 기점으로 전체적인 동향 분석이 이뤄진다면 유아교육의 동향 50년을 돌아보는 데 더욱 의미 있을 것이다. 또한 방대한 텍스트 분류 과정에서 분석 기준의 해석적 판단이 개입되었을 수 있으며, 이는 객관성의 한계로 작용할 수 있다. 이러한 제한을 보완하기 위해 후속 연구에서는 분석 기준의 정교화와 신뢰도 검증, 최신 데이터 갱신이 지속적으로 이루어져야 한다.

이러한 연구 동향 분석을 바탕으로 향후 유아교육 연구가 나아가야 할 방향을 제시하면 다음과 같다. 첫째, 연구의 균형성과 지속가능성을 확보해야 한다. 특정 연구방법이나 연구대상에 집중된 경향을 완화하고, 연구방법론을 확대하여 연구의 균형을 맞출 필요가 있다. 둘째, 융합적이고 다학문적인 접근이 필요하다. 유아교육은 심리학, 뇌과학, 인공지능(Artificial

Intelligence, AI), 빅데이터 분석 등의 다양한 학문과 접목될 필요가 있다. 특히, 4차 산업혁명시대를 맞아 디지털 학습 도구와 기술 기반 교육이 확산되고 있는 만큼, 이에 대한 심층 연구가 더욱 필요하다. 이를 통해 유아교육 연구의 범위를 확장하고 학문 간 협력을 촉진할 수 있을 것이다. 셋째, 실천 중심 연구를 강화해야 한다. 연구결과가 교육 현장에서 실제로 적용될 수 있도록 정책적 제언을 포함하고, 교사연수 프로그램 개발, 부모교육 프로그램 개발, 교육환경 개선 방안 등 실천적 연구가 더욱 확대될 필요가 있다. 이를 위해 연구자와 교육 현장의 긴밀한 협력이 필수적이며, 정책 수립 과정에서 연구결과가 적극적으로 반영될 수 있도록 연구-정책 연계체계를 구축해야 한다. 넷째, 유아교육 연구의 질적 성장을 위한 노력이 필요하다. 연구의 양적 확대가 이루어진 만큼, 이제는 연구의 질적 향상에 초점을 맞춰야 한다. 연구방법론의 엄밀성을 높이고, 연구설계의 타당성을 강화하며, 학문적 기여도를 높이는 방향으로 연구가 이루어져야 한다. 특히, 연구의 재현성과 신뢰성을 높이기 위한 노력이 요구되며, 학문적 기여도를 높이는 방향으로 연구가 발전해야 한다.

본 연구는 1970년대부터 2024년까지의 유아교육 연구 동향을 종합적으로 분석하여 유아교육 연구의 발전과정과 주요 변화를 체계적으로 조망하였다. 이를 통해 유아교육 연구가 지속적으로 성장하고 발전할 수 있도록 연구의 균형성과 지속가능성을 확보하고, 다학문적 융합을 촉진하며, 실천적 연구를 강화하는 것이 필수적임을 강조하였다. 그러므로 연구의 질적 성장을 위한 노력을 통해 보다 신뢰성 높은 연구가 수행될 수 있도록 해야 한다.

앞으로 한국유아교육 연구는 지금까지 이루어 놓은 학문적 논의를 바탕으로 교육 현장에서 실질적인 변화를 이끌어 낼 수 있는 방향으로 나아가야 한다. 이를 위해서는 연구자, 교육자, 정책 입안자 간의 협력이 필수적이며, 시대적 요구에 부응하는 창의적이고 실천적인 연구가 지속적으로 이루어져야 한다. 궁극적으로, 이러한 연구의 발전은 유아의 건강한 성장과 발달을 지원하는 데 기여할 것이며, 한국유아교육의 새로운 도약을 이끄는 초석이 되기 때문이다.

참고문헌

김미애, 나인선 (2018). 유아교육과정 및 누리과정 연구 동향 분석: 2007년~2017년을 중심으로. **한국유아교육연구, 20**(1), 57-82.

김민우, 강승지 (2019). 어린이 놀이터 연구 동향 분석. **유아교육연구, 39**(4), 363-383.

박환보, 조혜승 (2016). 한국의 세계시민교육 연구 동향 분석. **교육학연구, 54**(2), 197-227.

신지혜, 최혜순 (2014). 유아행복 관련 연구 동향의 분석. **유아교육연구, 34**(1), 5-28.

심희정, 김찬미 (2018). 세계시민교육 국내 연구 동향 분석: 2000년부터 2018년 등재학술지게재 논문을 중심으로. **한국교육, 45**(3), 5-29.

양진희 (2024). 유아 세계시민교육 연구동향 분석. **국제문화연구, 17**(2), 293-315.

양진희, 정지윤, 유구종, 강지은 (2020). '열린유아교육연구' 학술지의 연구동향 분석: 1996~2019년까지. **열린유아교육연구, 25**(1), 91-114.

유수경, 황해익 (2007). 유아교육연구에 나타난 질적연구 논문 동향: 1976-2005. **유아교육연구, 27**(2), 295-321.

이연선 (2023). 유아교육연구의 새로운 동향: 후기질적연구에 대한 고찰. **영유아교육과정연구, 13**(2), 1-18.

이은해, 이미리, 박소연 (2006). **아동 연구방법의 이해**. 서울: 학지사.

정슬기 (2023). 유아세계시민 관련 연구 동향 분석: 2009-2023년 국내 학술지 논문을 중심으로. **유아교육연구, 43**(5), 481-501.

정희영 (2010). 우리나라 기독교 생태 관련 연구 동향 분석. **신앙과 학문, 15**(4), 139-158.

정희영, 방승미, 유희진 (2012). 유아 인성교육 관련 연구 동향 분석. **유아교육연구, 32**(5), 277-296.

정희영, 방승미, 유희진, 방승미, 유희진 (2012). 유아 인성교육 관련 연구 동향 분석. **유아교육연구, 32**(5), 277-296.

한현정 (2021). 20세기 초 한국의 발달관 도입과 유아교육. 한국열린유아교육학회 추계학술대회, 141-146.

Best, J. W. & Kahn, J. V. (1989). *Research in Education*(6th ed.). New Jersey: Prentice-Hall.

CHAPTER

5

토픽 모델링 분석을 통해 살펴본 유아교육 연구 동향

제5장에서는 우리나라 유아교육의 학문적 발전을 살펴보기 위해, 유아교육 연구주제의 동향을 분석하고자 하였다. 이를 위해 1992년부터 2024년 8월 말까지 발간된 유아교육 분야 학술지 논문을 대상으로 LDA 토픽 모델링 분석을 실시하였다. 약 30년에 걸친 학술지 논문 분석을 통해, 유아교육 학술 분야에서 나타난 주요 연구주제 키워드를 도출하고, 이러한 키워드 간의 연계성을 연결중심성 분석을 통해 살펴보았다. 또한, LDA 토픽 모델링 분석을 활용하여 우리나라 유아교육 연구주제를 대분류하고 주요 토픽을 도출하였다. 이를 통해 한국유아교육 연구 동향의 역사적 흐름을 파악하고, 향후 유아교육 분야의 미래 연구주제를 제안하고자 한다.

1. 유아교육 관련 연구 분석

1) 연도별 유아교육 연구

유아교육의 연구 동향을 파악하기 위해 제5차 유치원 교육과정이 개정된 1992년부터 2024년 8월 31일까지 발간된 연구물을 수집하였다. 연구자료는 한국교육학술정보원(KERIS)에서 운영하는 논문검색 사이트 RISS를 활용하여 수집하였으며, 상세 검색 조건은 '제목: 유아교육 OR 주제어: 유아교육'으로 설정하고, 등재 구분은 'KCI 등재' 이상으로 제한하였다. 이 과정에서 총 6,584건의 논문이 검색되었다. 이후 제목과 초록을 검토하여 중복으로 수집된 논문 127건과 외국어로 작성되어 분석이 불가능한 논문 72건을 제외하였으며(총 199건 제외), 최종적으로 6,385건의 논문을 분석에 사용하였다. 1992년부터 2024년 8월말까지 연도별 '유아교육' 관련 연구물의 출판 현황은 [그림 5-1]에 제시하였다.

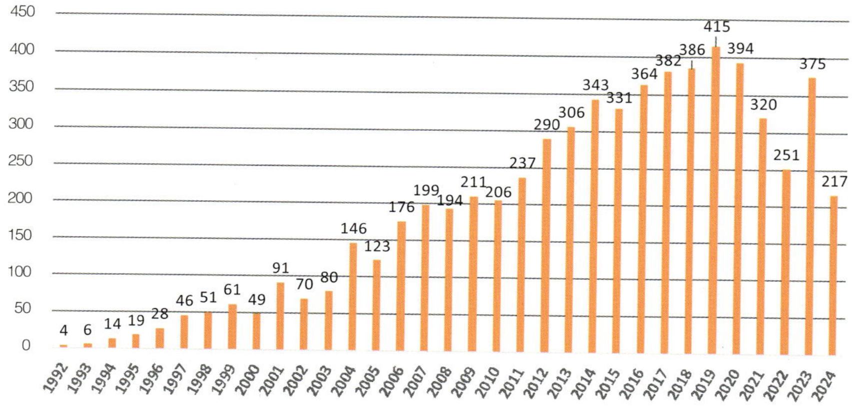

그림 5-1 1992~2024년 유아교육 분야 논문 출판 현황

2) 유아교육 연구의 주요 키워드 빈도 분석

유아교육과 관련된 연구 동향을 파악하기 위해 논문의 초록에서 주요 키워드를 추출하였다. 본 연구는 '유아교육'이라는 검색어를 기준으로 데이터를 수집했기 때문에, 키워드 분석 시 검색 키워드인 '유아교육'을 제외하고 분석을 진행하였다. 이는 모든 데이터에 검색 키워드가 포함되어 있어 가장 높은 빈도로 나타나는 특성을 고려한 조치이다. 이렇게 제외한 후 도출된 키워드 빈도 분석 결과, 상위 60개의 키워드는 〈표 5-1〉에 제시되어 있다.

표 5-1 상위 60위 키워드 빈도

순위	키워드	빈도	순위	키워드	빈도	순위	키워드	빈도	순위	키워드	빈도
1	영유아	3943	16	질적연구	303	31	통합	225	46	실천	152
2	교육	3589	17	장애	300	32	발달	225	47	생태	147
3	유아교사	1819	18	통합교육	291	33	실행	221	48	실습	143
4	유치원	1089	19	창의성	280	34	음악	216	49	이론	137
5	인식	1069	20	다문화	277	35	대한민국	215	50	미술	137

순위	키워드	빈도	순위	키워드	빈도	순위	키워드	빈도	순위	키워드	빈도
6	프로그램	921	21	학습	276	36	개념	213	51	놀이중심	130
7	예비교사	730	22	도덕성 · 인성	270	37	평가	201	52	사례	127
8	부모	547	23	실태	265	38	특수교육	191	53	언어	125
9	경험	545	24	그림책	252	39	변화	190	54	문화	123
10	교사교육	509	25	과학	250	40	보육	189	55	어린이집	121
11	탐색	433	26	수업	247	41	지식	176	56	지속가능 발전	120
12	유아 교육과정 (누리과정)	403	27	환경	244	42	탐구	169	57	정책	116
13	동향연구	373	28	교사 · 교수 효능감	237	43	역량	167	58	정서	113
14	놀이	313	29	교수	236	44	가족	165	59	국내	112
15	능력	312	30	수학	229	45	고찰	160	60	자연	110

키워드 빈도를 분석한 결과, 논문에서 가장 많이 등장한 키워드는 영유아(3,943회)였으며, 그 다음으로 교육(3,589회)과 유아교사(1,819회)가 높은 빈도를 보였다. 이는 유아교육에서 교육 대상인 유아와 교사, 그리고 교육 자체에 대한 관심이 매우 높음을 시사한다.

상위 60위 키워드는 주로 '유아교사 및 기관', '놀이와 교육과정', '유아교육 프로그램'과 관련된 내용으로 나타났다. 유아교사(3위, 1,819회), 예비교사(7위, 730회), 교사교육(10위, 509회) 등 교사와 관련된 키워드들이 상위를 차지했으며, 유아교사가 근무하는 유치원(4위, 1,089회)과 어린이집(55위, 121회)도 주요 키워드로 도출되었다. 이는 유아교육의 주요 기관인 유치원과 어린이집, 그리고 그곳에서 활동하는 교사들에 대한 연구가 학문적으로 중요한 주제임을 보여준다. 또한, 예비교사와 교사교육에 관한 연구도 지속적으로 이루어지고 있음을 시사한다.

유아 교육과정(12위, 403회), 놀이(14위, 313회), 수업(26위, 247회)과 같은 키워드도 높은 순위를 기록했다. 이는 현재 시행 중인 유아 교육과정인 누리과정을 반영한 놀이 중심 수업 방식에 대한 연구가 활발하게 이루어지고 있음을 나타낸다. 이와 더불어 놀이중심(51위, 130회) 키워드도 이러한 연구 동향을 뒷받침한다.

또한, 프로그램(6위, 921회), 능력(15위, 312회), 창의성(19위, 280회), 과학(25위, 250회), 수학(30위, 229회), 발달(32위, 225회) 등 교육내용 및 교과와 관련된 키워드들이 상위권에 포함되었다. 이는 유아교육에서 교과교육과 발달에 대한 관심 또한 크다는 점을 반영한다.

이 외에도 통합교육(18위, 291회), 통합(31위, 225회), 다문화(20위, 277회), 도덕성 · 인성(22위, 270회) 키워드는 유아 통합교육과 다문화 및 다양성에 대한 학계의 높은 관심을 보여준다. 특히 다문화 및 인성교육에 대한 논의가 빈번히 이루어지고 있음을 시사한다.

마지막으로 질적연구(16위, 303회)와 동향연구(13위, 373회)는 유아교육 연구에서 질적 접근과 연구 동향 분석이 활발히 이루어지고 있음을 나타낸다. 또한, 부모(8위, 547회)라는 키워드는 부모와의 관계 및 부모의 역할에 대한 연구들이 주로 다루어지고 있음을 보여준다.

3) 유아교육 연구의 주요 토픽 탐색: LDA 토픽 모델링 분석

토픽 모델링 분석은 텍스트에 사용된 주제어들의 동시 등장 패턴을 기반으로, 해당 텍스트를 대표하는 이슈, 특정 주제, 또는 그룹을 자동으로 추출하는 기법이다(Blei, 2012; Blei, Ng, & Jordan, 2003). 그중에서도 잠재 디리클레 할당 알고리즘(Latent Dirichlet Allocation; LDA)은 가장 대표적인 토픽 모델링 기법으로, 텍스트 데이터에서 잠재 변인을 유추하고 복잡한 데이터의 차원을 축소함으로써 정보를 효과적으로 이해할 수 있게 한다. 이러한 특성은 탐색적 요인 분석과 유사하다.

(1) 최적의 토픽 수 찾기

토픽 모델링 분석에 앞서 최적의 성능을 보이는 토픽 수(*K*)와 α, β를 찾기 위해 반복분석을 실시한 결과 K=14, α=.02, β=.01일 때 coherence=.449로 가장 높게 나타났다. 그러나 일관성(coherence) 수치를 고려하더라도, 문서에 포함된 실제 토픽 수를 정확히 파악하는 것은 어렵다. 따라서 연구자의 주관적인 판단을 통해 해석하고 적합한 최적의 토픽 수를 결정하는 것이 필요하다(Chang et al., 2009). 본 연구에서는 분류된 연구물의 제목과 초록을 검토하며 토픽 분류를 확인하였으며, 일관성 수치가 가장 높았던 K=14가 가장 적합한 것으로 판단하였다. 이에 따라 14개의 토픽으로 LDA 분석을 실시하였다.

(2) 토픽 분석

유아교육과 관련된 연구는 14개의 토픽으로 분석되었으며, 분석 결과를 '토픽-단어 간 네트워크'로 시각화한 결과는 [그림 5-2]에 제시되어 있다. 시각화된 빨간 원의 크기는 해당 단어의 출현 빈도를 나타내며, 원이 클수록 출현 빈도가 높음을 의미한다. 선의 굵기는 해당 토픽에 대한 할당 확률을 나타내며, 선이 두꺼울수록 확률이 높음을 의미한다(Cyram, 2022).

분류된 토픽 번호는 중요도 순서와 관계없이 무작위로 부여된 것이다. 이에 따라 14개의 토픽 중 유사한 내용의 토픽들을 묶어 소그룹을 형성하였으며, 이들 토픽은 번호 순이 아닌 소그룹별로 키워드와 관련 논문을 소개하였다. 토픽의 명칭은 연구자가 주요 키워드, 논문제목, 초록을 검토하여 결정하였다.

결과적으로, 14개의 토픽은 유사한 내용에 따라 3개의 소그룹(유아교육기관, 유아교사, 프로그램)과 4개의 단일 토픽으로 대분류되었다. 각 토픽의 대분류 기준은 〈표 5-2〉에 정리되어 있으며, 각 토픽의 제목과 상위 키워드(토픽 할당 확률이 높은 상위 10개 키워드)도 함께 제시하였다.

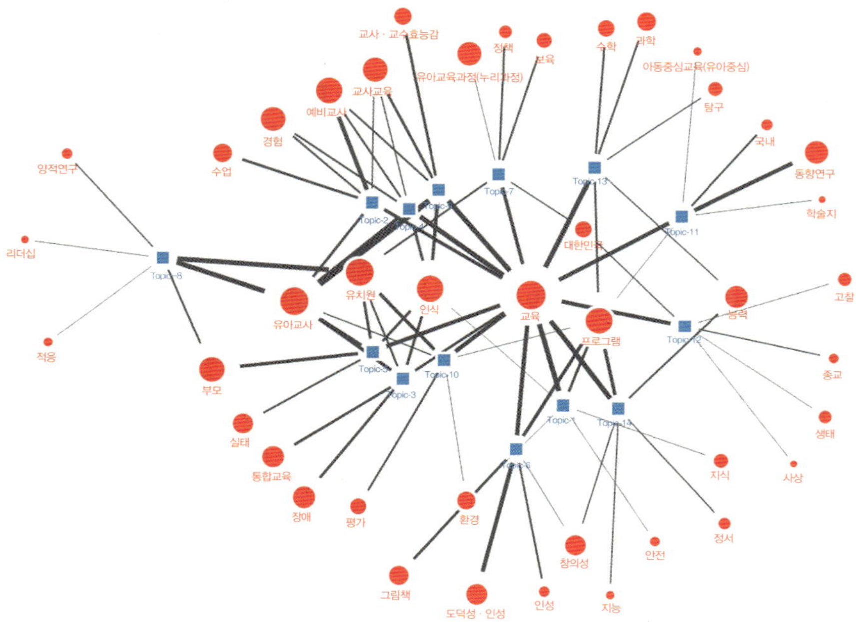

그림 5-2 유아교육 관련 연구의 토픽 모델링 시각화–토픽 14개

표 5-2 14개 토픽의 대분류 – 각 토픽의 제목 및 상위 키워드 10개

대분류	토픽	토픽명	토픽별 상위 10개 키워드
유아 교육 기관 · 부모	Topic5	부모 교육 프로그램과 부모의 양육태도 · 신념	교육, 부모, 유치원, 인식, 유아교사, 실태, 장애, 프로그램, 가족, 통합교육, 발달
	Topic8	기관장 리더십과 부모 · 교사 협력	유치원, 유아교사, 부모, 양적연구, 적응, 리더십, 원장, 인식, 역량, 조직문화
	Topic10	기관 평가 및 평가지표 개발	교육, 유치원, 평가, 유아교사, 프로그램, 환경, 인식, 탐색, 지속가능발전, 질적연구

대분류	토픽	토픽명	토픽별 상위 10개 키워드
유아 교사	Topic2	예비교사의 실습 경험과 전문성 성장	예비교사, 교육, 유아교사, 수업, 경험, 교사교육, 학습, 인식, 탐색, 교수
	Topic3	장애통합교육에서의 교사 경험과 역할	유아교사, 교육, 인식, 장애, 통합교육, 유치원, 경험, 특수교육, 질적연구, 교사교육
	Topic9	교사 전문성과 교수효능감	유아교사, 교육, 인식, 교사교육, 교사 · 교수효능감, 예비교사, 다문화, 교수, 수학, 실태
발달 · 프로그램	Topic1	환경 및 안전 교육	교육, 프로그램, 환경, 안전, 인식, 지식, 콘텐츠, 창의성, 디지털, 유아교사
	Topic6	도덕성 · 인성 교육과 발달	교육, 도덕성 · 인성, 프로그램, 그림책, 인성, 창의성, 유아교사, 개념, 예비교사, 인식
	Topic13	수 · 과학 탐구 교육과 발달	교육, 프로그램, 수학, 과학, 능력, 탐구, 음악, 개념, 놀이, 이론
	Topic14	예술 교육과 발달	교육, 프로그램, 능력, 지능, 창의성, 정서, 미술, 놀이, 음악, 통합
교육 과정	Topic4	아동중심 · 놀이중심 교육과정	교육, 유아교사, 인식, 예비교사, 경험, 교사교육, 유아교육과정(누리과정), 탐색, 실천, 실행
정책	Topic7	유아교육 · 보육정책 및 유보통합	교육, 유치원, 보육, 정책, 대한민국, 유아교육과정(누리과정), 초등학교, 과제, 국가, 학교
연구 동향	Topic11	유아교육 연구 동향 분석	동향연구, 교육, 국내, 학술지, 프로그램, 아동중심(유아중심), 특수교육, 질적연구, 고찰, 탐색
철학 · 사상	Topic12	유아교육 사상(철학)과 생태교육	교육, 대한민국, 종교, 고찰, 생태, 사상, 탐색, 보육, 유아교육과정(누리과정), 유치원

먼저, 〈유아교육기관 · 부모〉와 관련된 내용으로 구성된 토픽은 Topic5, Topic8, Topic10이다.

Topic5의 상위 키워드에 '부모', '유치원', '인식', '유아교사', '장애', '실태' 등이 나타났으며, 해당 토픽으로 분류된 논문은 유아교육기관에서 실시하는 부모 대상 교육, 발달장애 유아의 문제행동을 위한 부모교육 프로그램 개발 등으로 부모 교육을 주요 주제로 다루면서, 어머니의 양육 신념과 스트레스와 같은 부모 변인과 자녀 발달 간의 관계도 포함하고 있다. 부모교육 프로그램의 효과와 부모 인식이 중요한 주제로 나타났으므로, Topic5는 [부모교육 프로그램과 부모의 양육태도 · 신념]으로 명명하였다.

① 문제행동 중심 발달장애유아 부모교육 프로그램 개발 및 적용 효과
② 유아기 자녀의 조기교육 실태와 어머니의 양육 신념 및 스트레스에 관한 연구
③ 유아 어머니의 구강보건교육 경험에 따른 유아 구강관리 실태 -대구광역시 일부 어린이집을 대상으로
④ 유아기 자녀의 부모를 위한 STEP 부모교육 프로그램의 효과에 관한 연구
⑤ 조기 특기교육에 대한 부모의 인식과 양육 스트레스 및 유아의 문제행동

Topic8의 상위 키워드에 '유치원', '부모', '리더십', '원장', '조직문화' 등이 나타나며, 해당 토픽의 논문은 유아교육기관에서의 원장과 교사의 리더십, 그리고 부모와 교사의 관계를 중점적으로 다루고 있다. 특히, 유아교육기관 원장의 리더십이 교사와 부모에게 미치는 영향과 유아교육 공동체 구현을 다룬 연구가 중점적으로 나타나므로, Topic8은 [기관장 리더십과 부모 · 교사 협력]으로 명명하였다.

① 유아교사가 지각한 교수몰입과 자기결정성 및 유아교육기관 원장의 서번트 리더십에 대한 연구
② 유아교사-부모 협력과 유아교육공동체 구현 역량의 관계: 심리적 임파워먼트의 매개효과
③ 유아교육기관 원장의 리더십 역량, 교사의 교직헌신, 부모 만족도에 대한 연구
④ 교사가 지각한 유아교육기관 원장의 지도성 유형과 교사의 직무만족도

⑤ 유아교육기관 유형이 부모의 유아교육 공동체 인식에 미치는 영향: 부모의 유아교사 자질 인식의 매개효과

Topic10의 상위 키워드에 '유치원', '평가', '프로그램', '환경', '지속가능발전', '척도개발' 등이 나타나며, 해당 토픽의 논문은 유아교육기관 평가제도 분석, 기관의 평가 지표 타당화 및 평가 도구 개발 등의 주제를 다루고 있다. 따라서 Topic10은 [기관 평가 및 평가지표 개발]로 명명하였다.

① 유아교육기관 안전환경 평가지표 개발 연구

② 어린이집 강점평가지표 개발 및 타당화

③ 한국과 미국(ECERS-3) 유아교육기관 평가지표 비교연구

④ 유아 숲 교육기관의 교육역량지표 개발 및 타당화

⑤ 유아교육기관 평가인증제에서 각 참여주체의 역할에 관한 연구

그다음으로, 〈유아교사〉와 관련된 내용으로 구성된 토픽은 Topic2, Topic3, Topic9이다.

Topic2의 상위 키워드에 '예비교사', '경험', '교사교육', '수업', '인식' 등이 나타나고, 해당 토픽의 논문은 예비유아교사의 교육 실습 경험과 교사 효능감에 중점을 두고 있다. 교육 실습 전후의 교사 이미지 변화, 교사 효능감 및 교육실습 과정에서의 불안 요인에 대한 연구가 핵심으로 나타난다. 따라서 Topic2는 [예비교사의 실습 경험과 전문성 성장]으로 명명하였다.

① 교육실습 전과 후 예비유아교사의 과학 교수이미지 변화 및 유지에 관련된 요인 연구

② 구성주의 교사교육 관점의 유아체육 교수-학습을 통한 예비유아교사 교사효능감의 변화 탐색

③ 유아교육과 신입생을 위한 온라인 학습포트폴리오 활동이 예비유아교사의 소명의식, 교사효능감, 그리고 진로정체감에 미치는 영향

④ 예비유아교사의 교육실습경험 유무, 전공만족도 및 교직열정의 수준에 따른 교사역량의 인식 차이
⑤ 예비유아교사의 자기효능감과 학과만족도가 교육실습 불안에 미치는 영향

Topic3의 상위 키워드에 '유아교사', '장애', '통합교육', '경험', '특수교육', '질적연구' 등이 나타났고, 해당 토픽의 논문은 통합교육 환경에서의 특수유아와 교사의 역할을 중점적으로 다루고 있다. 특히, 통합학급에서의 특수교사와 일반교사의 협력, 특수유아의 놀이 특성, 교사의 지원 요구와 사회적 소수자에 대한 인식 등이 주요 주제였다. 따라서 Topic3은 [장애통합교육에서의 교사 경험과 역할]로 명명하였다.

① 유치원 통합교육 현장에서 일반교사와 특수교사가 경험하는 갈등과 상생에 관한 내러티브 탐구
② 영유아 장애통합반 필요성, 운영, 효과성 및 전문성에 대한 담당교사 인식 비교
③ 통합교육 유치원에 소속된 특수유아의 자유놀이 실제에 대한 질적연구: 자유선택활동을 중심으로
④ 통합학급에서 특수유아의 사회적 · 인지적 놀이 특성 및 놀이 참여 요인 탐색하기
⑤ 유아교육 현장에서 유아 교사의 사회적 소수자에 대한 인식 연구

Topic9의 상위 키워드에 '유아교사', '교사교육', '교사 · 교수효능감', '교수' 등이 나타나며, 해당 토픽의 논문들은 주로 교수효능감, 교육신념 등의 교사 변인과 다양한 교육 프로그램(수학, 동작, 음악, 과학, 사회 등)에서 교과교육학지식(PCK) 간의 관계를 다루고 있다. 즉, 유아교육에 대한 교사의 전문성과 태도를 중심으로 다루며, 이러한 요인들이 교사 및 교수효능감에

미치는 영향을 탐구하고 있다. 따라서 Topic9는 [교사 전문성과 교수효능감]으로 명명하였다.

① 유아음악교육에 대한 교수내용지식, 교수효능감과 교사의 태도 간의 구조분석

② 유아동작교육에 대한 교사의 전문성과 동작교육태도 및 동작교수효능감과의 관계 연구: 동작교수효능감의 매개효과를 중심으로

③ 숲 체험활동에 참여하는 유아교사의 교사효능감 증진을 위한 교사교육 프로그램 개발 및 효과

④ 유아교사의 배경변인과 사회 교과교육학 지식이 사회 교수효능감에 미치는 영향

⑤ 유아교사의 인적 변인과 다문화교육 신념이 교수 실제에 미치는 영향

그다음으로 〈발달 · 프로그램〉에 대한 내용으로 구성된 토픽은 Topic1, Topic6, Topic13, Topic14가 해당된다.

Topic1의 상위 키워드에 '교육', '프로그램', '환경', '안전', '유아교사' 등이 나타나며, 해당 토픽의 논문은 유아교육에서 환경교육과 안전교육을 중점적으로 다루고 있으나 로봇 및 코딩을 응용한 융합교육(STEAM)도 일부 포함되어 있다. 환경보전 관련 내용, 안전교육, 창의성 개발과 같은 주제들이 포함되어 있어, 유아교사의 환경 및 기술 소양을 증진시키는 프로그램 개발이 주요 연구 주제로 포함된다. 따라서 Topic1은 [환경 및 안전 교육]으로 명명하였다.

① 녹색성장 교육활동이 유아의 환경보전 지식과 환경친화적 태도에 미치는 효과

② 언플러그드 로봇을 활용한 5세 유아의 융합인재교육(STEAM) 프로그램 개발 연구

③ 동화 짓기 활동을 통한 유아안전교육이 유아들의 안전문제해결사고와 안전지식에 미치는 효과
④ 광고를 활용한 환경교육이 유아의 환경친화적 태도 및 환경보전 지식에 미치는 효과
⑤ 융합인재교육(STEAM) 기반의 업사이클링 활동이 예비유아교사의 창의성, 환경소양 및 융합인재소양에 미치는 영향

Topic6의 상위 키워드에 '교육', '도덕성 · 인성', '그림책', '유아교사', '창의성' 등이 나타나며, 해당 토픽의 논문은 그림책을 활용한 배려교육과 도덕성 등 유아의 인성 발달과 관련된 프로그램 개발 및 효과에 대한 연구가 주를 이룬다. 유아가 다양한 교육 프로그램을 통해 배려와 인성, 그리고 도덕적 감수성을 어떻게 함양하는지를 다루며, 더 나아가 사회정서 및 창의성 발달에 미치는 영향에 대해서도 논의하고 있다. 따라서 Topic6은 [도덕성 · 인성 교육과 발달]로 명명하였다.

① 동화를 활용한 통합적 인성교육활동이 유아의 창의적 인성에 미치는 영향
② 전래동화를 활용한 배려교육 활동이 유아의 조망수용능력과 행복감에 미치는 영향
③ 포스트모던 그림책 기반 유아 창의인성교육 프로그램 개발
④ 유아의 배려 지향적 도덕성 양상에 대한 연구
⑤ 유아인성교육활동이 유아의 자기조절력과 배려행동에 미치는 영향

Topic13의 상위 키워드에는 '교육', '프로그램', '수학', '과학', '탐구', '개념', '놀이' 등이 나타나고, 해당 토픽의 논문은 유아교육 현장에서 실행하는 수학 및 과학 교육프로그램의 개발 및 효과에 대한 내용이 대부분이다. 또한, 요리 및 음악 활동과 융합한 STEAM교육이 수 · 과학에 대한 태

도나 문제 해결력에 미치는 영향도 주요 연구로 나타난다. 즉, 다양한 방식의 수과학 관련 탐구활동을 통해 유아의 인지 사회성 발달 및 문제해결력, 태도 증진 등에 어떠한 영향을 미치는지와 같은 교육적 효과를 다루는 연구가 주를 이루고 있다. 따라서 Topic13은 [수 · 과학 탐구 교육과 발달]으로 명명하였다.

① 생활발명 활동이 유아의 창의성과 과학적 문제 해결력, 과학적 태도에 미치는 영향

② 탐구중심 유아 수학교육 프로그램의 교육적 효과 탐색

③ STEAM 기반 요리 활동이 유아의 사회적 능력과 과학적 문제 해결력에 미치는 효과

④ 음악과 수학 통합 활동이 유아의 수학적 문제 해결력과 수학적 태도 및 음악적 흥미에 미치는 영향

⑤ 지역사회 체험기관을 활용한 과학교육이 유아의 과학적 탐구능력과 태도, 친사회적 행동에 미치는 영향

Topic14의 상위 키워드에 '프로그램', '능력', '지능', '창의성', '정서', '미술' 등이 나타나고, 해당 토픽 관련 논문들은 미술을 포함한 다양한 예술교육 프로그램의 개발 및 효과성에 대해 다루고 있었다. 특히, 색채활동, 신문 및 사진 찍기 활동, 극놀이 활용 프로그램 등이 유아의 공감능력 및 표상능력, 언어기능 등에 미치는 영향에 대한 연구가 대부분인 것을 볼 때, 예술교육 프로그램과 정서 및 사회성발달, 언어발달, 창의성발달 등 유아의 다양한 영역의 발달을 연결하여 논의하고 있음을 알 수 있다. 따라서 Topic14는 [예술교육과 발달]로 명명하였다.

① 유아 색채교육 활동이 유아의 미술표상능력과 감성지능에 미치는 효과

② 신문사진과 사진 찍기 통합 교육 활동이 유아의 창의성 및 그리기 표

현능력에 미치는 영향

③ 문화예술교육이 유아의 정서지능에 미치는 영향 -그림책 활용 미술교육 중심으로

④ 자연의 미적 요소에 기초한 유아 미술교육 프로그램이 유아의 미술감상능력, 미술표상능력, 자연친화적 태도에 미치는 영향

⑤ 공감의 뿌리 프로그램이 유아의 공감능력 향상과 공격성 감소에 미치는 효과

이외의 토픽들은 소그룹을 형성하지 않은 것으로 나타나 단일 토픽으로 살펴보았다. 즉, Topic4, Topic7, Topic11, Topic12는 독립적인 내용으로 구성되어 있다.

먼저 Topic4를 살펴보면 상위 키워드로 ‘유아교사’, ‘인식’, ‘경험’, ‘유아교육과정(누리과정)’, ‘실천’, ‘탐색’ 등이 나타나며, 해당 논문들은 유아교육에서 교사의 교육과정 탐색과 실행을 중점적으로 다루고 있었다. 그동안 아동중심, 놀이중심 교육으로 이루어져 온 유아 교육과정을 교사들이 어떻게 인식하고 경험해 왔으며 현재 누리과정에서 교육과정을 어떻게 실천해 가는지에 대해 중점적으로 살펴보고 있다. 또한, 유아 민주시민교육, 경제생활교육, 흡연예방교육, 성학대예방교육과 같은 주제들을 현재 유아 교육과정에서 어떻게 실행하는지, 그리고 놀이중심 및 유아중심 교육과정의 적용에 대한 어려움을 어떻게 극복하는지에 대해 심층적으로 탐구하고 있다. 따라서 Topic4 는 [아동중심 · 놀이중심 교육과정]으로 명명하였다.

① 놀이중심 교육과정에서 겪는 유아반 보육교사의 어려움과 노력

② 국가고시 유치원 교육과정에 기초한 경험학습 중심의 공동체적 유아경제생활 교육 프로그램 모형 개발

③ 유아교사들의 유아 세계시민교육 인식과 실천 방안 탐색

④ 유아 민주시민교육의 실천을 위한 실행연구
⑤ FGI 분석을 통한 유아교사의 놀이중심 교육과정 실행 역량 탐색

Topic7에서 상위 키워드는 주로 '유치원', '보육', '정책', '대한민국', '유아 교육과정(누리과정)', '국가' 등이 나타나고, 해당 토픽의 논문들은 우리나라의 유아교육 관련 정책과 재정 지원의 분석, 교육과정의 변천사와 개선점에 대한 논의가 주를 이루었다. 그리고 스웨덴, 영국, 노르웨이, 일본, 중국 등 다른 나라와 우리나라의 유아교육정책 및 교육과정에 대한 국제적 비교를 다룬 논문이 많았다. 현재 우리나라는 유보통합 정책이 활발하게 진행되고 있기에, 이미 유보통합이 이루어진 다른 국가(스웨덴 등)의 상황을 분석하여 유아교육과 보육의 효율적 통합을 위한 방향을 제시하고 있다. 따라서 Topic7은 [유아교육 · 보육정책 및 유보통합]으로 명명하였다.

① 유보통합 재정소요 추계 연구
② 유아교육, 보육 기관평가 국제비교 및 정책적 시사점 - 영국, 노르웨이, 뉴질랜드를 중심으로
③ 쟁점연구: 스웨덴의 유아교육, 보육 통합정책: 유아의 권리와 삶의 관점에서
④ 교육 공공성에 비추어 본 유아교육 현황 분석 -누리과정 도입 이후를 중심으로-
⑤ 지방자치단체의 유아교육 지원 활성화 방안 연구: 만 5세 아동 초등 취학 방안에 대한 논의를 중심으로

Topic11의 상위 키워드에는 '동향연구', '국내', '학술지', '아동중심(유아중심)', '질적연구' 등이 나타났고, 해당 논문의 내용은 국내 유아교육 분야에서 다양한 주제의 연구 동향을 분석하는 데 중점을 두고 있다. 생태유아교육, 건강교육(식생활교육), 가정연계교육 등 여러 영역의 유아교육에 대한

동향 분석이 있으며, 분석 방법으로 빈도분석, LDA 토픽 모델링, 키워드 네트워크 분석 등 빅데이터 기반의 분석 방법과 질적연구에 대한 내용분석 및 질적 메타분석 방법 등 다양하게 나타난다. 따라서 Topic11은 [유아교육 연구 동향 분석]으로 명명하였다.

① 유아 관련 가정연계교육 연구 동향 분석 - 2001~2016년 학위 및 학술지 논문을 중심으로

② 놀이 기록 관련 질적연구 동향 고찰: 국내 학술지 및 학위논문을 중심으로

③ 빈도분석과 LDA 토픽 모델링을 활용한 장애유아통합교육 국내연구 동향분석: 1998~2022년 논문을 기준으로

④ 유아식생활 연구 동향 비교 분석

⑤ 생태유아교육 관련 연구 동향 분석: 2013~2017년 국내 학술지 논문 중심으로

Topic12의 상위 키워드에서는 '대한민국', '종교', '생태', '사상', '유아교육과정(누리과정)' 등이 나타났으며, 해당 토픽의 논문들은 유아교육 사상과 생태적 접근에 중점을 두고 있다. 프뢰벨, 코메니우스, 몬테소리 등 유아교육 사상가들의 이론과 다양한 측면에서의 생태적 관점과 접근을 중심으로 유아교육을 탐구하고 있다. 또한, 한국의 전통적 가치와 철학이 현대 유아교육에서 어떻게 구현될 수 있는지에 대한 연구도 있다. 따라서 Topic12는 [유아교육 사상(철학)과 생태교육]으로 명명하였다.

① 프뢰벨의 유아교육 사상과 실제

② 조선시대 왕실의 유아교육

③ 몬테소리의 유아교육 사상: 유아교육 원리와 교육방법에 대한 고찰 및 현대적 의의

④ 유아 생명존중 교육과정 개발을 위한 기초연구: 불교 생명존중 사상의 유아교육적 함의

⑤ 기독교 유아교육의 생태적 접근을 위한 고찰

⑥ 인류의 시대 공생을 위한 유아교육: 포스트휴먼 생태적 관점과 배움에 관한 시론적 고찰

앞에서 설명한 각 토픽들이 어떻게 대분류화 되었는지를 [그림 5-3]으로 시각화하였다.

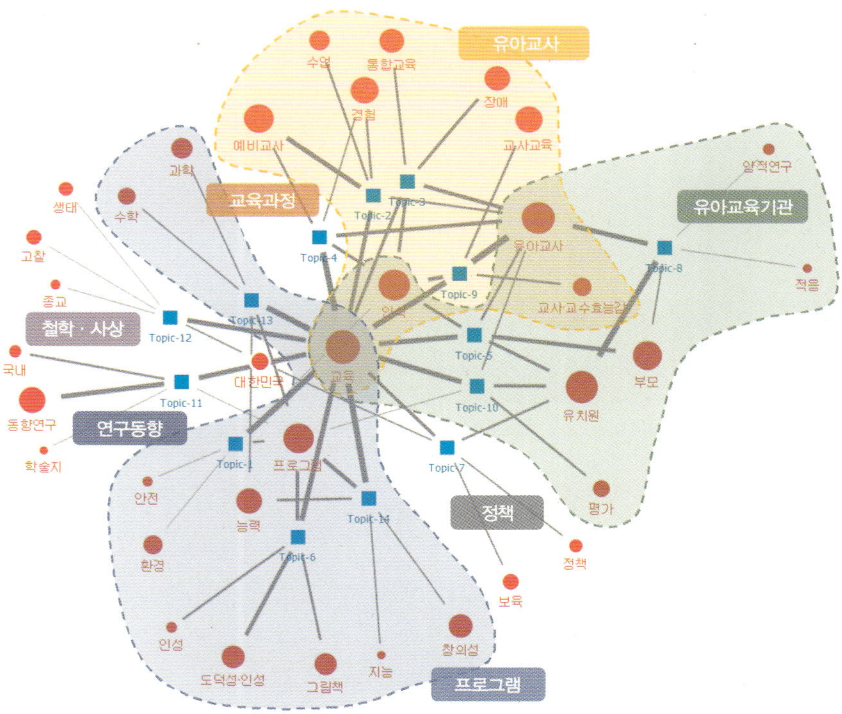

그림 5-3 토픽 대분류 시각화

2. 시기별 유아교육 관련 연구 분석

1) 시기별 유아교육 연구의 토픽 빈도

유아교육 연구의 동향을 분석하기 위해, '만 5세 누리과정'이 시행된 2012년을 기준으로 시기를 구분하여 토픽 분포를 〈표 5-3〉에 제시하였다. 만 5세 누리과정은 우리나라 유치원의 유아교육과정과 어린이집 표준보육과정을 통합한 교육과정으로, 모든 유아가 균등하고 질 높은 교육과 보육을 받을 수 있도록 기여한 정책적 변곡점으로 평가된다.

1992년부터 2011년까지를 〈시기 1〉, 2012년부터 2023년까지를 〈시기 2〉로 구분하였다. 〈시기 1〉의 전체 논문 수는 2,011편, 〈시기 2〉의 전체 논문 수는 4,374편으로 나타났다.

표 5-3 시기별/토픽별 논문 발행 빈도

단위: 편(%)

대분류	토픽	토픽명	시기1 (1992~2011년)	시기2 (2012~2023년)	합계
유아교육기관·부모	Topic5	부모교육 프로그램과 부모의 양육태도·신념	488 (24.3)	922 (21.1)	1,410
	Topic8	기관장 리더십과 부모·교사 협력			
	Topic10	기관 평가 및 평가지표 개발			
유아교사	Topic2	예비교사의 실습 경험과 전문성 성장	434 (21.6)	1,139 (26)	1,573
	Topic3	장애통합교육에서의 교사 경험과 역할			
	Topic9	교사 전문성과 교수효능감			

<table>
<tr><th>대분류</th><th>토픽</th><th>토픽명</th><th>시기1 (1992~2011년)</th><th>시기2 (2012~2023년)</th><th>합계</th></tr>
<tr><td rowspan="4">발달 · 프로그램</td><td>Topic1</td><td>환경 및 안전 교육</td><td rowspan="4">544 (27.1)</td><td rowspan="4">1,195 (27.3)</td><td rowspan="4">1,739</td></tr>
<tr><td>Topic6</td><td>도덕성 · 인성 교육과 발달</td></tr>
<tr><td>Topic13</td><td>수 · 과학 탐구 교육과 발달</td></tr>
<tr><td>Topic14</td><td>예술 교육과 발달</td></tr>
<tr><td>교육과정</td><td>Topic4</td><td>아동중심 · 놀이중심 교육과정</td><td>118 (5.9)</td><td>382 (8.7)</td><td>500</td></tr>
<tr><td>정책</td><td>Topic7</td><td>유아교육 · 보육정책 및 유보통합</td><td>208 (10.3)</td><td>255 (5.8)</td><td>463</td></tr>
<tr><td>연구동향</td><td>Topic11</td><td>유아교육 연구 동향 분석</td><td>62 (3.1)</td><td>306 (7)</td><td>368</td></tr>
<tr><td>철학 · 사상</td><td>Topic12</td><td>유아교육 사상(철학)과 생태교육</td><td>157 (7.8)</td><td>175 (4)</td><td>332</td></tr>
<tr><td colspan="3">합계</td><td>2,011 (100)</td><td>4,374 (100)</td><td>6,385</td></tr>
</table>

〈시기 1〉과 〈시기 2〉에서 각 토픽에 해당하는 논문의 분포를 비교하고자 하였다. 그러나 〈시기 1〉과 〈시기 2〉의 전체 논문 편수가 상이하므로, 단순히 논문 수로 비교할 경우 〈시기 2〉에서 모든 토픽의 논문 수가 더 많게 나타나는 한계를 지닌다. 이에 따라, 각 시기별 토픽 비중을 산출하여 시간의 흐름에 따른 '유아교육' 관련 연구의 주제적 변화를 분석하였다. 이러한 결과를 [그림 5-4]에 시각적으로 제시하였다.

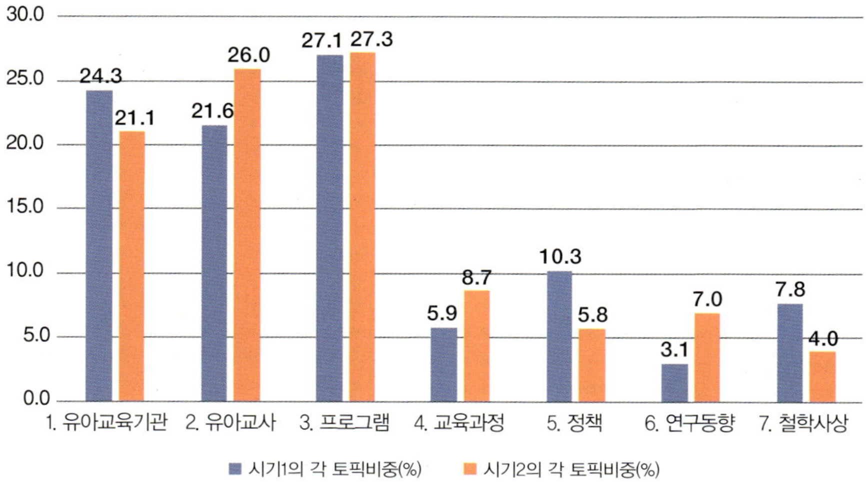

그림 5-4 시기별 토픽 비중 변화

2) 시기별 연결중심성 분석

시기별 주요 키워드의 연결중심성을 분석하기 위해 언어 네트워크 분석(Language Network Analysis)을 실시하였다. 연결중심성(Degree Centrality)은 노드(node) 간의 인접도를 기반으로 계산되며(Cyram, 2022), 본 연구에서 노드는 단어(키워드)를 의미한다. 연결중심성 분석은 문서 내 단어들 간의 관계를 부호화하고 가시화하여 추상적인 의미 구조를 구체화하는 데 활용된다(이수상, 2018).

같은 논문에서 함께 등장한 키워드는 링크(link) 1개로 연결되며, 특정 키워드에 연결된 링크가 많을수록 해당 키워드의 연결중심성이 높게 나타난다. 연결중심성이 높다는 것은 해당 단어가 논문에서 다른 단어들과 함께 등장한 빈도가 높아, 네트워크 구조가 그 단어에 집중되어 있음을 의미한다. 각 노드(단어)의 연결중심성은 다음 식에 따라 계산된다.

$$\text{각 노드의 `Degree Centrality'} \quad \frac{sum[weight\ of\ incident\ links]}{\#nodes-1}$$

이러한 네트워크 분석을 통해 중심성이 높은 단어를 식별함으로써, 전체 텍스트가 전달하고자 하는 의도와 의미를 보다 명확히 이해할 수 있다. 본 연구에서는 키워드가 한 문서(document) 내에서 동시 출현하는 것을 기준으로 연결중심성을 분석하였다.

시기 1 (1992 ~ 2011년)						시기 2 (2012 ~ 2023년)					
No.	Keyword	Degree Centrality	No.	Keyword	Degree Centrality	No.	Keyword	Degree Centrality	No.	Keyword	Degree Centrality
1	영유아	0.755	21	실태	0.131	1	영유아	0.785	21	도덕성 · 인성	0.144
2	교육	0.736	22	평가	0.129	2	교육	0.742	22	대한민국	0.143
3	유치원	0.396	23	통합	0.129	3	유아교사	0.423	23	수업	0.142
4	유아교사	0.354	24	개념	0.126	4	유치원	0.367	24	그림책	0.139
5	프로그램	0.301	25	교수	0.126	5	인식	0.306	25	통합	0.138
6	인식	0.283	26	유아교육과정 (누리과정)	0.117	6	프로그램	0.304	26	보육	0.138
7	부모	0.227	27	환경	0.117	7	경험	0.259	27	창의성	0.134
8	발달	0.179	28	보육	0.111	8	탐색	0.247	28	장애	0.131
9	탐색	0.171	29	그림책	0.110	9	예비교사	0.243	29	다문화	0.130
10	교사교육	0.170	30	놀이	0.107	10	부모	0.230	30	고찰	0.129
11	장애	0.168	31	특수교육	0.104	11	교사교육	0.199	31	변화	0.129
12	대한민국	0.151	32	과학	0.104	12	유아교육과정 (누리과정)	0.197	32	역량	0.128
13	학습	0.148	33	변화	0.102	13	놀이	0.190	33	사례	0.124
14	통합교육	0.146	34	수학	0.098	14	질적연구	0.176	34	실태	0.122
15	예비교사	0.145	35	음악	0.095	15	학습	0.165	35	평가	0.118
16	질적연구	0.144	36	사례	0.094	16	능력	0.159	36	이론	0.118
17	경험	0.137	37	다문화	0.093	17	환경	0.155	37	탐구	0.118
18	가족	0.135	38	이론	0.092	18	실행	0.152	38	가족	0.117
19	능력	0.135	39	문화	0.087	19	동향연구	0.151	39	실천	0.117
20	고찰	0.133	40	지식	0.086	20	발달	0.147	40	교수	0.116

각 시기별 연결중심성이 높은 상위 40개 키워드는 〈표 5-4〉에 제시되어 있다. 연결중심성이 높은 키워드는 유아교육 연구 동향에서 네트워크 중심에 위치하며, 해당 키워드가 연구 주제 및 내용에서 중요한 위치를 차지하고 있음을 의미한다.

연결중심성 순위가 낮아진 단어를 살펴보면, '가족'은 〈시기 1〉에서 0.135로 18위였으나, 〈시기 2〉에서는 0.117로 하락하여 38위로 이동하였다. '장애'는 〈시기 1〉에서 0.168로 11위였으나, 〈시기 2〉에서는 0.131로 하락하여 28위로 나타났다. '교수'는 〈시기 1〉에서 0.126으로 25위였으나, 〈시기 2〉에서는 0.116로 하락하여 40위로 이동하였으며, '평가'는 〈시기 1〉에서 0.129로 22위였으나 〈시기 2〉에서는 0.118로 하락하여 35위로 나타났다. 이 외에도, '발달'은 〈시기 1〉에서 0.179로 8위였으나 〈시기 2〉에서는 0.147로 하락하여 20위로, '고찰'은 〈시기 1〉에서 0.133으로 20위였으나 〈시기 2〉에서는 0.129로 하락하여 30위로 이동하였다.

이와 같이, '가족', '장애', '교수', '평가', '발달', '고찰'은 시간이 흐름에 따라 네트워크 중심에서 외곽으로 이동하였음을 보여준다. 이는 2012년 이전에는 '가족', '장애', '평가', '발달'을 연구주제 및 연구대상으로 삼고, '고찰' 중심의 질적연구가 많았음을 시사하지만, 2012년 이후에는 해당 키워드의 연구 비중이 줄어들었음을 의미한다.

반면, 연결중심성 순위가 높아진 단어를 살펴보면, '놀이'는 〈시기 1〉에서 0.107로 30위였으나 〈시기 2〉에서는 0.190으로 상승하여 13위로 이동하였다. '유아 교육과정(누리과정)'은 〈시기 1〉에서 0.117로 26위였으나 〈시기 2〉에서는 0.197로 상승하여 12위로 나타났다. 또한, '경험'은 〈시기 1〉에서 0.137로 17위였으나 〈시기 2〉에서는 0.259로 상승하여 7위로, '환경'은 〈시기 1〉에서 0.117로 27위였으나 〈시기 2〉에서는 0.155로 상승하여 17위로 이동하였다. '다문화'는 〈시기 1〉에서 0.093으로 37위였으나 〈시기 2〉에서는 0.130으로 상승하여 29위로 이동하였다.

특히, 〈시기 1〉에서 순위 40위 안에 없었으나 〈시기 2〉에서 급상승한 키워드들도 나타났다. '도덕성 · 인성'은 〈시기 1〉에서 0.056로 72위였으나 〈시기 2〉에서는 0.159로 상승하여 21위에 올랐다. '창의성'은 〈시기 1〉에서 0.079로 45위였으나 〈시기 2〉에서는 0.134로 상승하여 27위로 이동하였다. '동향연구'는 〈시기 1〉에서 0.078로 46위였으나 〈시기 2〉에서는 0.151로 상승하여 19위로 나타났다.

이를 정리하면, '놀이', '유아 교육과정(누리과정)', '경험', '환경', '다문화', '도덕성 · 인성', '창의성', '동향연구'는 시간이 흐름에 따라 네트워크 중심으로 이동하였다. 이는 2012년 만 5세 누리과정 시행 이후 '놀이'가 강조되고 '유아 교육과정'에 대한 연구가 활발해졌음을 반영하며, 이와 함께 '다문화', '환경', '도덕성 · 인성', '창의성' 등 다양한 교육 프로그램 관련 주제가 주목받았음을 보여준다. 또한, 교사와 유아의 '경험'에 대한 질적연구와 유아교육 연구의 흐름을 파악하기 위한 '동향연구'가 활발해졌음을 시사한다.

3. 논의 및 결론

1992년부터 2024년 8월 말까지 이루어진 우리나라 유아교육 연구주제의 동향을 살펴본 결과 총 14개의 토픽이 도출된 것으로 나타났다. 이러한 14개의 토픽들은 다시 '교육과정', '유아교육기관 및 부모', '유아교사', '정책', '철학 및 이론', '연구 동향', '발달 및 프로그램'이라는 대주제로 분류되었다.

'교육과정'에서는 그동안 1968년 제1차 유치원 교육과정이 제정된 이후로 유아교육에서 지속적으로 강조되어 온 '아동중심', '놀이중심' 교육의 출현빈도가 높게 나타나고 있었으며, 특히 2012 누리과정 제정에서부터 점차 증가하는 현상을 보여주었고 2019 누리과정의 개정 이후로 게재논문의 편수가 급속도로 상승하는 모습에 주목할 필요가 있다. 2019 개정 누리과정에는 국가수준 교육과정 문서상으로 '다. 유아중심과 놀이중심을 추구한다'라고 명시하였다(교육부, 2019). 이와 함께 유아중심과 놀이중심 교육을 실천하기 위한 교육과정의 대강화와 교사 자율성이 높아지게 되면서 유아중심 · 놀이중심 교육의 의미와 적용방안에 대한 유아교육 학계와 현장의 관심이 집중되고 있음을 확인할 수 있다(박건령, 2023). 유보통합이 진행되고 있는 현 시점에 유치원 교육과정과 표준보육과정의 통합을 통한 영아 교육과정과 유아 교육과정 연계, 유아 교육과정과 초등 교육과정의 연계를 더욱 강화하는 것이 필요하다. 또한, 지속가능한 미래 유아교육을 지향하면서 유아중심, 놀이중심에 기반한 유아교육의 가치와 방향에 대한 주제를 다룬 연구들이 활성화될 필요가 있다.

'유아교육기관 및 부모' 주제에서는 유아교육기관의 기관장 리더십과 부모 · 교사 협력, 기관평가 및 평가지표 개발, 부모교육 프로그램과 부모 양육태도 · 신념 관련 토픽이 두드러지게 나타났다. 유치원과 어린이집에서 긍정적인 조직문화를 형성하고 조직 효율성을 높이는 데 원장의 리더십은 매우 중요한 요소이다. 원장의 서번트 리더십, 감성 리더십 등 다양한 유형의 리더십에 대한 연구가 이루어지고 있다. 최근에는 조직연구에 대한 새로운 패러다임으로 주목받는 복잡계(complex) 이론에서 역동적인 조직이 보다 발전적이고 창조적이라는 관점이 강조됨에 따라(최창현, 2005) 변혁적 리더십에 대한 연구가 증가하는 추세를 보여준다. 향후 유아교육기관에서 구성원들이 가지고 있는 다양한 특성들 간의 복잡한 연결망들이 어떻게 작동하여 지속적인 조직 변화와 발전에 기여할 수 있을것인가에 대해 탐구하는 연구들이 이루어질 필요가 있다(정혜영, 김현수, 2017).

'부모' 관련 연구들은 주로 부모 양육태도 · 신념, 부모 · 교사 협력 관련 주제로 연구되었으며 모든 시기에서 중요한 연구주제로 고려되어 왔다. 부모의 양육태도는 양육환경과 밀접하게 관련되어 사회적 지지, 취업 여부, 가족 상호작용, 부모교육, 양육참여, 공동양육이 상위 키워드로 나타나 양육과 관련된 주제들이 모든 시기에 중요하게 연구되어 왔음을 알 수 있다. 부모의 양육태도와 양육 신념은 부모의 삶과 유아의 발달에 영향을 미치게 되기 때문에 앞으로도 이러한 연구들은 지속될 필요가 있다. 특히, 최근의 COVID-19, 저출산, 아동학대 등과 같은 사회적 · 환경적 변화에 따른 부모의 양육환경을 이해하고 지원하는 방안을 모색하는 것이 필요하다. 이러한 점에서 유아교육기관의 교사와 부모 간의 협력을 통해 부모의 양육태도와 신념을 강화하는 것이 중요하다는 것을 알 수 있다(홍윤정, 김선희, 이영애, 2023).

'유아교사' 주제에서는 교사전문성과 교수효능감, 예비교사의 실습경험과 전문성신장, 장애통합교육에서 교사의 경험과 역할 관련 연구들이 주를 이루고 있다. 교사의 전문성과 교수효능감은 교육의 질적 수준 향상을 위해 가장 중요한 요소로 강조되어 왔기 때문에 이와 관련된 연구들은 지속적으로 이루어져 왔다. 유아교사 관련 연구주제들은 주로 교사교육, 교사효능감을 중심으로 이루어지다가 2019 개정 누리과정이 제정되면서부터는 교사 학습 공동체 관련 연구들이 급증하고 있는 현상을 나타내고 있다. 유아중심, 놀이중심 교육을 강조하는 가운데 유아와 함께 살아가는 교사도 학습자가 될 수 있고, 배우고 성장하기 위해 노력해야 하는 존재임을 다시 한번 확인하게 된 것이다. 교육의 현장에서 유아와 성인, 학습자와 교수자, 배움과 가르침의 이분법적 경계를 넘어서서 진정한 배움의 장이 이루어지기 위해서는 상호 소통하고 의존하는 관계에서 협동적 노력을 통해 가능하게 될 수 있다(Taguchi, 2018). 예비유아교사의 교사역량과 관련된 연구는 그동안 꾸준하게 이루어져 왔으며 주로 교육실습을 통한 배움과 성장, 대인관계역량, 교육실습 불안, 진로결정 및 갈등 등의 주제로 연구되어 왔다(양유진, 이주영, 2024). 최근에는 점차 예비교사의 개인적 변인에 더해서 실습현장의 지도교사, 교원양성기관, 제도 및 정책, 실습지도방법 등과 같은 사회인구학적 변인들이 추가되고 있다.

'유아교육정책'에서는 유아교육과 보육 관련 정책 및 유보통합 관련 연구들이 주로 나타났다. 그동안 유아교육과 보육이 이원화된 체제로 운영되어 왔기 때문에 정책 관련 연구들도 교육부의 유아교육정책과 보건복지부의 보육정책을 별도로 분리하여 정책연구로 이루어져 왔다. OECD의 영유아기 발달과 교육의 중요성 강조, 유아교육과 보육의 통합권고와 저출산문제, 아동권리증진 등 다양한 측면에서 유아교육과 보육의 통합 필요성이 제기되어 우리나라에서도 박근혜 정부에서 단계적 유보통합을 추진하였으며 현 정부에서 유보통합이 국정과제로 채택되어 부처통합이 이루어지게 되었다. 이에 따라 최근 유보통합 관련 정책연구들이 급증하고 있음을 알 수 있다. 유보통합을 통해 상향 평준화를 지향하고 있다는 점에서 향후 지속적인 연구를 통해 교사양성 자격기준 통합과 유아교육기관 통합 모델 구축 등 바람직한 유보통합 방안 마련을 위한 구체적인 연구들이 이루어져야 할 필요가 있다.

'철학 및 이론' 주제에서는 주로 '유아교육 사상 및 철학'과 '생태교육' 관련 연구들이 많이 이루어져 왔다. 2000년 이후에 유아교육 철학에 관한 연구들이 증가하게 된 것은 포스트 모더니즘 철학이 강조되고 유아교육 재개념주의에 대한 관심이 늘어나게 된 것에 기인한 것이라 볼 수 있다. 포스트모더니즘이 등장하고 유아교육 철학에 대한 연구주제가 점차 현상학적 접근, 홀리스틱, 한국 전통 양육관, 생태교육 등으로 확장되었다. 또한 비판적 관점에서 유아교육의 재개념화가 시도되면서 유아교육 전 분야에 걸쳐 유아교육 철학에 대한 재개념화가 이루어지게 되었다. 유아교육 재개념화 논의는 유아교육의 학문적 의미와 경계를 확장 · 심화시키게 되었으며 이에 따른 유아교육의 이론적 연구와 방법론적 논의를 통해 한국유아교육의 학문적 정체성을 정립해야 한다는 연구들과 연결되게 되었다.

'연구 동향'에서는 다양한 유아교육 관련 주제들을 중심으로 하는 동향 연구가 이루어지고 있으며 주로 국내 학술지를 중심으로 연구 동향 분석이 이루어지고 있음을 알 수 있다. 향후 연구 동향 분석은 분석대상 측면에서 국내 학술지뿐 아니라 국외학술지, 석 · 박사 학위논문 등으로 범위를 포괄하는 것이 필요하며 양적연구를 중심으로 하는 연구 동향 분석에서 질적연구를 포함하고, 연구내용 측면에서 유아교육과정, 유아교사, 부모, 유아중심 · 놀이중심 이외에도 유아교육 정책, 유아교육기관 운영관리, 유아교육 평가 등을 포함하여 다양한 주제로 연구 동향 분석이 이루어져야 할 것이다. 또한, 연구방법론적 측면에서도 문헌분석중심에서 토픽 모델링 분석, 키워드 네트워크 분석, 텍스트마이닝 분석, 메타분석, 질적 메타분석 등 다양한 연구방법을 활용하여 동향분석이 이루어지는 것이 필요하다.

'발달 및 프로그램'에서는 '환경 및 안전교육' 관련 연구들이 가장 많은 것으로 나타났으며, '도덕성 · 인성교육과 발달', '수과학 탐구와 발달', '예술교육과 발달' 관련 연구들이 주로 나타나고 있다. 이러한 연구주제들은 시대적 사회적 변화에 따른 것이라 볼 수 있으며 특히 2019 개정 누리과정에서 추구하는 5가지 인간상인 건강한 사람, 창의적인 사람, 감성이 풍부한 사람, 자주적인 사람, 더불어 사는 사람이 제시되면서 연구자들이 영유아의 인성 · 도덕성 발달, 예술교육과 발달, 환경 및 안전교육에 대한 관심이 더욱 증가한 사유로 인한 것임을 알 수 있다. 또한 유아와 교사의 수과학 탐구 교육과 발달을 포함하여 언어, 음악교육 프로그램 등 다양한 교육 프로그램에 관한 연구들이 나타나고 있는데, 이는 4차 산업혁명시대를 맞이하여 수학적 · 과학적 소양이 더욱 강조되고 미래 사회가 요구하는 역량으로 도구적 역량과 상호작용 역량이 중요해지기 때문이라고 볼 수 있다. 앞으로도 시대적 · 사회적 변화에 따른 다양한 영유아발달과 교육 프로그램 관련 연구들이 활성화될 필요가 있다.

지금까지 국내에서 이루어진 유아교육 연구주제들을 토픽 모델링 분석을 통해 살펴보고 7가지 대주제로 나누었다. 이러한 전통적으로 이어져 온 연구주제들은 역사적으로 중요한 의미를 지니고 있을 뿐 아니라 과거와 현재, 미래를 이어가도록 하는 새로운 시사점을 제공해 주고 있다는 점에서 가치가 있다고 볼 수 있다. 또한, 유아교육 연구들은 지나간 역사 가운데 지속되어 왔으며 현재에 이르기까지 유아교육 분야의 학문적 특성을 완성해 나가는 동시에 변화해 가는 새로운 시대와 사회의 변화에 끊임없이 반응하고 생성 · 재생성의 과정을 거쳐 가면서 유아교육학을 완성해 가고 있다(박건령, 2024). 앞으로의 유아교육도 마찬가지로 유아와 교사, 학부모, 지역사회, 국가, 그리고 더 나아가 시대적인 맥락과 함께 응답하며 끊임없이 생성 · 재생성의 과정을 통해 발전해 가게 될 것이다. 특히, 최근의 인공지능 디지털 기술로 인해 급속한 사회변화가 이루어지면서 미래 교육에 대한 담론이 활발하게 이루어지고 있는 시점에, 유아교육이 나아가야 할 방향과 목적에 대한 본질적이고 비판적인 관점에서의 고민과 성찰이 매우 중요하게 고려되어야 할 것이다. 최근 OECD나 UNESCO에서는 지속가능 발전의 개념에서 유아교육의 중요성을 강조하고 평생교육의 관점에서 생애 초기 교육부터 영유아들에게 양질의 교육과 돌봄을 제공할 수 있도록 하고 있다. 이러한 맥락에서 유아교육에의 접근성, 포용성, 유아교육의 질 제고와 같은 측면을 언급하며 기초교육으로서 유아교육의 중요성과 책무성을 매우 강조하고 있다는 점에서 국외 교육의 변화를 통한 시사점들에 대해서도 검토하고 반영하는 것이 필요함을 알 수 있다. 본 연구의 결과를 통해 유아교육 연구의 과거와 현재, 그리고 미래를 이어가기 위한 시사점을 제공하면서, 미래 유아교육 연구에서 지켜가야 할 유아교육의 책무와 가치들에 대한 지속적인 논의와 토론들이 이어지기를 바란다.

교육부, 보건복지부 (2019). **2019 개정 누리과정 해설서.** 교육부, 보건복지부.

김영옥 (2019). 유아중심 관점의 국가수준 유아교육과정에 대한 사유. **유아교육연구,** 235-253.

김종훈, 최우식, 정미라 (2017). 키워드 네트워크 분석을 통한 [유아교육연구]의 연구 동향 및 지적구조. **유아교육연구, 37**(3), 269-288.

박건령 (2023). '미래교육' 담론 관련 국내외 유아교육 분야 학술연구 주제동향 비교분석. **열린유아교육연구, 29**(1), 125-154.

양유진, 이주영 (2024). 키워드 네트워크 분석을 활용한 예비유아교사 관련 연구 동향 탐색. **열린유아교육연구, 29**(1), 365-395.

육아정책연구소 (2022). 미래형 영유아 교육 보육과정 설계 및 체제구축방안(I): 미래형 영유아 교육 보육과정 설계 방안 탐색. 경제 · 인문사회연구회 연구보고서.

이정욱 (2024). 유아교육의 미래연구 방향: 한국 교육학회 2024년 연차학술대회자료집(pp. 77-100).

이효림 (2021). 토픽 모델링을 활용한 유아교육 연구 동향 분석: 2005-2019. **유아교육연구, 41**(5), 259-278.

이효림, 김종훈, 김민정 (2018). 국내 현직 유아교사교육관련 연구 동향분석: 빈도분석과 언어네트워크 분석의 비교: 2000-2017. **유아교육연구, 38**(3), 143-178.

임후남, 이대식, 류방란, 박성호, 김혜자, 윤선애, 조혜승 (2019). SDG4-교육 2030: 포용성과 교육에 관한 연구. 유네스코, 유네스코 한국위원회, 한국교육개발원.

정정희, 이효림 (2017). 학술논문 빅데이터를 활용한 유아교육과정 연구 동향 분석. **유아교육연구, 37**(5), 289-316.

정정희, 최연철, 이효림, 박건령 (2023). 유아교육과정 연구 동향 비교분석: '유아중심', '놀이중심' 개념을 중심으로. **유아교육연구, 43**(6), 321-347.

정혜영, 김현수 (2017). 키워드 네트워크 분석을 활용한 유아교육기관 조직에 대한 연구 동향분석. **생태유아교육연구, 16**(4), 105-126.

최창현 (2005). **복잡계로 바라본 조직관리.** 서울: 삼성경제연구소.

홍윤정, 김선희, 이영애 (2023). 키워드 네트워크 분석을 활용한 유아부모의 양육스트레스 관련 연구 동향 분석. **유아교육연구, 43**(3), 129-157.

Chang, J., Gerrish, S., Wang, C., Boyd-Graber, J., & Blei, D. (2009). Reading tea leaves: How humans interpret topic models. *Advances in neural information processing systems, 22*(-), 288-296.

Cyram (2022). *NetMiner 4.5*. Seoul: Cyram Inc.

Lenz Taguchi, H. (2018). *Going Beyond the Theory/Practice Divide in Early Childhood Education*. London. Rouledge Contesting Early Childhood Series.

나가는 말

「한국유아교육학의 성립, 발전과 미래」에 대하여 탐구하고 5장으로 구분하여 질적·양적 논의를 다루었다. 이를 기초로 그 미래과제를 조망해 보면 다음과 같다.

제1장 〈학문의 시작과 유아교육학의 태동〉에서는 학문의 태동과 어린이 교육, 동양 및 우리나라의 전통 유아교육에 대하여 살펴보았다. 미래 연구과제는 다음과 같다.

첫째, 유아교육학의 태동을 살펴보기 위한 관심과 자료 발굴이 지속적으로 이루어져야 할 것이다. 알려져 있는 학자와 사상가 이외에 보다 깊이 있는 학문적 연계 및 허약한 철학적 기반에 대하여 풍부한 분석과 연구가 요구된다. 예를 들면, 플라톤은 0~3세는 요람기, 4~6세를 유희기라 하여 출생부터 6세까지의 영유아를 위한 기초교육을 주장하였고 좋은 습관과 건전한 성격 형성을 강조하였다. 교육의 궁극적 목적이 행복이라고 본 아리스토텔레스에 이르러 유아에 대한 시선은 인간과 교육의 관점으로 더욱 이동되었다고 보인다. 행복은 후에 여러 단어의 어원을 거치면서 삶의 만족도, 주관적 안녕감 등과 연계되어 심리학 연구에 하나의 줄기를 제공하였다. 시대적으로 좋은 습관은 기본생활습관과 어떻게 다른가? 유아의 행복은 어떻게 다른가?와 같은 목적과 가치, 유아중심의 시대적 해석과 철학적 탐구가 이어져야 할 것이다.

둘째, 동양의 유아교육은 주로 양육사상에 관한 것으로 여러 가지 예의 범절과 의식에 관련되어 있다. 동양과 서양의 사상은 문화나 사고방식이 다르고 동양은 이슬람교, 불교, 힌두교, 유교 등의 배경과 연계되어 있기 때문에 양육사상을 이해하는 데 제한점이 따른다. 한문으로 되어 있는 문헌들이 많으므로 이러한 분야에 대한 연구가 매우 부족한 실정이다. 또한 기원전에 『예기(禮記)』, 한나라~송나라 이전 『대대례(大戴禮)』, 『열녀전(烈女傳)』, 『안씨가훈(顔氏家訓)』 및 송나라~청나라시대에 『소학(小學)』, 『명심보감(明心寶鑑)』, 『여사서(女四書)』 같은 문헌들에 대한 연구도 필요하다. 아동에게 가르쳐야 할 덕목, 모범적 사례, 몸을 공경하고 법도를 세우며 인륜을 밝히는 내용들을 설명한 한문학이나 동양학자들의 연구가 있으나 이를 유아교육학분야와 연계하여 그 영역을 넓히는 연구가 요구된다.

제2장 〈유아교육학의 발전과 인접학문〉에서는 학문의 생성과 발전, 유아교육학과 교육학, 유아교육과 유아교육학에 대하여 살펴보고 유아교육학의 특성에 대하여 고민하였으며, 미래 연구과제에 대해 살펴보면 다음과 같다.

첫째, 유아교육학과 교육학, 인접학문과의 접목과 연구가 요구된다. 유아교육학은 교육학과 어떠한 관계인가? 단순히 인접학문인가? 모학문인가?에 대하여 보다 심도있는 관계성과 맥락이 밀도 있게 연구되어야 할 것이며 심리학, 사회학 등 여러 인접학문과의 관계에 대하여 탐색이 필요하다. 또한 아동학, 보육학 등 대상이 유사한 학문 분야와의 관계성에 대하여도 심도 있는 논의가 이루어져야 할 것이다.

둘째, 연구방법에 있어서 문헌분석, 조사 및 다양한 통계분석기법들이 적용되면서 또 양적연구에서 실행연구, 문화기술지, 현상학적 연구 등의 질적연구에 이르기까지 다양화되었고 최근에는 현상 자체를 밀도 있게 기술하고 의미와 울림을 생생하게 드러내기보다는 인과적 관계(causal process)

의 규명과 이를 통한 이론 내지는 일반화를 추구하려는 근거이론방법도 주장되었다. 양적 · 질적연구의 간극을 보완하려는 시도라고 본다면, 앞으로 새로운 제품이 개발되듯이 필요와 부족함을 채우기 위한 창의적이고 다양한 방법들이 더욱 개발될 것이다. 연구기법에 매몰되지 않도록 철학이나 분석연구, 문헌연구들도 보강되어야 할 것이며 그러한 연구를 의미 있고 귀하게 인식하는 학문적 풍토의 조성도 필요할 것이다.

셋째, 유아교육학 자신의 고유한 특성과 역사적 자산이라고 할 수 있는 정체성에 대하여 보다 지속적인 논의가 요구된다. 유아교육학은 체계적인 이론과 연구방법론의 확보, 독자적 연구 분야 및 학문적 공동체를 형성해 왔으며 그러한 학문 분야로 인정받고 발전하게 되었다. 그럼에도 불구하고 유아교육학이 무엇인가?에 대한 질문에 명쾌한 답을 내리기 어려운 것도 사실이다. 규범적인가? 기술적인가?의 선상에서 보다 그 특성을 깊이 연구한다면 유아교육과 유아교육학에 대하여 보다 풍부한 논리를 마련할 수 있을 것이다. 정체성에 대한 물음은 늘 있어 왔으나 이 '목마름'에 대하여 끊임없이 설명력을 높이는 탐구가 요구된다.

제3장 〈한국유아교육 교과영역 연구의 확장과 통합적 접근〉에서는 교과란 무엇이며, 시대적이고 역사적인 변화에 따라 유아교육 교과영역의 구분과 통합을 살펴보았다. 이를 토대로 교과영역 연구에서 지향해야 할 미래 과제에 대해 살펴보면 다음과 같다.

첫째, 교과 자체에 대한 연구의 강화와 관심이 필요하다. 각 교과 분야별 연구들은 많지만 양이 편중되어 있고 그 깊이와 범위가 각기 다르다. 예를 들어, 수학교과는 수세기, 공간, 기하 등 교과의 내용에 중심을 두고 방법이나 활동을 연구한 경우가 많은 반면, 과학교과는 교과의 내용보다는 탐구과정을 중심으로 관찰하기, 분류하기, 측정하기 등의 방법을 중심으로 접근한 면이 두드러진다. 이렇듯 교과마다 내용중심으로 되어 있는 경우도 있고 내용보다는 방법에 관심을 둔 경우도 있다. 교과의 특성도 있지만 각 분야별 연구의 깊이는 물론 접근방법도 다르므로 교과에 대한 심도있는 연구를 통해 교과 자체에 대한 분석과 탐구가 요구된다.

둘째, 교과 간 통합에 대한 연구가 강화되어야 한다. 유아교육에서는 교과의 통합을 강조하고 있고 실제로 현장에서는 무수히 많은 통합이 교사의 재량에 의해 다양하게 비형식적으로 이루어지고 있으나 통합 자체에 대한 연구는 거의 찾아보기 어렵다. 다시 말해, 수학, 음악, 언어 등이 통합된 활동이 현장에서 이루어지고 있으나 여러 교과 간의 통합 자체에 대한 교과 통합 연구는 매우 미흡하다. 각 교과별 통합연구 예를 들어, 수학 · 미술, 수학 · 음악 · 언어, 언어 · 신체 · 미술 · 과학 등 교과의 다양한 교과영역의 통합에 대한 연구가 수행될 필요가 있다. 이러한 연구를 통하여 교과의 통합과 현장 적용에 대한 근거와 연계를 탄탄하게 하고 유아교육의 독특성을 부각할 수 있을 것이다.

셋째, 4차 산업혁명으로 인해 디지털 매체의 다양한 변화는 물론 생성형 AI와 양자컴퓨터의 대두까지 방대한 양의 정보가 쏟아져 나오고 있다. 다양한 정보들을 어떻게 선별하여 활용할 것인지, 이의 교육적 적용과 범위 및 건강한 활용에 대한 고민이 필요하다. 이를 위해 연구자가 방향성을 가지고 이론을 탐구하고 현장교사가 이를 교육현장에 적용하며 끊임없이 이론과 실제를 체계화하는 순환적 과정이 필요하다. 또한 이를 다루는 교사가 관련 도구와 매체를 잘 활용할 수 있도록 능력을 배양하고 고무하는 정책적인 지원도 요구된다.

넷째, 대학에서 예비교사 교육과정은 다양한 교과교육으로 이루어지고 있어, 교과를 통합하고 비판적 탐색과 통찰을 통해 체계화해 가는 교육이 필요하다. 교과에 대한 통합적 접근이 해당 교과의 개별 개념에만 의미를 둔다면 교과통합의 본질을 충분히 반영하지 못하게 된다. 그러므로 각 교과 간 통합과 놀이, 교육과정 사이의 논리적 연계와 설명력을 높일 수 있는 연구와 고민이 필요하다.

제4장 〈기술 통계를 활용하여 살펴본 유아교육 연구 동향〉에서는 1970년대부터 2024년까지 이루어진 유아교육의 연구영역과 연구방법을 중심으로 변화의 과정을 살펴보았다. KCI 등재 학술지 논문 4,359편과 학위논문 9,066편으로 총 13,425편을 시기별로 분석하였고, 1970년대부터 2019년까지 게재된 11,222편의 논문을 연구유형, 연구방법, 그리고 연구대상별로 분석하였다. 이를 토대로 연구 동향을 분석한 결과 연구영역과 방법에서의 변화를 파악할 수 있었다. 유아교육의 연구영역은 크게 유아교육의 기초 및 발달연구, 유아교과영역 연구, 유아교육 지원체제 연구, 그리고 유아교육평가 및 연구방법으로 분류할 수 있다. 이 분석결과를 토대로 유아교육 연구의 미래 방향을 논의하기 위해서는 기존 연구영역을 바탕으로 각 분야가 어떻게 발전해야 할지 살펴볼 필요가 있다.

첫째, 유아교육의 기초 및 발달연구는 지속적으로 심화되어야 한다. 유아교육 철학의 연구는 단순히 이론적인 논의에 그치지 않고, 실제 교육 현장에서의 적용 가능성을 탐구하는 방향으로 나아가야 한다. 유아 발달에 대한 연구는 개별 유아의 발달적 특성과 이를 지원하는 맞춤형 교육 프로그램 개발로 확장될 수 있다. 특히, 놀이 기반 학습의 효과성을 다양한 환경에서 검증하는 것이 중요하다. 이를 통해, 유아교육의 프로그램이 더 체계적이고 과학적인 근거를 기반으로 발전할 수 있다.

둘째, 유아 교과영역 연구는 전통적인 교과목중심에서 벗어나 융합적 학습과 탐구 기반 교육으로 확장되어야 한다. 유아들은 스스로 질문을 던지고 문제를 해결하는 과정을 통해 창의성과 사고력을 키울 수 있다. 따라서 교과 간 경계를 허물고, 과학, 예술, 언어 등 다양한 영역이 통합된 학습 경험을 제공하는 방안이 연구되어야 한다. 또한, 디지털 기술의 발달로 인해 코딩이나 로봇 등 새로운 교과목의 도입 가능성도 검토될 필요가 있다.

셋째, 유아교육 지원체제 연구는 국가 및 지역 사회 차원에서의 제도적 지원을 강화하는 방향으로 나아가야 한다. 이는 교사교육, 부모교육, 그리고 지역사회와의 연계 등을 포함한다. 교사역량 강화를 위한 지속적인 연수와 교사의 심리적 안정과 복지를 고려한 지원책이 필수적이며, 부모와의 협력도 강조되어야 한다. 이를 통해 유아의 교육이 가정과 교육기관이 함께 협력하는 통합적인 환경에서 이루어질 수 있다. 또한, 유아교육의 공공성을 강화하고, 교육의 질을 고르게 향상시키기 위한 연구도 필요하다.

끝으로, 유아교육 평가 및 연구방법에 대한 연구는 보다 정교화되고 다변화되어야 한다. 기존의 정량적 평가 방법 외에도 정성적 평가 방법이 확대될 필요가 있다. 유아의 발달과 학습과정은 매우 복잡하고 개인차가 크므로, 단순한 성취도 평가에 그치지 않고 포트폴리오, 관찰 기록, 유아 자기 평가 등 다양한 평가 방법을 개발하는 것이 중요하다. 또한, 연구방법론 역시 전통적인 실험적 연구에만 의존하지 않고, 다학문적 접근과 혼합연구방법을 활용하여 유아교육 현장을 더 깊이 이해하고 개선할 수 있어야 한다.

제5장 〈토픽 모델링 분석을 통해 살펴본 유아교육 연구 동향〉에서는 지금까지 이루어진 우리나라 유아교육 연구주제의 동향을 살펴보았다. 한국학술지인용색인(KCI) 유아교육 분야 학술지에 1992년도부터 2024년 8월 말까지 발행된 6,385건의 논문을 통해 LDA 토픽 모델링 분석을 실시한 결과 총 14개의 토픽이 도출되었고 이를 다시 7개의 대주제로 살펴보았다. 도출된 주요 토픽들을 통해 유아교육에서 지향해야 할 미래 연구과제에 대해 살펴보면 다음과 같다.

첫째, '부모', '유아교사', '교육과정', '정책', '철학 및 이론', '연구 동향', '발달 및 프로그램' 등과 같은 유아교육의 전통적인 연구 분야와 연구과제들에 대해서는 시대적 흐름에 따라서 지속적으로 연구가 이루어져야 하고 각 분야별로 새롭고 창의적인 연구과제들을 발굴하는 것이 필요할 것이다. 급속한 사회변화 속에서 지속가능한 유아교육으로 발전해 가기 위해서는 학계와 유아교육 현장의 적극적인 교류와 논의를 통해 새롭고 보다 다양한 연구를 수행하는 것이 필요하다.

둘째, 우리나라 유아교육 분야의 연구는 1960년대부터 출발하여 오랜 역사를 가지고 있다. 우리나라 유아교육은 한국유아교육의 독특성을 유지하면서도 세계 유아교육의 방향에 발맞추어 지속적으로 확장되고 발전해 왔다. 환경문제와 기후변화, COVID-19와 같은 감염병, 경제적 위기, 디지털 전환 등과 같은 국제적 상황과 초 저출생이라는 사회적 맥락은 유아교육에서 포괄적이고 미래 지향적이며 거시적인 관점에서 우리나라 영유아들의 미래를 위해 가장 필요한 교육적 지원과 연구과제들이 무엇인지에 대해 고민하는 것이 필요한 시점이다.

셋째, 이러한 맥락에서 최근에는 OECD나 UNESCO에서 아동권리로서의 유아교육에 대한 관점을 강조하여 모든 유아들이 양질의 교육과 돌봄을 받아야 한다는 유아교육에의 접근성, 포용성, 유아교육의 질 제고와 같은 측면을 중요시하고 있다. 이에 따라 각국에서는 모든 영유아가 자신의 사회적 · 문화적 배경과 관계없이 양질의 교육을 받을 수 있도록 하는 유아교육 정책이 펼쳐지도록 권장하였다. 최근 우리나라의 유보통합 정책도 이와 같은 맥락에서 추진되고 있는 것이다. 향후 유보통합을 추진하는 과정에서 아동권리에 기반한 유보통합이 이루어지고 있는지, 유아교육의 질적 수준 향상과 지속가능한 발전을 도모하기 위해 모든 영유아들을 포용하는 교육의 공정성, 타당성, 책무성과 적정성이 고려되고 있는지에 대해 연구를 통해 면밀하게 살펴보아야 할 것이다. 또한, COVID-19를 통해 디지털 기술의 중요성을 실감하여 영유아들에게 디지털 환경과 교육을 어떤 방식으로 접근할 수 있을지에 대한 고민도 필요하다. 이미 디지털 환경에 둘러싸여 있는 영유아들이 안전하게 보호되고 권리를 보장받을 수 있도록 하는 디지털 활용방안과 교육적 접근에 관한 연구들이 활발하게 이루어져야 할 것이다.

저자약력

김영옥 전남대학교 유아교육과 명예교수

정정희 경북대학교 아동학부 교수

양진희 국립한국교통대학교 유아교육학과 교수

조홍자 광주여자대학교 유아교육과 외래교수

한국유아교육학
성립과 발전

1판 1쇄 인쇄 2025년 8월 25일
1판 1쇄 발행 2025년 8월 30일

지 은 이 | 김영옥 정정희 양진희 조홍자
발 행 인 | 박철용
발 행 처 | 양서원
주 소 | 경기도 파주시 직지길 522 파주출판도시
전 화 | 031-955-8000(代)
팩 스 | 031-955-8005
홈페이지 | www.yswpub.co.kr
이 메 일 | yswgroup@naver.com
출판등록 | 1987년 11월 24일 제406-2003-037호

ISBN 978-89-994-1598-2

정가 22,000원